Ernest Dichter

Das große Buch der Kaufmotive

Ernest Dichter

DAS GROSSE BUCH DER KAUFMOTIVE

Econon Verlag
Düsseldorf · Wien

1. Auflage 1981

Gesetzt aus der Garamond der Fa. Hell
Papier: Papierfabrik Schleipen GmbH, Bad Dürkheim
Gesamtherstellung: Bercker, Kevelaer
Printed in Germany
ISBN 3 430 12086 1

INHALTSVERZEICHNIS

EINLEITUNG

Über dieses Buch und das Buch, das ich eigentlich schreiben wollte

Jeder Autor wird von seinem Verleger gefragt, warum er eigentlich dieses Buch geschrieben hat. Gleichzeitig legt der Verleger aber dem Autor nahe, daran zu denken, daß sein Buch auch verkäuflich sein muß. Es soll bei möglichst wenigen Leuten Ärger hervorrufen.

Wenigstens in dieser Einleitung habe ich mir erlaubt, so zu schreiben, wie ich es im Idealfall getan hätte. Der Inhalt des Buches selber ist jedoch nicht so weit davon entfernt; mit etwas Geschick können Sie zwischen den Zeilen lesen. Diese Einleitung soll Ihnen dazu behilflich sein.

Jeder träumt von Omnipotenz. Mein ureigenes Gebiet sind die Techniken der Überzeugung und der Motivierung von Mitmenschen. Ich habe diese Techniken auf vielen verschiedenen Gebieten angewandt. Ich kann mich wohl als Motivjäger bezeichnen. Ich habe diese Mischung zwischen Hobby und Wissenschaft mein ganzes Leben lang betrieben.

Das Buch, das ich wirklich hätte schreiben wollen, wäre ein machiavellistisches Handbuch gewesen, das man für alle möglichen Themen und Aufgaben hätte einsetzen können. Es würde eine fast fehlerfreie Formel für die Lösung vieler, wenn nicht aller unserer menschlichen Probleme bieten.

Der geistige Faden, der durch dieses Idealbuch laufen würde, würde sich mit den verschiedenen Methoden beschäftigen, die man schon von der frühen Kindheit an einsetzen kann. Zu diesen Methoden gehört die Anweisung, wie man Eltern und Kindern helfen kann, sich nicht vor dauerndem Wandel zu fürchten. Das Ziel wäre, den Hauptzweck in unserer gegenwärtigen Erziehung in Frage zu stellen: Schutz und Sicherheit. Und das läßt sich auch auf unsere politische Situation anwenden, national und international. Menschlicher Fortschritt basiert darauf, die Angst vor der Änderung loszuwerden zu lernen, so oft wie möglich zu fragen: »Warum eigentlich nicht?«

Dieses erträumte Buch wäre eine Art psychologische Bibel und Handbuch zugleich gewesen. Es würde demnach auch bei den Vereinten Nationen verwendet. Anstatt seelenruhig zuzusehen, wie ein Konflikt zwischen zwei Ländern sich zuspitzt und durch militärische Mittel gelöst wird, würden die Präsidenten und Kanzler der Länder meinen Führer studieren und versuchen zu analysieren, bis zu welchem Grad ihre Schwierigkeiten und Kontroversen durch nationalen Stolz, durch Eitelkeiten und Minderwertigkeitsgefühle erzeugt wurden, und nicht – wie sie es bis jetzt glaubten – durch wirkliche geographische oder ethnische Ansprüche. Nach dem Studium würden sie dann die erlernten Prinzipien anwenden und verhältnismäßig einfach und rasch ihre Probleme lösen können. Mit anderen Worten: Dieses Buch wäre ein gigantisches Werk, voll mit »How-to«-Formeln – ähnlich einem medizinischen Handbuch, in dem man die Ursachen der Krankheiten und deren Heilung nachlesen kann.

Aber mein Buch würde sich auch auf das Gebiet der individual- und sozialpsychologischen Krankheiten beziehen und konkrete Ratschläge für die Beseitigung von Symptomen oder Syndromen geben.

Das Buch hätte verschiedene Abschnitte, die für verschiedene Altersstufen bestimmt wären. Ein Teil wäre so verfaßt, daß er von der Kindergärtnerin verwendet werden kann. Sie würde dadurch lernen, wie wünschenswert es ist, statische Sicherheit und Schutz für den notwendigen dauernden Wandel im Leben abzulösen. Jedes Alter und jede intellektuelle Gruppe würde ein eigenes Kapitel finden.

Ich würde den Ursprung vieler unserer Vorurteile und Ängste analysieren. Darunter wäre eine ganze Reihe von Themen behandelt, die wir normalerweise als sakrosankt ansehen, wie die meisten unserer religiösen Ideen.

Das Buch würde unter anderem vorschlagen, daß wir unsere Kirchen als Lernzentren einsetzen, um mit den Lebensproblemen fertigzuwerden und weiterzukommen in unserem Versuch, die Zukunft besser zu gestalten.

Ich würde auch Trainingsprogramme vorschlagen, um Schritt für Schritt jede Form von Bestechung zu eliminieren, zum Beispiel in Form von Gebeten: Ist es nicht ziemlich arrogant von den Menschen, mit einigen Worten ein allmächtiges Wesen bestechen und beeinflussen zu wollen? Beten heißt auch, frecherweise anzunehmen, daß wir die einzigen Wesen im Weltall sind, die die exklusive Aufmerksamkeit Gottes in Anspruch nehmen können.

Das Buch, das ich hätte schreiben wollen, wäre mutig gewesen und hätte sich keine Sorgen gemacht, ob es irgendwelche Tabus oder Interessengruppen verletzt. Der Verkauf, so wichtig für den Verleger, wäre überhaupt außer acht gelassen worden. Der Hauptgesichtspunkt dieses geträumten Buches wäre ein dynamischer, der die Tatsache ausspräche, daß die meisten unserer religiösen und philosophischen Ziele irreführend und sogar gefährlich sind.

Das Fundament, auf dem die Gesamtphilosophie dieses Buches geruht hätte, wäre ein Begrüßen des dauernden Wachstums. An vielen Stellen konnte ich auch in dem Buch, wie es hier vorliegt, die Überzeugung verteidigen, daß der Weg zum Ziel wichtiger ist als das Ziel selber und daß er auch mehr Spaß macht.

Ich würde auch die Annahme korrigieren wollen, daß die

Erschaffung der Welt, in welch immer legendären oder wissenschaftlichen Formen sie präsentiert wird, eine Mißdeutung ist. Gott, wenn wir eine Superintelligenz annehmen, gab bloß ein Signal; er kreierte, was man jetzt in der Astronomie den »big bang«, den Urknall, nennt. Er stimulierte die Schöpfung auch weiterhin, nachdem sein initiales Interesse geschwunden war. Die Welt ist nicht fertig und wird es auch hoffentlich nie sein. Es gibt kein Sechs-Tage-Wunder, das uns erlaubt, am siebten Tag zu ruhen. Es hat auch keiner einen Anspruch als Messias, außer denen, die wir auch heute noch die »Macher«, die Ermutiger zum dauernden Wandel und des Wachstums nennen. Obwohl ich den Kommunismus verabscheue, kann ich Maos Argumentation verstehen, der es nicht zulassen wollte, daß die Chinesische Revolution sich festlief und daß je davon gesprochen wurde, den Zweck der Revolution erreicht zu haben. Immer wenn ein solches Gefühl sich einstellt, muß man die Menschen wiederum unsicher machen.

In einem gewissen Sinn wäre dieses Buch ein Handbuch für die gesamte Spezies des Homo sapiens geworden. Ich hätte aus allen wissenschaftlichen Quellen und den Erfahrungen von Hunderttausenden von Menschen die möglichen Lösungen für die vielfältigen menschlichen Probleme zusammengetragen. Alles, was der Leser dann zu tun hätte, wäre, im Schlagwortverzeichnis sein besonderes Problem zu lokalisieren und nachzublättern. In vielen Fällen hätte ich zu den wissenschaftlich erprobten Lösungen noch meine eigenen kreativen Interpretationen hinzugefügt.

Schauen wir doch einmal unter dem Buchstaben D nach: Depression. Meine Empfehlung wäre hier vielleicht eine ganz andere, als man sie gewohnterweise macht. Während die meisten Autoren wohl raten würden, sich an alle guten Dinge zu erinnern, die es in Ihrem Leben gegeben hat oder noch geben wird, daß Sie sich ein bestimmtes Ziel setzen sollten etc., würde ich etwas ganz anderes vorschlagen.

Sie würden die Konsequenzen ihrer Probleme zu tragen lernen müssen. Wenn Sie wirklich deprimiert sind, dann sollen Sie sich irgendwo einschließen und Ihre negativen Gefühle soweit durchleben, daß Sie sich ihrer Fragwürdigkeit und Hinfälligkeit bewußt werden. Dies wäre meiner Meinung nach eine viel wirksamere, modernere und ehrlichere Methode, sich aus einem negativen Gefühl herauszumotivieren.

Mein ideales Buch wäre wahrscheinlich auch nicht gebunden – es wäre zu dick. Es würde statt dessen nur aus kleinen Heften von je vier oder fünf Seiten bestehen, so daß man sie in die Tasche stecken und mitnehmen kann und sie zur Hand hat, wenn man etwas nachschlagen will. Es müßte wie die Bibel in Hotelzimmern liegen.

Diese »psychologische Bibel« würde natürlich eine ganze Reihe von Mythen zerstören. Sie würde uns zwingen, ehrlicher mit uns selbst zu sein. Wir können zum Beispiel überzeugt sein, daß wir jemanden lieben. Nach der Lektüre meines Buches hätten wir den Mut, uns selbst und auch der anderen Person gegenüber zuzugeben, daß das nicht der Fall ist. Dinge wie Mutterliebe, Liebe zu Kindern, zum Vaterland, alle diese idealisierten Aspekte einer allgemein akzeptierten Moral würden ihres Schleiers beraubt. Dieses nicht geschriebene Buch zu lesen, dürfte deshalb auch schmerzhaft sein.

Ich möchte aber hoffen, daß es gerade deshalb seine Wirkung hätte. Es würde unsere Denkweise beeinflussen – wir würden viele unserer stereotypen Ideen hinter uns lassen. Dieses Handbuch für den »Homo sapiens« würde weit über intellektuelle Aspekte des menschlichen Verhaltens hinausgehen. Wir vernachlässigen zu oft Emotionen, unbewußte Motive und die vielen Formen und Variationen der psycho-biologischen Konstitution des Menschen.

Jeder intelligente Mensch muß die Existenz von emotionellen Ursachen für seine Motive und die seiner Bezugsgruppe akzeptieren. Nur wenn er dies tut, kann er behaupten, daß er wirklich rational ist. Emotionen sind von besonderer Art – sie sind irrational in dem Sinn von »dumm« oder »unverständlich«. Ein Irrtum, der von der Philosophie vor einigten tausend Jahren eingeführt wurde und der sich beschreiben läßt mit dem Gleichnis von einem Wagen und den wilden Pferden. Unsere Emotionen sollen von unserem Intellekt geleitet werden wie die wilden Pferde. Wieviel Schaden hat dieses falsche Modell nicht angerichtet? Ist es nicht viel öfter wahr, daß es die Emotionen sind, die am Steuer sitzen oder sitzen sollten?

Mein Handbuch würde nicht unmoralisch sein. Es würde hingegen das Konzept der Erbsünde eliminieren und statt dessen als einen der Hauptgründe für das Leben Hedonismus, die griechische Philosophie der Freude am Leben, anführen. Das Konzept der Sünde war möglicherweise notwendig in den frühen Tagen der Menschheit. Sogar damals hatte Sünde nur Bedeutung, wenn man sie als etwas Angenehmes empfinden konnte. Niemand wäre jedoch in Versuchung geraten zu sündigen, wenn der Schöpfer einfach Sünde unangenehm gemacht hätte. Statt dessen hat der große Motivator das Gegenteil getan, anscheinend weil er den Wert des sogenannten Bösen sehr gut verstand. Indem ich die Funktion der Sünde versuche, besser zu erklären in ihrer psychologischen und motivationellen Kraft, hoffe ich, daß ich den Menschen helfen werde, das Leben mehr zu genießen; ihre Schuldgefühle zu beseitigen und die sozial unwünschenswerten Verhaltensweisen durch Aktivitäten ersetze, die Vergnügen bereiten.

Wir haben vergeblich versucht, die Zehn Gebote zu befolgen. Wir glaubten, das am besten damit zu erreichen, daß wir sie während der letzten 6000 Jahre dauernd wiederholten. Sollten wir jetzt nicht endlich erkennen, daß wir wahrscheinlich einen falschen Weg eingeschlagen haben?

Mein Buch wird sich auf die pragmatischen Wege konzentrieren, durch die wir lernen können, Kriege zu vermeiden, wenigstens teilweise unseren Nachbarn zu lieben. Wenn wir uns minderwertig fühlen und unsere eigenen Feinde sind, wie können wir hoffen, diese Haltung nicht auf andere zu projizieren? Kriege, Widersacherei, Eifersucht, alle haben ihre Wurzeln in derselben Kloake, der Selbstgeißelung. Wenn wir die Gründe der Kriminalität untersuchen, sind wir sehr klug und sehen deutlich, wie sehr eine Kindheit einen jungen Menschen seines Selbstvertrauens berauben kann und sich dann viele Jahre später in antisozialem Benehmen manifestiert.

Wenn aber die geistlichen Eltern, die religiösen und anderen Führer uns dauernd vorhalten, daß wir demütig sein müssen, dann müssen wir doch annehmen, daß die Unterstützung einer solchen Haltung noch viel tiefere und schädlichere Resultate bei Millionen von Menschen haben müßte. Mein Buch sollte auch eine Art Protest sein – ein Protest gegen die falschen religiösen und philosophischen Systeme, mit denen wir noch immer hausieren. Es würde auch über persönliche Probleme hinausgehen und Mut zu neuem Denken machen, besonders im Zusammenhang mit unseren globalen Konflikten. Zu den falschen Credos, die ich ausmerzen würde, würde auch Nationalismus gehören. Ich würde versuchen, den Menschen klarzumachen, daß sie die Grenzen aufgeben sollten, die sie um ihr Vaterland herum gezogen haben, daß sie keine Pässe mehr verwenden sollten und sich vereinigt fühlen würden; daß sie dadurch ihre Identität nicht verlieren, sondern erst richtig gewinnen würden. Vielleicht wäre der angebrachte Titel für dieses erträumte Buch »Nieder mit den alten und falschen Göttern«.

Was ich wirklich in diesem Buch hätte ausdrücken wollen, ist, daß wir die Götter oder Gott verraten haben. Wir haben ihn in unserem Ebenbild geschaffen. Nur wenn wir beginnen, den falschen Gott oder die falschen Götter zu entthronen, und ihm den nur zu menschlichen Pomp und falschen Glanz rauben, können wir beginnen, den wahren Gott in uns selbst zu entdecken und ihn dann auch außerhalb unserer selbst zu sehen.

Das Buch, das ich tatsächlich geschrieben habe, ist nicht zu weit von diesem erträumten Buch entfernt. Vielleicht wird diese Einleitung dem Leser helfen, auch in etwas diplomatischeren Fassungen meine ursprüngliche Absicht wiederzufinden.

1. Kapitel
6000 JAGDOBJEKTE

Wenn ich mir meine Kartei durchsehe, dann umfassen die Aufgaben und Projekte, an denen ich gearbeitet habe, einen erschreckend – wenigstens für mich – weiten Kreis. Da finde ich Studien darüber, wie man französische Kinder dazu kriegen kann, mehr Milch anstatt Wein zu trinken; wie man Italienerinnen beeinflußt, sich die Haare unter den Achseln wegzurasieren; die Franzosen dahin motiviert, sich die Zähne öfters zu putzen. Eine Reihe von Politikern in verschiedenen Ländern wollte wissen, wie sie mit größerer Sicherheit gewählt werden könnten. Die kleine Südseeinsel von West-Samoa machte es mir möglich, einige Wochen mit einer weiteren interessanten Aufgabe zu verbringen, wenige Jahre nachdem Margaret Mead dort ihre Studien betrieben hatte. Das Land wollte Mitglied der Vereinten Nationen werden und als unabhängige Nation anerkannt werden. Das ist ihnen auch jetzt, einige Jahre später, gelungen.

Eines der ungewöhnlichsten, wenn auch vielleicht etwas makabren Objekte meiner Motivsafari war das Problem, ob man nicht einen Friedhof in einer neuen Weise organisieren könnte – nicht so sehr, damit die dort Begrabenen mehr Ruhe hätten, sondern damit die Angehörigen sich würdiger gegenüber dem Tod benähmen.

Nachdem ich auf diese Weise in meiner schon ziemlich lange währenden Jagd nach den Motiven über 6000 Objekte als die Ziele meiner Untersuchungen anvisiert habe, wäre eine Aufzählung aller Abenteuer und Trophäen unmöglich.

Was ich aber in diesem Buch beabsichtige, ist weniger, zwischen moralisch besseren oder wertvolleren Objekten meiner Untersuchungen zu unterscheiden, sondern ein besseres Verständnis für die Technik, die ich in diesen vielen Jahren mit mehr oder weniger Erfolg entwickelt habe, zu erarbeiten.

In den ersten Kapiteln werde ich deshalb – schon um den unvermeidlichen Kritikern eine Verteidigung entgegenzuhalten – mich mehr auf wissenschaftliche Diskussionen konzentrieren. Da ich aber davon überzeugt bin, daß auch ein Standardwerk nicht langweilig sein muß, vielleicht nicht einmal sein soll, wenn es Wert darauf legt, verstanden zu werden, will ich es sowenig hochtrabend und – wo es geht – so amüsant wie möglich gestalten.

Wenn ich zum Beispiel lese, wie eine Bande von Jugendlichen am Weihnachtsabend in eine Bibliothek einbrach, dort alles durcheinanderbrachte, Bücher zerstörte und sich die ganze Nacht hindurch betrank und dann stolz überall Inschriften hinterließ: »Wir können gar nicht lesen!«, dann frage ich mich, wie weit wir es wirklich gebracht haben im Verständnis menschlicher Motive. Was mich auf der Jagd nach Motiven immer wieder interessiert hat, ist, hinter die Kulissen schauen zu können, vielleicht einen großsprecherischen Politiker zu ertappen, wenn er immer wieder stereotype Phrasen drischt und dann, in einem unbedachten Moment, seine wirklichen Motive durch die dünn gewebte Vertarnung hindurchschauen läßt. Ich fühle mich dann in ähnlicher Weise belohnt wie der Wissenschaftler, der plötzlich neue Zusammenhänge sieht.

Viele menschliche Motive werden oft in einer oberflächlichen, rein phänomenologischen Weise zäsiert und analysiert. In vielen, wenn nicht allen Fällen, wenn man an mich mit der Frage herantritt, warum denn eigentlich Menschen so widerspruchsvoll sind in ihrem Verhalten, dann ist meine fast instinktive Reaktion, nicht bloß nach einfachen Erklärungen zu suchen und in dieser fast bequemen und einfallslosen Weise festzustellen: Sie sind deshalb kriminell, weil sie in einer verwahrlosten Familie aufgewachsen sind; oder sie kaufen ein bestimmtes Produkt, weil sie einfach die Gewohnheit dafür von der Mutter oder dem Vater übernommen haben. Wir finden zumindest ebensohäufig, daß eine Mutter eine neue Kosmetikidee von der Tochter übernimmt, anstatt, wie es bis vor vielen Jahren noch der Fall war, umgekehrt mütterlich belehrend zu wirken. Immer wenn man mir – durch mehr oder weniger fundierte Daten belegt – eine einfache Erklärung des menschlichen Verhaltens vorlegt, werde ich fast automatisch skeptisch.

Natürlich gibt es viele menschliche Motive, die sehr einfach sind. Wenn man krank ist, erzeugen die Symptome und erlittenen Schmerzen eine Art Isolierung und Selbstversenkung. Es ist fast so, als ob man alle seine Kräfte auf eine Bekämpfung dieser Beschwerden konzentriert. Ein Großteil des Verhaltens von kranken Menschen kann in dieser Weise erklärt werden. Wenn jemand hungrig ist, dann sind ein Großteil seiner Gedanken und Motive darauf konzentriert, Nahrung zu finden, um diesen Hunger zu stillen.

Die Geschichte wird aber etwas komplizierter, wenn der Kranke, auch wenn die Schmerzen bereits verschwunden sind, sich immer noch autistisch benimmt, oder wenn der bereits gesättigte Mensch weiterißt. In beiden Fällen genügt dann die einfache Erklärung der Motive nicht mehr. Es ist gerade dann so, daß das Jagen, das Entdecken, das Detektivspielen interessant wird und wie andere wissenschaftliche Aktivitäten Spaß machen.

Man kann verschiedene Haltungen gegenüber der zeitgenössischen Welt einnehmen. Man kann empört sein, man kann den Schuldträger in gewissen Gruppen suchen: der Konsumgesellschaft, der übertriebenen und lügenhaften Werbung, dem militärischen industriellen Komplex, wie man es so schön modern sagt. Man kann die Frage stellen, warum eigentlich Menschen trotz aller Ermahnungen von Philosophen, messianischen Führern und Gurus sich noch immer nicht in einer intelligenteren Weise verhalten, warum sie noch immer Krieg miteinander führen, ihr eigenes Nest beschmutzen und sogar den ganzen Planeten unbewohnbar machen.

Man kann natürlich auch eine etwas reservierte und konservative Haltung einnehmen und sich einfach darüber wundern, woher die Menschen die komischen, oft selbstzerstörerischen Haltungen und Motivationen haben. Wenn man eine solche etwas mehr distanzierte Haltung einnimmt, dann tut man etwas, das zumindest so wertvoll ist wie die Beschäftigung eines Dr. Leaky, der sich 40 Jahre lang damit beschäftigte, den afrikanischen Ursprung des Menschen zu beweisen. Man kann fragen: »Warum tat er das?« Die Antwort, die ich geben müßte, ist dieselbe, die jeder Wissenschaftler schließlich und endlich gibt: die Zufriedenstellung einer Neugierde.

Die Jagd nach den Motiven hat den Vorteil, daß sie ohne schwere Waffen betrieben werden kann und auf fast allen Territorien und zu allen Zeiten. Ich kann mir beim Einkaufsbummel Schaufenster ansehen und vor einem Juwelengeschäft stehen bleiben, in dem Ohrgehänge, Ringe, Halsketten, Schmuckstücke, die man um die Fußknöchel hängt, ausgestellt sind. Warum werden diese Dinge erzeugt, und warum werden sie gekauft? Sind wir so sehr verschieden von den sogenannten Wilden? Wenn wir in ein anthropologisches Museum gehen und dort Masken, Schmuckstücke verschiedenster Art aus Gold, Silber und anderen Edelmetallen ausgestellt sehen, die nicht nur an die Ohrlappen gehängt werden, sondern auch dazu verwendet werden, die Lippen fast zu einer Tellergröße auszudehnen, dann ist die Ähnlichkeit der Motive ziemlich klar. Seit Tausenden von Jahren waren wir immer schon daran interessiert, verschiedene Körperteile zu schmücken, sie sichtbarer zu machen.

Es gehört auch jetzt zu dem modernen Lebensstil, daß Männer sich Halsketten und Medaillen auf die nackte Brust hängen. Wahrscheinlich harmlose Überbleibsel der Trophäenparaden, die sich der Jäger, der Indianer als Zeichen seiner Tapferkeit umhängte. Medaillen sind eine noch etwas verfeinerte Art dieser Trophäen, da man sie normalerweise nicht auf die nackte Brust hängt, sondern außen auf der Uniform trägt. Viele afrikanische Staatsoberhäupter sind so sehr in diese Medaillen verliebt, daß sie nicht mehr genügend Platz haben auf ihren normalen Tuniken und als einfache Lösung die Jacken der Uniformen einfach verlängert haben.

Seit fast 45 Jahren habe ich mich mit vielen von diesen, manchmal komischen, manchmal sehr seriösen oder auch gefährlichen Verhaltensweisen der Menschen beschäftigt. Oft sah ich mich vor einem komplizierten Rätsel stehen, dessen Lösung mich reizte. In anderen Fällen war ich wütend über die Dummheit der Menschen, oder ich konnte tief in mir eine Sympathie und auch des öfteren Empathie in einer Art Identifizierung entdecken.

In einem gewissen Sinn braucht der Motivjäger zoologische und auch historische Kenntnisse. Wie es in den Details dieses Buches klarer werden wird, sind eine große Anzahl von Dingen, die wir noch täglich ohne viele Gedanken betreiben, Tausende von Jahren alt. Wir gehen auf die Jagd, nicht weil wir das Fleisch für unsere Nahrung brauchen, sondern weil wir beweisen wollen, daß wir immer noch im primitiven Sinn Jäger sind und Macht über die Tierwelt haben. Wir essen nicht mehr bloß, um satt zu werden, sondern umgeben unsere Mahlzeiten mit einer Inszenierung, die einem modernen Regisseur Ehre machen würde. Die Kerzenindustrie zum Beispiel ist sehr daran interessiert, die Symbolik, die ursprünglich in der Flamme der Kerze enthalten war, mit der Mahlzeit und sogenannter Romantik zu verbinden, weil sie damit mehr Kerzen verkaufen kann. Das

Festmahl zu Weihnachten, zu Ostern bedeutet immer noch im tieferen Sinne eine Versicherung dagegen, daß wir nicht hungern werden. Der Leser dieses Buches mag meine Abenteuer und Reisen in das Land der Motive deshalb verfolgen und hoffentlich interessant finden, weil sie zumindest Ähnlichkeiten haben mit anderen Forschungsreisen, ob sie jetzt in das Weltall oder in das Innere der Erde oder in das Korallenriff führen.

Wir sind fasziniert von den Entdeckungen der Wissenschaftler nicht bloß deshalb, weil sie sehr oft unser Leben verbessern, uns helfen, rascher gesund zu werden oder eines Tages vielleicht sogar länger zu leben. Was uns noch mehr interessiert, ist, mitzuhelfen, zumindest gedanklich, ein Rätsel zu lösen. Der Motivforscher ist am ehesten mit einem psychologischen Detektiv zu vergleichen. Er freut sich, wenn ein menschliches, rätselhaftes und verblüffendes Verhalten durch kreative Einsicht, die richtige Verwendung von Methoden, seine Erklärung gefunden hat.

Gleichzeitig führt aber auch ein besseres Verständnis der oft fast neurotischen Demonstrationen der menschlichen Motive dazu, anderen und sich selbst gegenüber toleranter zu sein. Wir träumen immer noch davon, die Rolle des Homo sapiens zu spielen. Wenn wir diese rationale Perfektion je erreichten, wären wir wahrscheinlich außerordentlich enttäuscht. Eines der großen Probleme, mit denen wir es seit Jahrhunderten von Jahren zu tun hatten und worunter wir immer noch leiden, ist, daß wir tatsächlich versuchen, menschliche Motive als rational fundierte Phänomene anzusehen. Wie oft ist es ja so, daß die Erklärung einer Headline oder einer guten oder schlechten Tat, die wir beobachten oder über die wir lesen, sehr einfach ist. Aber viel öfter ist es so, daß wir erst dann wirkungsvolle Maßnahmen durchführen können, wenn wir verstehen, aus welcher oft viel tieferen Schicht des menschlichen Mechanismus eine Handlung herauswuchs.

Vielleicht sollten Schriftsteller, Dichter und Künstler dafür dankbar sein, daß menschliche Motive in der Mehrzahl der Fälle einfacher und komplizierter sind, als wir sie uns vorstellen. Gehen Sie doch einmal durch eine Gemäldegalerie. Denken Sie darüber nach, woher die Themen in den Gemälden, Reliefs etc. stammen. In den meisten Fällen will der Künstler eine menschliche Handlung zunächst sich selbst und dem Betrachter klarer machen.

Das Wort »Dichter« selbst ist interessant, sein Ursprung liegt in der Bedeutung von »Verdichtung«. Der Dichter dichtet, kondensiert, drängt die lose, nicht scharf profilierte Realität in ein visuelles, akustisches, taktiles Erlebnis, das dann von dem Beschauer, Zuhörer nacherlebt werden kann. Die Jagd nach Motiven besteht darin, nicht eine mathematische Gleichung, die sich auflösen läßt, zu finden, sondern oft in einer direkt erlebbaren Weise mitfühlen zu können. Wir lesen Romane, gehen ins Theater, hören und sehen Fernsehprogramme, weil wir fast alle dauernd Motivjäger sind.

Meine Technik ist nicht magisch und auch nicht so mysteriös, daß sie nicht erlernt werden kann. Viele der Leser werden wissen wollen, wie auch ich auf die Lösung der Motivrätsel gekommen bin. Sie haben natürlich auch das völlige Recht, einige oder alle der Lösungen zu bezweifeln. Andere werden vielleicht in dem einen oder anderen Beispiel anwendbare und erkennbare Ähnlichkeiten finden, die ihnen helfen, ihre mehr oder weniger welterschütternden Probleme etwas besser zu behandeln. Die Jagd nach den Motiven ist wie eine Unterwasserjagd. Sie können in beliebige Tiefen vordringen. Der einzige Apparat, den sie sich dazu auf den Rücken schnallen müssen, ist bereits dauernd mit dem Rest Ihres Körpers verbunden: das Gehirn mit allen seinen Unterabteilungen. Ich lade Sie ein, zusammen mit mir und vielen anderen in den Dschungel der menschlichen und damit gleichzeitig auch der tierischen mysteriösen

Gründe unseres Verhaltens mitzukommen. Viele der Dinge, die wir zusammen entdecken werden, sind vielleicht weniger schön, weniger erhaben und paradiesisch, als man uns immer weismachen will.

2. Kapitel
WARUM MOSES NICHT MEHR ERFOLG HATTE

Seit einigen tausend Jahren haben wir die Zehn Gebote wiederholt, mit prophetischer Baßstimme oder mit modernen Massenmedien-Methoden. Wenn wir den Saldo ziehen, haben wir es eigentlich nicht sehr weit gebracht. Was ist wirklich schuld daran?

Meiner Meinung nach ist einer der Hauptgründe der, daß wir uns zu sehr auf die drohenden Gebote verlassen haben, als uns die Frage zu stellen, warum denn eigentlich die Menschen diesen Geboten die ganze Zeit hindurch Widerstand geleistet haben.

Vor kurzem wurde wieder einmal vor den Neujahrsfestlichkeiten eine neue Meinungskampagne durchgeführt, die die Menschen dazu bringen sollte, nicht unter Alkoholeinfluß von der Silvesterfeier mit dem Auto nach Hause zu fahren. Das neue war dabei, daß die Ermahnung oder Warnung von einem Begräbnisinstitut erteilt wurde. Wir wissen nicht, wie erfolgreich diese Art der Motivation war. Sie zeigt aber die Möglichkeiten oder die Notwendigkeit, in vielen Fällen ganz andere Wege einzuschlagen als bisher.

In unserer Arbeit haben wir zum Beispiel für die amerikanische Krebsgesellschaft gefunden, daß die Drohung von einem verkürzten Leben und Lungenkrebs leider bis jetzt sehr wenig Erfolg hatte. Es rauchen fast genauso viele Leute Zigaretten wie vorher. Jungen Leuten klarzumachen, daß es andere Möglichkeiten gibt, sich Prestige zu verschaffen, als sich eine Zigarette in den Mund zu stecken, um erwachsen auszusehen, hat auch nicht viel Erfolg gehabt. Die Analyse der Motivationen zeigte, daß es auch bei der Bekämpfung der Drogensucht ernst aussieht. Trotz aller scheinbaren Unlogik haben wir eigentlich am wenigsten Angst vor dem Tod oder dem Krankwerden.

Unsere Untersuchungen haben gezeigt, daß man erfolgreicher ist, wenn man auf die tieferen und dunkleren Hintergründe unseres Verhaltens eingeht. Beim Zigarettenrauchen fanden wir, daß wir bessere Erfolge hatten, wenn wir den Stolz, eine feste Gewohnheit überwinden zu können, als Zeichen der Tapferkeit und Männlichkeit hinstellten.

Schon als Eltern machen wir den Fehler, daß wir glauben, wir kommen in unseren Erziehungsversuchen am weitesten, wenn wir einfach das gewünschte Verhalten so dramatisch wie möglich klarmachen und ein, zwei oder auch mehr Ausrufezeichen dahintersetzen. Wenn die Kinder sich dann doch nicht so benehmen, wie wir es ihnen erklärt oder empfohlen oder befohlen haben, geben wir meistens die Schuld den Kindern.

Dasselbe trifft zu, wenn wir die Rolle des Moses mit zehn oder mehr Geboten spielen. Diese Rolle kann das Etikett tragen: Gesetzgeber, Lehrer, Elternteil, Vorgesetzter oder auch wohlwollender Ratgeber. Wenn der Arzt seinem Patienten den Befehl oder den Rat erteilt, Geduld zu haben und lange genug im Bett zu bleiben, bis er geheilt ist, dann wird er erst dann damit Erfolg haben, wenn er eine Reihe von raffinierteren Methoden verwendet als die bloße Drohung. Natürlich kann er mit Angst eine ganze Menge erreichen . . .

In einem früheren Buch habe ich versucht, eine Rangordnung von Motivationen aufzustellen. Die erfolgreichste und die radikalste ist, jemandem eine Pistole in den Rücken zu stoßen und damit zu drohen, ihn zu erschießen, falls er nicht gehorcht oder, anders ausgedrückt, sich nicht richtig motivieren läßt.

Am anderen Ende der Skala ist die reine Idee zu finden. Das vielleicht erschütterndste Beispiel dafür könnte man in der Selbstaufopferung Christi in der Kreuzigung sehen. Leider lehrt uns jedoch die Erfahrung, daß in vielen Fällen diese auf höchstem geistigen Niveau vor sich gehende Motivation auch nicht richtig funktioniert: Wir wissen, daß wir nicht töten sollen. Wir tun es doch. Dasselbe trifft auf alle anderen Gebote ebenso zu.

Auf der Jagd nach den Motivationen wurde mir oft die Frage gestellt, was man tun kann, um Kriminalität zu bekämpfen. Parallel zu den beiden Extremen der Rangordnung, die wir vorher beschrieben haben, gibt es Verteidiger der radikalen Methoden: jeden, der ein Verbrechen begeht, ins Gefängnis zu stecken oder den überführten Verbrecher nach ganz kurzer Verhandlung einfach zu erschießen oder zu erhängen. Auf der liberalen Seite gibt es diejenigen, die die Ursachen des verbrecherischen Verhaltens herausfinden wollen und diese dann direkt bekämpfen wollen. Es gibt zum Beispiel Methoden, bei denen ein Mann, der Geld veruntreut hat, mit den Aufgaben eines Schatzmeisters betraut wird. In einigen Fällen hat sich gezeigt, daß diese etwas abwegig erscheinende Motivation tatsächlich funktioniert. Um sie konsequent durchzuführen, braucht man aber einen gewissen Mut.

Bei der wissenschaftlichen Analyse der Frage, warum die sogenannten »normalen« Motivierungen nicht funktionieren oder nicht genügend funktionieren, müssen wir auf unsere eigene Entwicklung zurückgehen.

Wenn uns in unserer Umgebung etwas Widerstand leistet, dann können wir einen Hammer nehmen und das widerspenstige Material entweder biegen oder brechen. Auf psychologischem Gebiet jedoch haben wir verhältnismäßig wenig in der Schule gelernt. Die psychologischen Laboratorien konzentrieren sich heutzutage auf Verhaltenstherapie und gehen seltener auf tiefere Gründe zurück. Wir können Ratten mehr oder weniger in einer gewünschten Weise motivieren, indem wir sie belohnen oder bestrafen. Obgleich ähnliche Techniken heutzutage beim Menschen in der sogenannten »behavior modification« auch verwendet werden, sind sie nicht immer sehr verläßlich und lassen sich nicht auf einer Massenbasis durchführen.

3. Kapitel
DIE SECHS PRINZIPIEN DES AHA-ERLEBNISSES

Genotyp statt Phänotyp

Es gibt zumindest sechs Prinzipien, die der moderne Motivjäger kennen sollte. Vielleicht werden wir dann in der Zukunft einmal unseren Kindern beibringen können, wie sie das Verhalten ihrer Kollegen und Kolleginnen besser verstehen und beeinflussen können. Auf jeden Fall aber ist es höchste Zeit, daß wir von den naiven Methoden, einfach zu ermahnen, zu drohen oder zu belohnen, abgehen und uns darüber klarwerden, daß wir es nicht mit Ratten zu tun haben. Wir können zwar Instinkte teilweise auch bei Menschen annehmen. Wir können nach der Methode von Skinner Verhaltensweisen ändern. Aber die echte und dauerndste Art der menschlichen Motivierung hängt von der Erzeugung eines ganz anderen, viel interessanteren Erlebnisses ab, dem sogenannten Aha-Erlebnis.

Schon Karl Bühler hatte diese Art des Lernens, die ja nichts anderes als Motivierung ist, in seinen Studien über das Denken und die Denkpsychologie erkannt.

Die meisten Wissenschaften unterscheiden zwischen der äußerlichen Erscheinung, der Phänomenologie des Untersuchungsobjektes, und der wirklichen Bedeutung, dem Sinn des Beobachteten. Die Botaniker haben jahrhundertelang Pflanzen nach Farben und äußeren Formen klassifiziert, bis Linné entdeckte, daß eine viel verläßlichere und deshalb auch wissenschaftlich sinnvollere Gruppierung erreicht werden könnte, wenn man von dem äußeren Erscheinen Abstand nähme und sich am sogenannten Genotyp anstatt am Phänotyp orientierte.

Eine rote Rose muß daher genotypisch zusammen mit weißen Rosen klassifiziert werden, trotz der äußeren andersartigen, roten Erscheinung. Wenn wir es mit menschlichen Motiven zu tun haben, sehen wir eine ähnliche Situation.

Eine Firma will zum Beispiel herausfinden, was ihre Käufer motiviert, riesenhafte Kräne zu kaufen. Die Untersuchung konzentriert sich natürlich auf die Psychologie des technischen Personals und auf deren Einstellung zu großen Maschinen und Investitionsgütern überhaupt. Das sind die phänomenologischen Klassifikationsprinzipien, mit denen man vertraut ist. Wenn wir aber die wirkliche Motivation verstehen wollen, so müssen wir uns die Frage stellen, worum es in Wirklichkeit geht.

Unsere Analyse zeigte, daß mit dem richtigen Ansatz das Problem viel besser zu lösen ist. Man kann die Situation nämlich charakterisieren als eine Konkurrenz zwischen dem Kranführer und der Überlegenheit des Krans. In der Werbung war der Fehler gemacht worden, den Menschen fast zu vergessen. Statt dessen sagte man alle möglichen guten Dinge über die Kräne selbst. Was in Wirklichkeit aber getan werden mußte, war, dem Kranführer die Furcht vor der Überlegenheit des gigantischen Krans zu nehmen und ihn davon zu überzeugen, daß er mit einigen Handbewegungen seine eigene Macht auf den Kran ausdehnen könnte. Eine Umstellung auf das genotypische Problem brachte ein viel besseres Verständnis und wirksamere Motivationen.

Schöne Motive nicht mit wirksamen Motiven verwechseln

Wenn wir Geld spenden für einen wohltätigen Zweck, zum Beispiel für Epilepsieforschung, dann nehmen wir normalerweise an, daß wir sehr an den Leidenden interessiert sind und ihnen wirklich helfen wollen. Dies ist nur teilweise wahr.

Vor kurzem befolgte eine Organisation unseren Rat und sprach in ihrer Werbung davon, daß es zumindest vier egoistische Gründe dafür gibt, für ihre Organisation Geld zu spenden. Unsere Studie hatte nämlich klargemacht, daß wir nicht nur an dem Steuerabzug, den wir aus einer Spende gewinnen, interessiert sind, sondern auch noch weitere persönliche Vorteile herausholen möchten, wie zum Beispiel das Prestige vor dem Nachbarn, wenn wir unsere Spende in eine Liste eintragen. Indem diese Organisation die Spenden des weiteren als eine gute Investition darstellte, weil mit dem Geld im wissenschaftlichen Sinne rentable Resultate erzielt würden, hatten wir eine vielleicht weniger schöne, aber wirksamere Motivation gefunden.

Wir nehmen oft fälschlicherweise an, daß die elegantere, schönere, menschliche Motivation die wahre sei. Wenn wir uns mehr Mühe geben würden, einmal herauszufinden, ob es nicht eine – höflich ausgedrückt – egoistischere, menschlichere und weniger schöne Motivation gibt, hätten wir einen weiteren Hebel gefunden, um wirksamer ansetzen zu können.

Ein katholischer Gelehrter erklärte vor einiger Zeit, daß ihm der sozialistische oder kommunistische Führungsstil lieber ist als der Kapitalismus. Kommunistische Führer machen sich weniger Illusionen und manipulieren die Menschen in einer offeneren, ehrlicheren Weise, weil sie deren wirkliche Natur und echte Motivationen verstehen.

Die Illusion der Unabhängigkeit von Motiven

Wir machen oft den Fehler zu glauben, daß Motive irgendwie allein stehen und unabhängig voneinander funktionieren. Sie sind jedoch eher als ein Komplex voneinander abhängiger Mechanismen zu verstehen. Wenn ich auf die Jagd nach Motiven gehe und meine Beute erlegen will, dann muß ich mich zunächst für das Wohnumfeld meiner zoologischen Gruppe interessieren. Ich muß studieren, in welcher Fauna und Flora sie lebt. Ich kann meine Mitmenschen erst dann richtig verstehen, wenn ich mir gleichzeitig ein genaues Bild gemacht habe über die allgemeine Richtung, in der sich meine Menschengruppe bewegt und welche Ziele sie verfolgt.

Auch Tiere passen sich veränderten Verhältnissen an, wenn auch langsamer. Menschen, die dauernd in einer Krisenstimmung leben und das Gefühl haben, daß sie nie wissen können, wie ihre Umgebung in den nächsten paar Jahren aussehen wird, werden ihre Motivstruktur an diese sich rasch wandelnde soziologische Landschaft anpassen. Wir beklagen uns oft darüber, wie sehr sich die Menschen geändert haben. In den meisten Fällen finden wir, zum Schlechteren. Wenn wir aber genau hinsehen, bemerken wir oft, daß wir es mit Anpassungsformen zu tun haben, die das Überleben der Gruppe in der neuen Situation gewährleistet.

Wenn die Kirchen sich darüber beschweren, daß die Jugend das Interesse an Religion verloren hat und nicht mehr an ihren Antworten auf große Lebensprobleme interessiert ist, machen sie einen grundlegenden Fehler. Dieser Fehler wird offenbar, wenn dieselben jungen Menschen, die anscheinend in Apathie verfallen sind, in Wirklichkeit auf der dauernden Suche nach neuen Werten und neuen Lösungen sind. Die plötzlichen und unerwarteten Erfolge von Organisationen wie der Mun-Sekte und verschiedener indischer oder nicht so indischer Gurus deuten alle in die Richtung, daß der Fehler nicht so sehr bei der Jugend liegt, sondern am Mangel an Scharfsinn und Voraussicht etablierter Religionen. Sie hätten längst sehen müssen, daß sie es versäumt haben, der modernen Jugend das zu bieten, was sie sucht. Das heißt also, die Motivationierungen der Kirchen waren deshalb ohne Erfolg, weil sie nicht die gesamte Änderung der sozio-psychologischen Landschaft verstanden haben.

Bäume wachsen nicht in den Himmel

In unserer Angst vor der Zukunft haben wir oft vergessen, daß es gewisse selbstregulierende Gesetzmäßigkeiten der menschlichen Psyche gibt, die es verhindern, daß bestehende Motivationen total ausarten. Viele Schriftsteller haben in einer fast masochistisch-pessimistischen Weise den Untergang der Welt vorausgesagt. Doch sie waren sich nicht dessen bewußt, daß die Menschheit ja nicht bloß eine passive, gallertähnliche Masse darstellt, sondern daß es pychische Formbarkeit gibt. Der »Massenmensch« konnte sich nur bis zu einem Punkt entwickeln, an dem Gegenströmungen entstanden.

Wenn man anläßlich einer politischen Wahl, wie es in den Vereinigten Staaten der Fall war, dauernd den Wählern voraussagt, daß sich sehr wenige an den Nationalwahlen beteiligen würden, so kann die Voraussage selbst das Gegenteil bewirken. Wir können daher ebenso wahrscheinlich damit rechnen, daß der Bevölkerungszuwachs und die Überbevölkerung, die man für viele Länder als Bevölkerungsexplosion mit Schrecken vorausgesagt hat, durch eine Art biologische Selbstregulierung korrigiert werden wird. In einigen westlichen Ländern sind wir bereits so weit, daß wir einen Bevölkerungszuwachs von Null oder minus Null erreicht haben. Um richtig zu motivieren, muß man also auch an diese selbstregulierende Dynamik in der menschlichen Natur denken.

Die Symbolik der Motive

Wir wollen zum Beispiel mehr Teppiche verkaufen. Wenn wir uns aber nicht vorher überlegen, daß ein Teppich mehr als ein Bodenbelag ist, nämlich daß er vielleicht eine tiefere symbolische Bedeutung hat, dann werden wir nicht sehr weit in unseren Bemühungen kommen. Tatsächlich ist der Ursprung des Teppichs darauf zurückzuführen, daß er nicht nur im Zelt und in der Höhle ein weicheres Lager möglich machte, sondern daß, je dicker der Teppich war, man sich desto mehr vom rohen und oft gefährlichen Erdboden entfernt fühlte. Diese ursprünglich praktische Bedeutung ist dann im Laufe der Zeit auf den symbolischen Aspekt des Prestiges übertragen worden. Der Reichtum eines Scheichs wurde und wird noch heute danach beurteilt, wie viele Lagen von Teppichen er sich leisten kann.

Der moderne Konsument ist nicht sehr weit von dieser Motivation entfernt. Der dicke, weiche Teppich ist das Symbol des Reichtums geworden. Gleichzeitig ist das sinnliche Einsinken in den Teppich ein sehr wichtiges Verkaufsargument. Der arabische Teppichhändler ist sich dessen instinktiv bewußt und lädt seinen potentiellen Käufer ein, die Schuhe auszuziehen, um mit den Fußsohlen sinnlich die Weichheit des Teppichs zu fühlen. Den Teppich aufgrund seiner Haltbarkeit oder auch seiner Schönheit allein verkaufen zu wollen, trifft nicht das richtige Ziel und motiviert gewissermaßen an der Haupttriebfeder vorbei.

Der Motivstil

Moderne Untersuchungen über Erziehungswesen haben gezeigt, daß Schüler nicht alle gleichmäßig und im gleichen Stil lernen. Es gibt Menschen, die sehr begabt sind, rein abstrakt Dinge zu erfassen. Auf der anderen Seite gibt es wiederum Schüler, die alles konkret nahegebracht bekommen müssen, und wenn sie nicht die Dinge sehen, fühlen oder riechen können, im luftleeren Raum gelassen werden. Wir wissen natürlich, daß es auch Kinder und Erwachsene gibt, die eher in Gruppen lernen können, und andere, die wiederum sich alles selbst individuell erarbeiten müssen.

Wir kommen langsam darauf, daß auch gerade in bezug auf menschliche Motive ähnliche Unterschiede bestehen. Wenn wir zu unserem Gleichnis von der Jagd zurückkehren, dann können wir sagen, daß wir an unsere Beute mit größerem Erfolg herankommen, wenn wir zunächst den Lebensstil, den Motivstil zum Beispiel einer zu beobachtenden Affenkolonie erforschen. Eine englische Wissenschaftlerin hat über zwei Jahre damit verbracht, sich einem Stamm Schimpansen zu nähern und sich mit ihm anzufreunden. Sie studierte die Lebensweise und ging sogar so weit, die individuellen Unterschiede der einzelnen Mitglieder dieser Affengruppe zu studieren. Es dauerte einige Monate, bis sie sich so weit annähern durfte, daß sie gut beobachten und fotografieren konnte.

Dem Psychiater und Psychologen ergeht es ähnlich. Um mit seinen Klienten und Patienten richtig kommunizieren zu können, muß er erst lernen, sich in sie einzufühlen. Einer der Fehler, die zu erfolglosen Motivierungsversuchen führen, ist der, daß wir zu viele Dinge von unserem eigenen Standpunkt aus sehen, anstatt uns in die uns zunächst einmal vielleicht fremde Verhaltensweise eines anderen einzufühlen.

Wenn wir in anscheinend wohlwollender Weise Mitglieder der Dritten Welt dazu bringen wollen, unsere moderne Technologie zur Lösung ihrer Probleme anzuwenden, denken wir oft nicht daran, daß sie sie nicht intellektuell verstehen, daß unser Denkstil und Motivstil dieser Kulturgruppe psychologisch fremd sein könnte.

Sogar in der Begegnung zwischen Europäern und Amerikanern lassen sich solche Motivstilunterschiede als Störung beobachten. Während der Amerikaner meistens dazu bereit ist, einen Geschäftspartner schon nach einigen Minuten zu duzen, ist dies für den Europäer eine nicht erlernte oberflächliche, vielleicht aber auch freundlichere Art des Zusammenlebens. Amerikaner sprechen viel leichter über finanzielle Dinge, über ihre Lebenspläne, während Europäer im Unterschied dazu viel zurückhaltender sind. Ich habe viele Versuche der internationalen Zusammenarbeit zwischen der westlichen Welt und der Dritten Welt scheitern sehen – ebenso wie zahllose Versuche, Europäer und Amerikaner zusammenzubringen, weil wir den Fehler machten, unseren Motivstil nicht abzustreifen und uns nicht auf die andere Mentalität einstellen konnten.

In einer Arbeit zusammen mit meinem Sohn für das Friedenskorps in Marokko entdeckte ich, daß bei den jungen Amerikanern ein vollkommener Mangel an Verständnis bestand für die fast schleichende Art des langsamen Gehens der Marokkaner und ihrer Nichtbeachtung der Pünktlichkeit bei Verabredungen. Dadurch, daß Mitglieder des Friedenskorps veranlaßt wurden, eine Zeitlang einen Kaftan und die dazugehörigen Kleider zu tragen, konnten sie plötzlich durch eine Art Aha-Erlebnis verstehen, daß man, wenn man einen langen Kaftan trägt und dauernd Angst haben muß, seine pantoffelartigen Schuhe zu verlieren, sich automatisch auf diesen langsamen, saloppen Gang einstellt.

Ein Großteil unserer Mißverständnisse rührt daher, daß wir oft zu oberflächliche und zu einfache Erklärungen für unsere so verschiedenartigen, tragischen oder lächerlichen Verhaltensweisen annehmen.

Ich habe diese sechs Prinzipien bei der Lösung von vielen Aufgaben außerordentlich hilfreich gefunden. Natürlich kann es noch andere Betrachtungsweisen und Ansätze geben. Der wichtigste Grundsatz, den ich weitergeben möchte, ist jedoch der, daß man bei der Erklärung von rätselhaft erscheinenden Verhaltensmaßnahmen der Menschen zunächst einmal gewissermaßen »von hinten herum« an die Aufgabe herangehen muß.

Wir wurden vor einiger Zeit gebeten, herauszufinden, warum die Menschen nicht mehr lesen. Die oberflächliche Antwort wäre die, daß man zur alten Disziplin in den Schulen zurückkehren müßte, den Kindern richtiges Lesen beizubringen, sie fast dazu zwingen müßte, die Literatur ihres Landes und der ganzen Welt besser zu kennen. Das würde bei ihnen eine Liebe zu Büchern erzeugen. Was sich jedoch herausstellte, war etwas ganz anderes.

Wir haben zuviel Disziplin und Druck in bezug auf Bücher. In fast allen Schulen der Welt wird das Bücherlesen als Pflicht, als etwas Würdevolles, hingestellt. Wenige Erzieher erkennen, daß eine Reihe von neuen Konkurrenten in der Zwischenzeit entstanden sind: Radio, Fernsehen, Kino, Massenzeitschriften usw. Allen diesen ziemlich aggressiven Konkurrenten ist gemeinsam, daß sie oft denselben Inhalt wie Bücher vermitteln, aber in einer viel amüsanteren, leichter lesbaren und leichter verdaulichen Weise. Anstatt aus Büchern würdevolle, fest gebundene, oft Angst erregende Kultursymbole zu machen, war unsere Empfehlung, sie von dem Podium der Würde herunterzuholen.

Ein radikales Experiment, das wir vorschlugen, war, daß man den Schülern die Erlaubnis geben sollte, die Bücher zu zerreißen, das heißt, ein Kapitel nach dem anderen aus dem fest gebundenen Rahmen mehr oder weniger aggressiv herauszuholen und als einzelnes Kapitel zu lesen. Die Verleger und Buchhändler waren mit Recht zunächst empört. Mit Recht, von ihrem Standpunkt aus gesehen. Zu Unrecht, wenn sie einige meiner Prinzipien verwendet hätten. Dann hätten sie nämlich die Einsicht gewonnen, daß die Umwelt, in der Lesen, Lernen und Bücher jetzt existierten, sich vollkommen geändert hat. Unsere Empfehlung ging dahin, weniger fest gebundene Bücher zu erzeugen, Bücher von ihrer würdevollen Last zu befreien und Lesen als Spaß, als Freude, und nicht bloß als Pflicht hinzustellen.

Vor kurzem wurde in einer amerikanischen Schule bereits im Kindergarten ein Unterricht in Volkswirtschaft eingeführt. Es zeigte sich, daß die Vier- oder Fünfjährigen bereits vollkommen in der Lage waren, die Hauptprinzipien von Nachfrage und Angebot als Preisregulatoren zu verstehen, wenn es bloß in ihr Vokabular übersetzt wurde.

Oft sind es die sogenannten Fachleute, ob es jetzt Erzieher sind, Ärzte, Wissenschaftler oder ähnliche Träger von sichtbaren oder unsichtbaren Orden, die es nicht gerne haben, wenn ihr Gebiet popularisiert wird. Motivspezialisten gehören auch dazu.

In den letzten Jahrzehnten haben wir das Reservoir, aus dem wir Erklärungen des menschlichen Verhaltens entnehmen können, sehr ausgedehnt, und zwar in zwei Richtungen. Wir sind uns langsam bewußt geworden, daß es zu einer wissenschaftlichen Erklärung des menschlichen Verhaltens gehört, spontane und nichtrationale Prozesse miteinzuschließen. Diese Prozesse sind oft in Gegenden des Gehirns lokalisiert, die außerhalb der Cortex liegen. Die meisten unserer emotionellen Haltungen und Handlungen, wie Zorn, Angst, Depressionen, tierische Begierde, die sogenannten niedrigeren Impulse, stammen aus archaischen Teilen des Gehirns. Sie als »unterentwickelt« zu bezeichnen, ist jedoch ein Beweis unserer Eitelkeit in bezug auf die Cortex. Einige Autoren haben dieses Phänomen als unsere »cortikale Arroganz« bezeichnet.

Wir sind jetzt – anders als noch vor einigen Jahrzehnten – bereit, den Einfluß von nicht-intellektuellen Kräften auf unser Verhalten zu akzeptieren. LSD, das Aufwärmen oder die Wiederentdeckung der orientalischen Philosophien und Religionen wie Zen-Buddhismus und ähnliche philosophische Einstellungen im Westen sind dafür ein Beweis. Wir sind viel toleranter dem sogenannten abweichenden Verhalten gegenüber. Eine gewisse Art von Verrücktheit oder Exzentrizität wird jetzt als eine sehr salonfähige Erklärung eines aus dem Rahmen des Normalen fallenden Verhaltens akzeptiert. Es ist fast so weit, daß wir uns eher über das graue, uninteressierte, habituelle – eben »normale« Verhalten lustig machen und es beinahe ängstlich vermeiden.

Wir suchen auch bereits, und in vielen Fällen mit Erfolg, Erklärungen für unser Verhalten in der psychologischen Chemotherapie, ebenso wie in elektronischen Funktionsmodellen unseres Gehirns, Nervensystems und Körpers – ähnlich einem Computermodell. Einige der neuesten Experimente auf dem Gebiet der Schizophrenie zeigen, daß mit gezielter psychologischer Chemotherapie viel raschere Erfolge erzielt werden können als mit der früheren mehr oder weniger verbalen psycho-therapeutischen Behandlung.

Das Bio-feedback gehört auch zu diesen neuen Methoden. Im wesentlichen besteht Bio-feedback darin, daß es uns gelingt, die bisher als unüberbrückbar angesehene Distanz zwischen dem peripheren und sympathischen Nervensystem zu überwinden. Wir waren bislang davon überzeugt, daß es gewisse Mechanismen in unserem Körper gibt, die sich unserem Willen entziehen. Wir können unserem Herzen zum Beispiel nicht befehlen, rascher oder langsamer zu schlagen, wir können unsere Sexualfunktionen nicht durch Willenskraft beeinflussen. Durch sogenanntes autogenes Training ist es gelungen, sozusagen mit einer modernen Version der bekannten Coué-Methode, über den Hilfsweg der Messung von elektronischen Gehirnwellen den Menschen auf gewünschte Reaktionen hin zu trainieren. Wie bei allen solchen Entwicklungen gibt es Anhänger dieser Technik, die behaupten, daß man eine ganze Reihe von Motivationen mit Erfolg beeinflussen kann.

Die Zahl der mehr oder weniger mysteriös und magisch anmutenden Möglichkeiten, unser Verhalten nach Wunsch zu ändern, nimmt dauernd zu. Es gibt einige Therapeuten, die die einfachste Lösung der Ummotivierung von Menschen darin gefunden haben, daß sie einfach eine Reihe von Methoden, je nach Bedarf, miteinander mischen, sie nacheinander oder abwechselnd verwenden.

Die Prinzipien, die ich vorher entwickelt habe, erheben nicht den Anspruch, zu diesen »magischen« Methoden zu gehören. Sie sind vielmehr nüchterne Signale, die davor warnen, wenn man ein Motivationsziel erreichen will, in zu naiver Weise »darauflos zu gehen«.

Als wir vor einigen Jahren im Auftrag einer Werbeagentur herausfinden wollten, wie man am besten Autofahrer davon überzeugt, daß eine bestimmte Benzinmarke, in diesem Fall ESSO, mehr Energie und Kraft hat als Konkurrenzmarken, verwendeten wir eines unserer Prinzipien in der Untersuchung. Wir überlegten uns, ob wir nicht mit einer gewissen Symbolik weiterkommen könnten als mit bloßer nüchterner Erwähnung der Oktanzahlen unseres Benzins. Tiefeninterviews mit einigen hundert Autofahrern ergaben, daß sie tatsächlich das Gefühl hatten, daß Benzin – übrigens: auf französisch »essence« – in einem gewissen Sinn den Lebenssaft, die kraftspendende Flüssigkeit, für das Auto darstellt. Und so haben wir dann, teilweise durch kreative Meditation oder einfach durch die Suche nach einer symbolischen Übersetzung von Kraft und Energie, mit Hilfe der Agentur den »Tiger im Tank« entdeckt. Interessanterweise wurde dieses Symbol ohne große Erklärungen in fast allen Ländern der Welt, wo es verwendet wurde, verstanden.

Auf unsere Jagdsprache übersetzt bedeutet das, daß wir die Sprache, die nicht immer logisch oder grammatisch aufgebaut ist, die aber von unseren Zielobjekten, Menschen in den meisten Fällen, verwendet wird, sprechen lernen müssen, bevor wir wirklich die Motivationen verstehen können. Es ist dieses Sichheranpirschen an die Beute, das dem Motivforscher ebensoviel Spaß macht wie dem Wissenschaftler, der Schicht um Schicht den archäologischen Hügel abhebt und die durch Tausende von Jahren verschütteten Schätze ans Licht bringt.

Wenn wir darüber nachdenken, warum sich der Mensch nicht unserer Wunschliste entsprechend verhält, dann ist das meistens darauf zurückzuführen, daß wir zu naiv auf unser Ziel los gegangen sind. Wir drohen, wir ermahnen, wir überreden, aber wir überlegen uns nicht genügend, was die Mechanismen sind, mit denen wir die motivationelle Reaktion in Gang setzen können. Wir können es fast als wissenschaftliches Gesetz formulieren, daß der Unterschied zwischen einem Bedürfnis und seiner Befriedigung der ist, daß für letztere eine Reihe von Mechanismen in Bewegung gesetzt werden muß.

Wenn wir es zum Beispiel mit Management-Problemen zu tun haben, begehen wir häufig den Fehler, dem Abteilungsleiter den Rat zu geben, Arbeiten zu delegieren. In den meisten Fällen wird dieser sehr logische Rat nicht angenommen. Wir scheitern deshalb, weil es motivationelle Faktoren gibt, die unter der Oberfläche liegen und von dem Ratgeber nicht berücksichtigt wurden. Obwohl nämlich der Manager sich darüber beschwert, daß er so viel zu tun hat, ist er in Wirklichkeit sehr stolz darauf, daß, wie er glaubt, ohne ihn nichts wirklich vorwärtsgeht. Er akzeptiert den Rat, zu delegieren, nur scheinbar. Wovor er wirklich Angst hat, ist, daß, wenn er Arbeit delegiert, sie ebensogut oder besser durchgeführt wird, als wenn er sie selbst macht. Man kann ihn nur dadurch richtig motivieren, daß man Delegation von Arbeit als Befreiung von langweiligen Arbeiten hinstellt und ihm die Möglichkeit, kreative Dinge zu tun, als neues Ziel vorsetzt und vorerleben läßt.

4. Kapitel
GIBT ES EINE EINZIGE FUNDAMENTALE MOTIVATION?

Wir haben im letzten Kapitel davon gesprochen, wie die Vernachlässigung der sechs Prinzipien dazu führen kann, daß wir oberflächliche Erklärungen für menschliches Verhalten anstelle einer tieferen und echteren verwenden, daß wir Probleme oft vereinzelt und isoliert sehen, anstatt im Zusammenhang mit dem ganzen Bezugssystem.

Die Frage, die in der Praxis als auch in der wissenschaftlichen Literatur immer wieder auftaucht, lautet: Ist es überhaupt möglich, Motive exakt zu beschreiben; gibt es fünf, sechs oder nur ein alles umfassendes Motiv?

Im allgemeinen müssen wir unterscheiden zwischen der »Warum-Motivation« und der »Wie-Motivation«. Wenn ein Mensch oder eine Gruppe sich in einer spezifischen Weise verhalten hat, kommt sofort die Frage: »Warum hat die Hausfrau diese Marke bevorzugt?« »Weshalb hat ein Jugendlicher Drogen als scheinbare Lösung seiner Probleme gesucht?« Wir wissen es nicht. Wir wollen eine plausible, das heißt rationale, bewußte oder unbewußte Erklärung dieses Phänomens erhalten. In der Praxis jedoch müssen wir annehmen, daß wir erst dann zur »Wie-Motivation« fortschreiten können, wenn wir auch das »Warum« verstehen.

Wir haben ein breites Spektrum an Erklärungsmöglichkeiten. Ein Großteil der akademischen Konzepte stammen aus dem Bereich der Biologie. Da ist die Rede von Instinkten, normalen oder gestörten, von endokrinen, neuralen oder genotypischen internen Regulierungen und Reaktionen auf die Umwelt.

In der traditionellen Psychologie nehmen wir an, daß aufgrund einer triebähnlichen Spannung eine Handlungstendenz besteht, deren Zweck es ist, die Spannung zu verringern oder zu eliminieren. Im selben Maß, wie der Organismus lernt, Triebe rascher zu befriedigen, werden Gewohnheiten entwickelt.

Moderne Untersuchungen haben hingegen ergeben, daß dieses Modell nicht immer stimmt. Es gibt Gewohnheiten, die sich unabhängig von bestimmten Trieben entwickeln. Andererseits kann es auch geschehen, daß, wenn der Trieb zu stark ist, eine Blockierung der Übersetzung in Aktion erfolgt.

Weitere Entwicklungen in der Psychologie gehen davon aus, daß es viele Quellen von verhaltensstimulierender Energie gibt, die nicht direkt von inneren oder äußeren physiologischen regulatorischen Prozessen beeinflußt sind. Dieser Ansatz hat dann dazu geführt, daß viele Wissenschaftler nach Bedingungen in der Umwelt zu suchen begannen, die Motivationen auslösen können. Maslow stellte seine Hierarchie der Bedürfnisse auf. McClelland hat das Hauptgewicht auf das Bedürfnis nach Leistung (achievement), das Bedürfnis nach Anerkennung und sozialer Zugehörigkeit gelegt.

Chomsky geht wiederum mehr von Linguistik aus. Er nimmt an, daß es eine Tiefenstruktur gibt, aus der auch die Sprache stammt. Der Empfänger und der Sender der Information stimmen in dieser Tiefenstruktur überein und beeinflussen sich gegenseitig.

Leider sind viele dieser Erklärungen tautologisch und informationsleer. Was haben wir wirklich erklärt, wenn wir feststellen, daß der Grund der ehelichen Untreue ein starker sexueller Trieb war oder daß jemand deshalb Geld gestohlen hat, weil er habgierig war?

Berelson und Steiner (in »Human Behavior«, 1964) erklären und definieren als »Motivation« alle »inneren strebenden Bedingungen, die wir als Wünsche, Bedürfnisse, Triebe und ähnlich beschreiben«.

»Ein Ziel ist das Objekt, auf das das Motiv gerichtet ist. Es gibt zweierlei Arten von Motiven a) physiologische, die aus den physischen Bedürfnissen des Organismus stammen, b) sekundäre, angelernte, soziale oder psychogene.«

Wir werden uns in diesem Buch mit einer eher praxisbezogenen Definition von Motiven beschäftigen. Wenn jemand eine Dose Suppe kauft, dann tut er es, weil er von primären Motiven wie Hunger beeinflußt ist, aber auch gleichzeitig von verschiedensten sekundären, sozial oder anders bedingten, Prestigewerten einer bestimmten Marke oder einem ästhetischen Wert wie der Schönheit der Verpackung.

Noch wichtiger ist es für den praktischen Motivforscher, nachdem er die wirklichen Gründe des Verhaltens verstanden und bewiesen hat, sich auf die »Wie-Motivation« zu konzentrieren.

Gilmore, ein zum Tode verurteilter Mörder, weigerte sich, seine Strafe in lebenslängliches Zuchthaus verwandeln zu lassen. Was motivierte ihn? Seine Antwort war, er würde es nicht aushalten, nie mehr wieder frei zu sein; er wollte lieber sterben. Gleichzeitig jedoch wollte er seine Schuld sühnen. Des Rätsels Lösung ist, daß hier der normalerweise anzunehmende Lebenstrieb durch einen Todestrieb aufgehoben ist: Wir können also ziemlich in die Tiefe gehen, um die Motive Gilmores zu verstehen. Gleichzeitig wäre es aber auch möglich, daß wir es mit einfacheren oder oberflächlicheren Funktionen zu tun haben, wie etwa einem Interesse an Publizität. Daß diese Publizität erst nach dem Tode, nach der Hinrichtung, ihre volle Wirkung hat, macht ihm anscheinend nicht viel aus.

Wir könnten natürlich zur Erklärung eines Wunsches,

hingerichtet zu werden, ein grundlegendes Bedürfnis oder Motiv konstruieren oder auch ein Etikett erfinden wie den »Todestrieb« im Sinne Freuds.

Maslow unterscheidet:

1. Physiologische Bedürfnisse;
2. Bedürfnis nach Sicherheit;
3. Bedürfnis nach sozialen Beziehungen (Zugehörigkeit und Liebe);
4. Bedürfnis nach Wertschätzung;
5. Das Bedürfnis nach Selbstverwirklichung;
6. Der Wunsch, zu wissen und zu verstehen;
7. Ästhetische Bedürfnisse.

Versuchen wir doch einmal einige Interpretationen. Dieser Todeswunsch könnte eine Art postumer Wunsch nach Anerkennung des Mutes, eine Begnadigung zurückzuweisen, sein; vielleicht auch ein Wunsch nach Sicherheit im Gegensatz zur Ungewißheit bei Aussetzung des Urteils.

Ist uns aber damit wirklich viel geholfen? Ich bin überzeugt, daß die meisten menschlichen Handlungen durch das Motiv des Sicherheitsbedürfnisses erklärt werden können. Sobald wir am Leben sind, wollen wir Geborgenheit und Schutz bekommen und behalten.

Diese möglicherweise allumfassende Motivation kann sich aber in so vielen Erscheinungsweisen und Varianten niederschlagen, daß wir wieder bei der endlosen, unfaßbaren, dramatischen Thematik des menschlichen Lebens überhaupt angelangt sind.

Unsere Jagd nach den Motiven erfordert nun in der Praxis, daß wir uns auf diejenigen Manifestationen konzentrieren müssen, die Erklärungen zur »Wie-Motivation« geben. Wir können wohl die tiefsten Motive eines Menschen verstehen und dieses Wissen dennoch nicht anwenden, wenn deren Aufdeckung unerwünschte Konsequenzen hätte. Jeder klinische Psychologe oder Psychiater weiß, daß dem

Patienten manche Wahrheiten nicht nur nicht helfen, sondern nur schaden; das ist zum Beispiel der Fall, wenn man ihm sagt, der wirkliche Grund seines Stotterns sei, daß er diese Störung als Schutz und als Ausrede verwendet. Selbst wenn wir genau wissen, daß jemand einen teuren Mercedes nicht aus ökonomischen Gründen gekauft hat, sondern weil er damit angeben will, wird derjenige diese Tatsache dennoch energisch ableugnen. Wollten wir diese Motivation als Appell in der Werbung in einer direkten Weise verwenden, würden wir einen vollkommenen Mißerfolg erleiden, obzwar wir mit unserer Analyse ganz richtig liegen.

Wir finden in vielen unserer Studien, daß Handlungen oft in einer tautologischen Weise erklärt werden. Wenn wir Untersuchungsergebnisse sehen, in denen steht, daß die meisten Menschen immer wieder dieselbe Seifenmarke kaufen, weil sie sich daran gewöhnt haben, so haben wir in Wirklichkeit nur festgestellt, daß sie dieselbe Marke kaufen, weil sie dieselbe Marke kaufen. Die grundlegende Frage, warum denn für diese Hausfrau gerade diese Marke zur Gewohnheit wurde und nicht eine andere, ist gänzlich unbeantwortet geblieben.

Dasselbe gilt auch für Feststellungen wie: Eine Packung wird deshalb bevorzugt, weil sie besser gefallen hat. Übersetzt heißt das nichts anderes als: Die Packung hat mir gefallen, weil sie mir gefallen hat.

Auf der Suche nach der Motivation müssen wir uns auch vor Augen halten, daß oft die Bemühung um eine kristallklare Analyse des menschlichen Verhaltens selbst schon das oft sehr komplizierte und delikate Motivationsnetz stört. Wir haben es mit einem ähnlichen Phänomen zu tun, wie es Heisenberg in der Physik mit seiner Unbestimmtheitsrelation festgestellt hat, daß nämlich das Verhalten von unendlich kleinen Objekten durch die Beobachtung selbst beeinflußt und gestört wird.

Eine Randbemerkung zum Verhältnis von akademischer

Forschung und deren praktischer Anwendung sei hier erlaubt. In der Realität behandelt der Akademiker, der reine Forschung betreibt, also sich für die wahren Motive der Menschen interessiert, die Praktiker oft nur deshalb mit Verachtung oder Herablassung, weil er seine angeblich erhabenere Position bedroht fühlt. Denn in Wirklichkeit ist es doch so, daß gerade erst die praktische Anwendung zur Verfeinerung und Neuentwicklung der Methodologie führt und diese wiederum zu neuen und besseren Praktiken.

In diesem Buch werde ich mich jedoch wenig um akademische Definition kümmern. Ich bin der Meinung, die Menschheit hat so viele Aufgaben, die in das Gebiet eines Motivforschers gehören und die auf eine Lösung warten, daß es fast ungehörig erscheint, mit philosophischer Haarspalterei Zeit und Kraft zu vergeuden.

Es ist eine geradezu faustische Illusion zu glauben, wir würden eines Tages das *eine* Motiv, *die* universale Erklärung für menschliches Handeln und damit gleichzeitig den Schlüssel zur positiven oder negativen Beeinflussung der Menschen finden. Arthur W. Kornhauser hat schon im Jahre 1923 dazu geraten, diese Suche aufzugeben.

Moderne Anthropologie hat sich mehr und mehr auf den Einfluß der Kultur, in der man lebt, bei der Erklärung des individuellen und Gruppenverhaltens konzentriert. Unsere Aufgabe ist es, aus allen diesen Ansätzen diejenigen Konstellationen von Motiven zu destillieren, die sich dann auch praktisch beeinflussen lassen.

Wie wir im nächsten Kapitel ausführlich behandeln werden, ist die Entwicklung von Hypothesen, die zunächst versuchsweise die Motive einer bestimmten Handlung klären, die erste und wichtigste Aufgabe der Motivforschung.

5. Kapitel
INTERPRETATIVE GEGENÜBER BESCHREIBENDER FORSCHUNG

Es gibt viele Diskussionen in den Verhaltenswissenschaften über die Vor- und Nachteile von kleinen gegenüber großen Stichproben, von quantitativer gegenüber qualitativer Forschung. Ich bin der Meinung, daß vieles zurechtgerückt werden kann, wenn wir die Methodik vom Standpunkt des zu erreichenden Zieles aus analysieren. Wir sind daran interessiert, Verhalten zu studieren, ungeachtet der Methoden.

Es gibt nun zumindest zwei Ziele, die in der Erforschung des menschlichen Verhaltens in Betracht kommen. Wir wollen beschreiben, was Menschen unter gewissen Umständen tun, wie alt sie sind, wieviel Geld sie verdienen, wo sie leben, ihre biographische Entwicklung, ihren Gesundheitszustand, gute oder schlechte Gewohnheiten, wieviel sie rauchen, wieviel sie trinken und vielleicht auch ihr Sexualleben. All diese Daten sind natürlich von außerordentlicher Wichtigkeit für die Analysen. Sie können sich auf Individuen, Gruppen und ganze Kulturen beziehen. Sie können sich auf gegenwärtige Situationen konzentrieren oder geschichtlich zurückgreifen. Ich schlage vor, daß die Forschungsmethoden, die notwendig sind, um diese Art von Daten zu sammeln, deskriptiv genannt werden sollten, da sie sich mit Zahlen und Beobachtungsdaten befassen. Die Daten müssen so genau wie möglich sein und von der Stichprobe auf die Gesamtheit der Bevölkerung schließen lassen.

In vielen anderen Situationen scheint das Forschungsproblem auf den ersten Blick ähnlich zu sein, aber in Wirklichkeit ist es vollkommen anders. Bei all den Problemen und Fragen nämlich, die mit dem kleinen Wort »warum« beginnen, haben wir es meiner Meinung nach mit einer ganz anderen Sachlage zu tun. Was wir in dieser Situation erwarten, ist eine Interpretation des menschlichen Verhaltens und nicht eine Beschreibung. Wir wollen verstehen, warum die Menschen etwas tun. Eine solche Interpretation kann sich mit den Gründen des kriminellen Verhaltens einer Versuchsperson beschäftigen, warum Menschen lügen, warum wir oft von Depressionen geplagt sind (speziell während Feiertagen wie Weihnachten), warum manche Kinder übermäßig oft erzieherisch Schwierigkeiten bereiten, warum Menschen ein bestimmtes Produkt anstelle eines anderen kaufen oder warum ein politischer Kandidat mehr Wähler für sich interessieren kann als ein anderer. Wir wollen herausfinden, was in all diesen Situationen die Motive waren, was die Beweggründe waren, was die Menschen beeinflußt hat, das zu tun, was sich in ihrem endgültigen Verhalten dann manifestierte.

Nun könnte man annehmen, interpretative Forschung sei rein akademisch orientiert. Aber ganz im Gegenteil – sie hat sogar sehr viel mit der Praxis zu tun. Nehmen wir an, daß ich die Antwort auf ein typisches menschliches Verhaltensproblem, an dem ich interessiert war, gefunden habe. Ich werde dann immer noch mit der Entscheidung konfrontiert, welches von meinen Ergebnissen ich anwenden soll und zu welcher Tiefe ich vordringen soll im Prozeß der Übersetzung meiner Daten in praktisches Vorgehen. Interpretative Forschung besteht also nicht nur in dem »Warum« der Motive, sondern auch in dem »Wie« der Motivierung.

Die Methodik jedoch der beschreibenden oder der interpretativen Forschung ist unterschiedlich. Wenn man rein deskriptive Techniken verwendet, obgleich es sich bei der Fragestellung um Interpretation und Verständnis von Verhaltensweisen handelt, dann sind die Ergebnisse nicht nur irreführend, sondern auch unwissenschaftlich.

Das Problem, mit dem ich mich beschäftige, kann so einfach sein wie z. B. die Frage, wie viele Anzüge die Menschen in den verschiedenen Einkommensgruppen besitzen, wie viele Bücher sie besitzen, wie oft sie ins Kino gehen oder was für ein Fernsehprogramm sie wählen. Je näher unsere Forschung an die reine Beobachtung herankommt, desto verläßlicher sind die Ergebnisse. Nehmen wir einmal an, daß wir es mit einer verhältnismäßig kleinen Bevölkerung in einer bestimmten Ortschaft zu tun haben. Einige dieser Leute sind reich, einige sind in der mittleren Einkommensschicht, und einige andere sind arm. Ich frage sie um die Erlaubnis, sie in ihrer Wohnung besuchen zu dürfen, und ich zähle einfach die Anzüge oder Kleider oder Bücher oder andere Besitztümer, die sie zu Hause haben. Diese Art der beschreibenden Forschung ähnelt der Volksbefragung und ist eine Art Buchhaltung. Man sollte sie nicht »Forschung« im eigentlichen Sinn nennen.

Im Idealfall kann ich mit meinem Vorgehen zwei Ziele erreichen: einerseits die direkte Beobachtung, um Daten über meine Versuchspersonen zu erhalten, die hieb- und stichfest sind; und das zweite Ziel ist erfüllt, wenn ich meine Beobachtungen auf alle Mitglieder der entsprechenden gesellschaftlichen Gruppe beziehen kann. Das ist die Repräsentativität. Wir wollen uns hier jedoch nicht mit den Unterschieden zwischen den Zufallsstichproben, Quotensamples und all den anderen Techniken beschäftigen.

Kontrollierbarkeit

Bei der Frage nach der Kontrollierbarkeit von Beobachtungen und nach der Wahrheit, der Gültigkeit der Antworten, die ich aufgrund der beschreibenden Forschung erhalte, begegnen wir einer Reihe von Schwierigkeiten, obwohl wir uns doch noch auf dem Gebiet der mehr oder weniger einfachen Beschreibung befinden. Wenn ich z. B. jemanden frage, wieviel Miete er bezahlt, kann ich ihn so vordergründig fragen und seine Antwort akzeptieren. Ich kann aber auch mit dieser Frage versuchen, subtilere Aspekte herauszufinden. Ich kann mich z. B. dafür interessieren, ob er glaubt, daß er mehr zahlt als angemessen oder weniger oder gerade den richtigen Betrag. Indem ich dies tue, hätte ich zwar einen etwas verfeinerten Aspekt seiner Meinung über die Miete herausgefunden, aber ich bliebe immer noch auf dem Gebiet der beschreibenden Forschung.

Wenn ich herausfinden will, wie oft eine Person fernsieht oder ob reiche oder arme Leute mehr fernsehen, dann habe ich es auch hier mit einer Reihe von Schwierigkeiten zu tun. Die Kategorien von reich, arm oder mittelschichtig können oft irrelevant sein in bezug auf das Fernsehen. Das Bildungsniveau oder der Grad der Aufgeschlossenheit oder Differenziertheit eines Menschen könnten eine viel größere Rolle spielen. Die weniger Verklemmten werden unter Umständen leichter die Anzahl der Stunden, die sie vor dem Fernseher sitzen, zugeben. Die Menschen, die einen anderen kulturellen Background haben, können bewußt oder unbewußt versuchen, diese Tatsachen zu verheimlichen. Wenn wir diese Menschen bei ihrem Verhalten zum Fernsehen direkt beobachten und Notizen machen könnten, dann würden wir verläßliche Daten über die Stunden bekommen, die wirklich vor dem Fernsehapparat verbracht werden.

Automatische Zähleinrichtungen, die es neuerdings dafür gibt, können einen ähnlichen Zweck verfolgen. Aber hier begegnen wir trotz aller Vorsichtsmaßnahmen z. B. der Schwierigkeit, daß ein Fernseher sehr wohl eingeschaltet sein kann, aber niemand davor sitzt.

Je verfeinerter die Techniken sind, um eine solche automatische Kontrolle durchzuführen, desto näher kommen wir an objektiv beobachtete Tatsachen heran. Damit möchte ich klarmachen, daß wir bereits hier eine Reihe von psychologischen Schwierigkeiten haben, auch wenn wir lediglich versuchen, ziemlich einfaches menschliches Verhalten, wie Fernsehen oder Besitztum von bestimmten Kleidungsstücken, zu beschreiben.

Ein anderes Problem, mit dem wir es in der beschreibenden Forschung oft zu tun haben, ist das aus der Logik bekannte »propter hoc, ergo hoc«. Dieses Phänomen tritt auf, wenn zwei Ereignisse gleichzeitig oder in kurzer Folge nacheinander stattfinden. Wir ziehen dann den Fehlschluß, daß sie zur gegenseitigen Erklärung dienen können. Eine Studie kann z. B. zeigen, daß gewisse gesellschaftliche Gruppen von Menschen mehr arme Personen enthalten als andere Gruppen. Wenn wir es mit Minoritäten zu tun haben, wie z. B. in Amerika mit den Schwarzen oder den Puertoricanern, dann kann man leicht zu der Schlußfolgerung kommen, daß sie deshalb ein geringes Einkommen haben, weil sie einer Minorität angehören.

Es kann ebenfalls sein, wie es oft der Fall ist, daß wir einfach für unsere Beobachtung Gruppierungen verwenden, die leichter zu identifizieren sind, aber die in Wirklichkeit irrelevant oder wenig ausschlaggebend sind. Hätten wir z. B. statt ethnischer Gruppen für unsere Untersuchung Gruppen mit psychodynamischen Eigenschaften definiert und ausgewählt, wie etwa Zielstrebigkeit, dann hätten wir vielleicht gefunden, daß das Einkommen, der Reichtum oder die Armut einer Gruppe viel mehr mit diesen Eigenschaften im Zusammenhang stehen als mit der bloß ethnischen Gruppenzugehörigkeit. Wir hätten dann eine bessere Beschreibung.

In vielen unserer Studien haben wir gefunden, daß wir auch in der bloß beschreibenden Forschung zu besseren Resultaten kommen, wenn wir relevante und bedeutungsreichere Gruppierungen verwenden. Wir können dann oft durch die vordergründigen und bloß phänomenologischen Beschreibungen hindurchdringen. Wir müssen uns immer dessen bewußt sein, daß wir als Forscher oft ungewollt oberflächliche Klassifikationssysteme benutzen. Manchmal sind sie einfach von der Volksbefragung her bestimmt. Es ist verlockend, in der Studie etwa über Unterschiede zwischen Deutschen und Amerikanern die Einkommensgruppierung als Klassifikationsgrundlage zu nehmen. Die Frage, die wir statt dessen stellen müssen, ist: Mit was für Deutschen oder Amerikanern haben wir es zu tun? Eine Person kann ein sehr hohes Einkommen haben, aber sehr geizig sein oder dieses Einkommen in einer ganz anderen Weise verwenden, als eine Person mit einem niedrigen Einkommen.

Das Einkleiden von Fragen

Eine Sicherheitsmaßnahme, um die angeführten Irrtümer in der Methodik zu vermeiden, ist die Einkleidung der Fragen. Nehmen wir an, wir wollen herausfinden, wie oft eine Person tatsächlich pro Woche vor dem Fernsehapparat sitzt. Eine solche Frage scheint ziemlich einfach zu sein. Wir wenden uns direkt an den Befragten, und er antwortet ganz konkret. Er sagt z. B.: »Ungefähr drei oder vier Stunden in der Woche.«

Obwohl er sein Verhalten ziemlich klar beschrieben hat, sehen wir uns sehr bald vor den Verdacht gestellt, daß er sich vielleicht schämte zuzugeben, wie viele Stunden er tatsächlich vor dem Fernsehapparat verbrachte. Es kann auch sein, daß er es wirklich nicht wußte. Die meisten von uns führen ja kein Tagebuch über eine solche Tätigkeit. Er antwortet deshalb ohne zu erröten, daß er drei Stunden pro Woche vor dem Fernseher sitzt, obwohl er in Wirklichkeit an die zwanzig Stunden fernsieht. Wir brauchen also bereits hier bei der Beschreibung des Verhaltens eine Methode, mit der wir möglichst nah an die tatsächlichen Daten herankommen. Im eben zitierten Fall forderten wir die Versuchspersonen auf, uns zu erzählen, was sie in ihrer Freizeit gestern getan haben, was sie taten, als sie von der Arbeit nach Hause kamen.

Oft verhüllen wir unser Forschungsziel gänzlich. Offenbar sind wir bloß daran interessiert, was die Befragten denn normalerweise tun, wenn sie von der Fabrik, ihrem Büro oder wo immer sie arbeiten, nach Hause kommen. Wir können dieses Verhalten auch in Form eines Tagesbuches festhalten. Manchmal gehen wir eine Woche oder sogar einen Monat zurück und fordern den Befragten auf, uns zu erzählen, was er denn an diesem Tag getan hat. Dabei kann es natürlich passieren, daß der Befragte plötzlich durch seine Antworten entdeckt, daß er eigentlich viel zu viel vor dem Fernseher sitzt. Er kann dann so reagieren, daß er eine entschuldigende Bemerkung macht, vielleicht verlegen lacht oder über sein bisher unentdecktes Verhalten erschüttert ist.

Wir als Forscher sind somit näher an die Wahrheit herangekommen, als wenn wir die Versuchsperson direkt gefragt hätten, wie es so oft der Fall ist: »Wieviel Stunden sitzen Sie im Durchschnitt vor dem Fernseher?«

Als allgemeine Regel für die beschreibende Forschung stellten wir also fest, daß wir auch bei scheinbar einfachen Verhaltensweisen die Fragen so stellen, daß der Befragte die Antworten nicht verfälschen kann – weder bewußt noch unbewußt.

Es gibt keinen Zweifel darüber, daß man Menschen zuerst befragen muß, will man menschliches Verhalten erklären und verstehen. Es gibt aber auch eine sehr alte Kontroverse zwischen sogenannten Behavioristen und den mehr interpretierenden Forschern: ob es wirklich möglich ist, menschliches Verhalten zu beschreiben, ohne in direkter oder indirekter Weise Voranahmen, Wertungen einfließen zu lassen.

Bei den Arbeiten, die ich vor Jahren auf dem Gebiet der Kinderpsychologie mit Prof. Charlotte Bühler in Wien während meiner Studentenjahre und danach durchführte, waren wir sehr heftig in solche Diskussionen verwickelt. Ist es sinnvoll, das Verhalten eines vier oder sechs Wochen alten Babys in einer sehr objektiven Weise zu beschreiben, indem man nämlich feststellt, daß dieses Baby den linken Arm dreieinhalb Zentimeter vom Körper weg nach oben bewegt, dann den Arm um 90 Grad beugt, diesen Arm dann auf den Kopf fallen läßt und dann den 2., 3. und 4. Finger hin- und herbewegt, in verschiedenen Intervallen und mit wachsender Häufigkeit? Wäre es nicht richtiger, für die gesamte Bewegung zu sagen, daß das Baby einen Juckreiz verspürt und deshalb seinen Kopf kratzt? Der reine Behaviorist behauptet, daß dies bereits eine Vorannahme von seiten des Forschers ist. Wir hätten geurteilt, daß ein Baby genauso einen Juckreiz verspürt wie ein Erwachsener und daß dieser Juckreiz in derselben Weise behoben wird wie bei allen anderen Menschen.

Es ist jedoch unmöglich, versteckte Annahmen zu vermeiden, auch wenn wir scheinbar einfache Phänomene beschreiben. Wir sind im Gegensatz zu den reinen Behavioristen der Meinung, daß wir in der sogenannten objektiven Verhaltensforschung diese Annahmen offen nennen sollten. Auch der reinste Behaviorist muß in der einen oder anderen

Form interpretieren, wenn er nicht unnötig komplizierte und inhaltsleere, sogenannte »objektive« Feststellungen machen will.

Naiver Empirismus

Der Irrtum basiert auf einer Denkweise, die wir den »naiven Empirismus« nennen. Dieser Ansatz geht bis zu Aristoteles zurück. Sein grundlegendes Vorgehen besteht darin, daß durch Beobachtungen und Experimente die meisten Phänomene in Kausalzusammenhängen erklärt werden.

Wenn wir z. B. einen Stab in ein Glas Wasser halten, so scheint dieser Stab gebrochen. Wir wissen aber aus unserer Schulzeit noch einiges über die optischen Gesetze der Refraktion. Die Schwierigkeit besteht darin, daß wir die häufig beobachtete Tatsache für bare Münze nehmen. Wir sehen, daß der Stab gebrochen ist. Wenn wir nicht genügend über optische Gesetze wissen, dann machen wir den Fehler der Identifizierung. Anstatt konkreterweise zu sagen, daß der Stab gebrochen erscheint, weil ein Teil des Stabes durch das Medium der Luft gesehen wird, der andere Teil durch das Medium des Wassers, sagen wir in naiver Weise: »Der Stab ist gebrochen.« Während wir in den Naturwissenschaften schon etwas sensibilisiert und vorsichtiger sind im Umgang mit Beobachtungsdaten, sind wir es noch längst nicht in den Verhaltenswissenschaften.

In der physikalischen Welt können wir ziemlich leicht durch andere Formen der Beweisführung feststellen, ob der Stab wirklich gebrochen ist oder nur so erscheint. Wir brauchen ihn ja bloß aus dem Glas herauszuholen oder, während der Stab im Glas ist, mit unseren Fingern den Stab zu betasten. Wir entdecken dann, daß der Stab vollkommen gerade ist und eben bloß aufgrund unserer falschen empirischen Beobachtungen gebrochen erscheint.

Im menschlichen Verhalten begegnen wir auf Schritt und

Tritt solchen Fällen. Jemand kann z. B. eine Ware wählen. Wenn wir daraus die Schlußfolgerung ziehen, daß er deswegen tatsächlich das eine Produkt dem anderen vorzieht, dann haben wir denselben Fehler gemacht wie bei dem Beispiel mit dem Stab. Hätten wir die Beweisführung, die wir später »multiple Validation« nennen werden, dann hätten wir entdeckt, daß die Person bei ihrer Wahl eher von einem Faktor der Bequemlichkeit beeinflußt war als von einer wirklichen Bevorzugung.

In einer Studie für die Österreichische Fremdenverkehrswerbung fanden wir heraus, daß ein ziemlich bedeutender Teil der potentiellen amerikanischen Touristen eine recht unklare Vorstellung von der Lage und der Form Österreichs hatte. Im Gegensatz dazu wußten die meisten Amerikaner, wo die Schweiz lag und wie Italien aussah: »ungefähr wie ein Stiefel«. Diese Tatsache des geringeren Vertrautheitsgrades mit der geographischen Lage und der Form Österreichs war eine der anscheinend unwichtigen Barrieren dagegen, daß die Leute nach Österreich fahren.

Es ist aber viel schwerer zuzugeben – oder überhaupt sich dessen bewußt zu werden –, daß die Auswahl eines Urlaubszieles von solchen anscheinend unwichtigen Dingen abhängt. Unser Rat aufgrund der Ergebnisse unserer Untersuchung ging dahin, Österreich mit einem Füllhorn zu vergleichen und damit gleichzeitig einen größeren Bekanntheitsgrad mit der Form Österreichs zu erzielen sowie ein interessantes Versprechen zu geben.

Wir haben bis jetzt von rein beschreibender Forschung gesprochen und gesehen, daß es auch da bereits eine ganze Reihe von subtilen und wichtigen Problemen gibt. Auch wenn wir nur daran interessiert sind, das äußere Verhalten der Menschen zu beschreiben, das »Wann«, »Wo« oder »Wieviel«, müssen wir sehr vorsichtig vorgehen.

Wenn wir es jedoch mit interpretativer Forschung zu tun haben, mit dem Versuch zu verstehen, warum die Menschen sich so benehmen, wie sie es tun und wie man sie daher richtig motivieren kann, dann ergibt sich die Notwendigkeit von radikal verschiedenen Methoden und Denkprozessen. Wir haben es nicht mehr mit einer beliebigen Wahl von Vorgehensweisen zu tun, sondern die Aufgabenstellung als solche, die Interpretation erfordert ein ganz bestimmtes Denken und Vorgehen.

INTERPRETATIVE FORSCHUNG

Bei den psychologischen Faktoren handelt es sich oft um solche Phänomene wie Ambivalenz, Überkompensation, Selbstzerstörung oder die Demonstration von Egoismus, psychosomatische Störungen, Ursachen und Resultate des Stresses, die Rolle von Prestige. Es gibt eine schier unendliche Reihe von anscheinend unlogischen, aber psychologischen Tatsachen, die wir seit Jahrhunderten, wenn nicht schon seit Jahrtausenden zu interpretieren versuchen. Wir brauchen bloß einmal im Hinblick darauf die täglichen Nachrichten im Fernsehen zu sehen oder die Zeitung zu lesen, und wir werden verblüfft sein über die Verschiedenartigkeit der menschlichen Interessen. Da gibt es Mordtaten, Pferderennen, zur Weihnachtszeit eine fast überwältigende Sucht, sich gegenseitig zu beschenken, die als Nächstenliebe interpretiert wird; Hunderttausende von Menschen suchen zur Erholung warmes Klima auf, andere hingegen gehen in die schneebedeckten Berge zum Skilaufen.

Die meisten von uns, insbesondere die Verhaltenswissenschaftler, sind in einem Konflikt, der fast so alt ist wie die Menschheit selbst. Wie ist die Existenz eines Phänomens beschaffen, das man nicht genau beobachten kann? Nehmen wir zum Beispiel die psychische Ambivalenz. Wie kann ich jemanden lieben und gleichzeitig hassen? Einige unserer Studien, die sich mit den psychologischen Auswirkungen der wirtschaftlichen Rezession beschäftigt haben, zeigten, daß eine beachtliche Anzahl von Menschen, anstatt – wie es logisch zu erwarten gewesen wäre – ihren Gürtel enger zu schnallen, mehr Luxusprodukte kauften. Sie demonstrierten die Haltung: »Es ist später, als du denkst.« Die Volkswirtschaftler waren verblüfft, weil sie erwartet hatten, daß sich die Reaktion auf Inflation, Energiekrise und Rezession eher in einer logischen Verhaltensweise niederschlagen würde. Sie rechneten nicht mit der Fähigkeit der menschlichen Natur, Gegenreaktionen zu mobilisieren, flexibel zu sein, und sogar in einem gewissen Sinne eine Immunität gegen Krisen zu entwickeln.

Wir leben in einer physikalischen Welt aus leicht nachvollziehbaren Ursache-Wirkung-Beziehungen. Wir lassen etwas fallen, und dieser Gegenstand erreicht den Boden einer Fläche, die den Fall stoppt. Wir schließen daraus, daß etwas so lange fällt, bis es einen Widerstand findet. Dabei denken wir nicht an die Gesetze der Gravitation oder an die Relativität dieser Beobachtung. Vielleicht sind wir jetzt, da wir es erreicht haben, einen Menschen auf den Mond zu schicken, etwas näher an der Erkenntnis, daß das Fallen des Objekts bloß eine Erscheinung ist, die sich auf die Erde und die hiesige Gravitation bezieht und kein universelles Gesetz ist.

Menschliches Verhalten und seine Motive sind noch genauso fremd für uns, wie das Leben auf dem Mond es wäre, wenn wir uns heute dort ansiedeln würden. Bevor wir Motivforschung betreiben, müssen wir lernen, psychologische Mechanismen als Tatsachen zu akzeptieren. Sogenannte empirische Daten, sogar wenn sie von scheinbar genauen Prozentzahlen begleitet sind und auf minutiös beobachteten Details beruhen, sind oft nicht mehr als eine Fiktion, will man sie als die Erklärung für das Verhalten der Menschen betrachten.

1958 schrieb ich eine Monographie über die Bedeutung

von psychologischen Typen. Diese Schrift war ein Vorgänger dessen, was man heute »psychologische Marktsegmentierung« nennt. Ich versuchte in dieser Abhandlung klarzumachen, daß Gruppierungen wie Alter, Rasse, Religion, Familienstand etc. häufig ganz und gar irrelevant sind. Statt dessen brauchen wir viel öfter motivationelle Gruppen, wie z. B.: ob Menschen sehr bedacht auf ihr Äußeres sind, ob sie hypochondrisch veranlagt sind, ob sie sehr sicher oder unsicher sind und was die verschiedenen Formen ihres Lebensstils anbelangt. Junge Neger sind oft eher – im psychologischen Sinne – mit jungen Weißen verwandt, zumindest in den Vereinigten Staaten, als mit ihren eigenen ethnischen Eltern. Die Motivationen beider Gruppen von Jugendlichen sind sich viel ähnlicher als die des angeblich rassisch vererbten Faktors.

In einer Studie über das psychische Befinden von Einwohnern einer Universitätsstadt fanden wir heraus, daß Alter oder Reichtum lange nicht so wichtig waren wie ein komplexer psychologischer Faktor: Waren sie aufgeschlossen gegenüber einer Weiterbildung oder waren sie der Meinung, daß es nach Beendigung der Schule nicht mehr notwendig sei, die Bildung fortzusetzen? Diejenigen, die das Gefühl hatten, daß man nie genug lernt und sich ständig weiterbilden muß, hatten ein viel engeres Verhältnis zu dieser Universität. Sie waren auch bereit, sie mit Geld zu unterstützen und an Kursen teilzunehmen. Diejenigen dagegen, die überzeugt waren, daß ihre Bildung abgeschlossen war, wollten sowenig wie möglich mit der Universität zu tun haben und betrachteten sie eher als eine Art Fremdkörper in der Gemeinde.

Daraus folgte also, daß Haltung der eigenen Fortbildung gegenüber viel wichtiger war als die demoskopische Analyse. Genau diese aber hatten die Forscher, die sich mit den Problemen in und mit dieser Universität beschäftigten, als Resultat angestrebt und erhalten. Es war nicht nur eine oberflächlich beschreibende Forschung, sondern auch eine irreführende Studie. Es gab gewisse kleine Unterschiede zwischen Altersgruppen in bezug auf die Haltung zur Universität. Aber erst als wir eine neue Untersuchung durchführten, die diesen Faktor der Einstellung zur eigenen Bildung ans Tageslicht brachte, waren wir näher an einer eigentlichen Erklärung der Motivation vom Standpunkt der »Warum-Motivation«, aber auch gleichzeitig bei der »Wie-Motivation« angelangt. Wenn wir also beabsichtigen, Spenden für den Unterhalt der Universität zu bekommen, können wir jetzt unsere Zielgruppe viel schärfer definieren, anstatt unser Hauptaugenmerk auf eine diffuse Altersgruppe richten zu müssen.

In der interpretativen Forschung ist es auch notwendig, sogar die einfachen demographischen Daten, die normalerweise in der Marktforschung verwendet werden, zu revidieren. Wir müssen beispielsweise prüfen, wenn es sich um die Feststellung des absoluten Einkommens einer Person oder einer Familie handelt, ob dieses Einkommen in den letzten drei oder fünf Jahren auf demselben Niveau war, abfiel oder zunahm. Eine Person, deren Einkommen sich in den letzten Jahren nicht veränderte, ist ganz anders motiviert als eine Person oder eine Familie, deren Einkommen im Absteigen ist. Das absolute Einkommen, das oft als Kriterium für die Klassifizierung von Stichproben verwendet wird, also etwa »alle zwischen 15 000 und 20 000 Dollar Verdienenden«, war in diesem Fall wiederum falsch und irreführend.

Das gleiche trifft auch auf den Familienstand zu. Man kann auf verschiedenste Weise verheiratet sein. Wir sagen ja auch in der Umgangssprache, daß die Form der Ehe davon abhängt, wer wirklich die Hosen anhat in der Familie. Wir können aber auch in einer anderen Weise herangehen, indem wir die Frage stellen: »Wer hat in der letzten Zeit in der Familie, der Ehe, die wirklich wichtigen Entscheidungen getroffen?« Oft finden wir, daß es nicht notwendigerweise der Mann oder die Frau allein war, sondern daß die Probleme gemeinsam gelöst wurden.

Man könnte also hier den Familien- oder Ehestatus dahingehend definieren, ob ein Partner allein oder beide zusammen wichtige Entscheidungen zu treffen pflegen. Anstatt in der demographischen Beschreibung einfach abzuhaken, »verheiratet« oder »ledig« oder »geschieden«, müssen wir diese viel relevanteren Faktoren, die letzten Endes mehr mit Motivation zu tun haben, einführen.

Wir können das Beispiel auch weiterführen: Bestehen in der Familie sehr enge Bindungen? Welchen Einfluß haben die verschiedenen Familienmitglieder aufeinander? Was für ein Stadium hat eine Familie in ihrer Entwicklung erreicht? Ist die Familie kurz davor, auseinanderzubrechen? Sind die Kinder dabei, sich selbständig zu machen und wegzugehen, oder besteht ein enges Verhältnis zwischen Kindern und Eltern? All dies sind wirklich relevante Faktoren, die festgestellt werden müssen, um eine Klassifizierung der beobachteten Gruppen in einer Weise herbeizuführen, die uns viel eher und viel rascher an echte Motivationen heranbringt.

Die erste Schwierigkeit in der interpretativen Forschung beginnt, wenn wir unser eigenes Verhalten verstehen wollen, unsere eigenen Motive. Wir tun irgendwann etwas, wozu wir uns nicht für fähig gehalten haben, und wir sind verblüfft. Was hat diese spezifische Offenbarwerdung einer unerwarteten Motivation verursacht? Wir müssen lernen, uns dauernd Fragen zu stellen über unser eigenes Verhalten und das unserer Mitmenschen. Vielleicht sollte es mehr interpretative Nachrichten geben, mehr Antworten auf »Warum-Fragen«.

Vor einiger Zeit wurden in den USA 36 Schulkinder mitsamt ihrem Schulbus von drei jungen Männern entführt, die einer gehobenen Schicht weißer Familien angehörten. Warum haben sie das getan? Sie wurden zu lebenslänglichen Freiheitsstrafen verurteilt. Wir können alle Indizien sammeln und mit den klügsten Detektiven konkurrieren, aber immer noch nicht verstehen, warum sie dies getan haben. Damit ist das Rätsel nicht gelöst. Ganz egal, wie viele Fragen wir stellen, es wird uns damit nicht geholfen, die wirklichen Motive zu verstehen. Wir können nach Anzeichen suchen, in der Art wie diese jungen Leute erzogen wurden, vielleicht uns sogar in der Zukunft damit beschäftigen, ob irgendwelche genetische Störungen vorhanden waren. Wir können die Hintergründe ihres Wesens untersuchen, aber in den meisten Fällen wird auch die ausgedehnteste Beschreibung aller beobachteten Daten nicht helfen, die Brücke zwischen beschreibender und interpretativer Forschung zu schaffen.

Wir haben es nicht mit einer bloßen Vorliebe oder einer Denkrichtung zu tun, wenn wir uns mit diesen zwei wissenschaftlichen Methoden beschäftigen. Die Notwendigkeit, einen anderen Weg zu gehen bei dem Versuch, menschliches Verhalten zu verstehen oder zu interpretieren, liegt bereits in der Aufgabenstellung begründet. Versuchen wir noch einmal, dies an einem anderen Beispiel zu erklären.

Wir wollten herausfinden, warum zwanzig Millionen Frauen vor nicht allzu langer Zeit in den Staaten sogenannte »Seifenopern« – das sind Familienserien im Radio und im Fernsehen – tagtäglich anhörten oder sahen. Der normale Weg, der auch beschritten wurde, war der, repräsentative Stichproben von Hörern und Nichthörern aufzustellen. Eine Reihe von Wissenschaftlern versuchte dann mit allen möglichen statistischen Finessen und ganz exakt festzustellen, ob diese beiden Gruppen sich in bestimmten Merkmalen unterschieden. Alles, was nur irgend meßbar war, wurde gemessen. Das Bildungsniveau, das Alter, Einkommensschicht, ob sie verheiratet oder ledig waren, sogar das sexuelle Verhalten bei Hörerinnen und Nicht-Hörerinnen wurde mit in die Tabelle hineingenommen.

Nach monatelanger Arbeit mußten die beschreibenden Wissenschaftler dann feststellen, daß es fast keine signifikanten Unterschiede zwischen Hörerinnen und Nicht-Hörerinnen von diesen »Seifenopern« gab. Als es klar war, daß diese Art der monatelang praktizierten technischen Methode keine sehr brauchbaren Ergebnisse erzielte, wurde ich eingeladen, Motivforschungsmethoden, d. h. interpretative Forschung einzusetzen.

Ohne auf alle Details einzugehen, durch die die interpretative Forschung sich in diesem spezifischen Fall von der beschreibenden Methode unterschied, ist es vielleicht an dieser Stelle ratsam, eine Reihe von spezifischen Fehlerquellen zu erwähnen, die eben bei den »Warum-Fragen« andere Methoden notwendig machen als die bloße Beschreibung.

Der Irrtum der Selbst-Diagnose

Die befragten Personen haben in den meisten Fällen keine richtige Interpretation und Erklärung für ihr eigenes Verhalten. Auch wenn man 3000 oder 4000 Hörerinnen befragte, warum sie eigentlich die Serien anhörten, erhielt man keine verläßlichen Antworten. Das Verhalten ist oft von obskuren oder halbbewußten Faktoren beeinflußt. Die Antworten der Frauen waren alle mehr oder weniger oberflächliche Versuche der Selbst-Diagnose. »Ich höre mir diese Geschichten an, weil sie mich ablenken, weil sie mir helfen, die Zeit zu vertreiben, weil ich mich daneben beschäftigen kann. Ich bin neugierig, wie diese Geschichte weitergehen wird am nächsten Tag.« Diese und ähnliche Antworten werden von den Zuhörerinnen gegeben.

Nun ist es jedoch wichtig zu verstehen, daß es genauso unwissenschaftlich wäre, sich auf solche Antworten zu verlassen, wie wenn ein Arzt sich auf die Selbst-Diagnose der Patienten verließe. Was würden wir von einem Mediziner halten, der einige Hunderte oder Tausende Krebskranke danach befragen würde, was denn nach ihrer Meinung ihre Krankheit verursacht habe? Man könnte natürlich ein Kompendium über die Antworten verfassen. Der Titel dieses zweifellos interessanten Werkes wäre aber nicht »Die Ursachen von Krebserkrankungen«, sondern »Die populären Vorstellungen des Durchschnittsmenschen über die Ursachen von Krebs«. Es ist klar, daß trotz des imposanten Themas ein solches Buch sehr wenig mit echter wissenschaftlicher Ätiologie von Krankheiten, speziell Krebserkrankungen, zu tun hätte.

Dies ist aber genau der Fehler, der bei vielen psychologischen und soziologischen sogenannten »Forschungen« gemacht wird. Alle aktuellen Marktforschungsstudien, die auf Fragebogenanalysen der Befragten selbst basieren, leiden unter der Gefahr der Selbst-Diagnose. Auch wenn diese Selbst-Analysen dann statistisch – oft mit Hilfe des Computers – bis ins feinste Detail ausgewertet werden, sind sie doch nur als Abhandlungen darüber zu werten, was die Menschen glauben, warum sie Magenschmerzen haben, eine bestimmte Ware kaufen oder gewisse Handlungen durchführen. In den meisten Fällen sind diese selbst-diagnostischen Resultate durchaus interessant, haben aber wenig mit den wirklichen Motiven dieser Menschen zu tun.

Selbst-Diagnosen sind auch häufig auf Illusionen begründet. West-Samoa, eine pazifische Insel, die bis zum Ende des ersten Weltkrieges deutsche Besitzung war, hatte mich – wie bereits erwähnt – auf Empfehlung eines meiner Kunden eingeladen, meine Methoden dazu zu verwenden, um ihnen zur Unabhängigkeit von Neuseeland zu verhelfen. Immerhin, eine sehr begrüßenswerte Aufgabe. Eine ganze Zeitlang stellte ich dieses Ziel überhaupt nicht in Frage. Was konnte man daran beanstanden?

Nach einigen Wochen des Suchens nach den wirklichen Motiven dieser Unabhängigkeitsbestrebungen fand ich, daß mit dem positiven Ziel eine Reihe von nicht ganz so wünschenswerten Faktoren zusammenhing. Neuseeland hatte eine sozialistische Regierung, die Mindestlöhne vorschrieb. Eine Reihe von Plantagenbesitzern in West-Samoa zahlten den Arbeitern sehr viel weniger als diese Mindestlöhne. Unabhängigkeit würde sie gleichzeitig auch unabhängig von dieser Arbeitsgesetzgebung machen. Diese Erklärung war aber nicht so leicht zuzugeben und stand im krassen Gegensatz zu den Vorstellungen, die die Samoaner von ihrem Wunsch nach Unabhängigkeit hatten.

Motivationen sind nicht linear

Ein weiterer häufiger Fehler ist es, anzunehmen, daß Motivationen einem linearen und additiven Muster folgen. Wir können verstehen, warum jemand essen geht; er hat ein physiologisches Bedürfnis, er ist hungrig. Wenn wir uns aber damit beschäftigen, warum er eine gewisse Art von Nahrung bevorzugt, dann ist die Aufgabe komplizierter. Ein ganzes Räderwerk wird in Bewegung gesetzt. Wir haben es mit komplexen Zusammenhängen zu tun, anstatt mit ein oder zwei Erklärungen der Motive. Es kann sein, daß er diese Art von Nahrung einmal verzehrte, als er in besonders guter Laune war oder im Zusammenhang mit außerordentlich angenehmen Ereignissen. Er hatte vielleicht diese Nahrung nach einer langen Hungerperiode gegessen. Es kann sich auch um unbewußte Faktoren handeln, die bei der Bevorzugung einer bestimmten Nahrung eine Rolle spielen. Wenn wir plausible oder halbpsychologische Erklärungen für ein Verhalten geben, dann meinen wir, daß wir einen Fortschritt gemacht haben. Er ißt oder mag diese Speise nicht, weil sie mit dem oder einem anderen Ereignis zusammenhängt.

In Wirklichkeit ähneln die menschlichen Motive viel mehr einer Maschine mit vielen Triebrädern, Zahnrädern und Kupplungen. Es ist eine alte philosophische Frage, was denn der wichtigste Teil in einem Motor oder im menschlichen Körper sei. Ist es das Herz, der Magen? Es gibt fast kein Organ in unserem Körper, das sich nicht in den Vordergrund schieben ließe. Eine kleine Vergiftung kann den ganzen Körper zum Stillstand bringen.

Menschliche Motive sind komplexe Systeme von Zahnrädern und können deshalb nicht durch ein, zwei oder drei Erklärungen erledigt und verstanden werden. Wir können z. B. sagen, daß wir alle einen Wunsch nach Sicherheit haben oder dauernd damit beschäftigt sind, die Schwierigkeiten des Lebens zu meistern. Unsere Erklärungen werden aber rasch hinfällig, wenn wir uns darüber klarwerden, daß manche Menschen die Schwierigkeiten bewältigen, indem sie davonlaufen, und andere die Schwierigkeiten bekämpfen. Wir nennen das Flucht- oder Kampfreaktion. Das ist nur eine der Komplikationen, die die simple Erklärung eines Verhaltens zerstören. Wie wir später zeigen werden, war die Frage, warum zwanzig Millionen Amerikanerinnen »Seifenopern« anhörten, nicht durch ein oder zwei Faktoren zu erklären, sondern durch ein menschliches und sehr viel interessanteres ganzes System von Motivationen.

Rückkopplung von Motivationen

Eine weitere Schwierigkeit liegt darin, daß Motivationen nicht nur nicht linear sind, sondern daß sie von ganz verschiedenartigen Prozessen regiert werden. Ein Mensch kann sich wunderbar fühlen und gerade gegen diese Selbstzufriedenheit Überkompensation betreiben und sich in einer aggressiven, überzogenen Weise verhalten. Tyrannen, autoritäre Menschen, ob man sie im täglichen Leben oder in der Geschichte antrifft, können von solchen rückgekoppelten Mechanismen motiviert sein.

Warum heiraten ältere Frauen öfters jüngere Männer oder leben mit ihnen zusammen? Das war eine Frage, die wir zu beantworten hatten. Eine leichte Erklärung wäre, daß junge Männer natürlich potenter sind, was jedoch auch nicht immer stimmt. Die tiefere Erklärung war eine ganz andere. Die meisten Frauen haben zwei Rollen, die sie mehr oder weniger perfekt spielen oder spielen können: die Mutter-Rolle oder die Rolle der Geliebten. So gibt ein jüngerer Mann einer Frau leichter die Möglichkeit, ihre Mutter-Rolle in den Vordergrund zu stellen. Bei einem Mann, der älter ist als die Frau, ist diese Rolle schwerer durchführbar. Eine weitere Rückkopplung der Motive bestand darin, daß die jüngeren Männer bei den älteren Frauen weniger die Notwendigkeit verspürten, sich dauernd beweisen zu müssen. Gleichzeitig hatte die ältere Frau auf erotischem Gebiet mehr Erfahrung.

Die Notwendigkeit der Intuition

Interpretative Forschung erfordert Einsicht, Verständnis und Intuition. Um menschliche Motive zu interpretieren, müssen wir damit beginnen, zuzugeben, daß die sogenannten Verhaltenswissenschaften: Psychologie, Anthropologie, Soziologie u. a. eigentlich mehr eine Kunst sind als exakte Wissenschaften. Wolfgang Köhler stellt in einem Aufsatz fest, daß die größte Schwierigkeit der Sozialwissenschaften darin besteht, daß sie alle intuitiven Phasen in der Entwicklungsgeschichte einer Wissenschaft zu überspringen versucht haben. Anstatt eine Fülle von Einsichten zu sammeln und sie in größeren Details aufzufächern, wurde viel Zeit vorzeitig darauf verwendet, Meßmethoden zu entwickeln. Es wurde also der Karren vor das Pferd gespannt. Auf dem Gebiet der menschlichen Motive wäre es notwendig gewesen, die unzähligen Varianten des menschlichen Verhaltens zunächst einmal zu inventarisieren.

In den späteren Kapiteln dieses Buches werden wir versuchen, die wichtigsten Arten des menschlichen Verhaltens durchzuanalysieren, ohne uns jedoch auf diejenigen Motive zu beschränken, die vollkommen beweisbar sind. Wir können ohne weiteres Einsichten, wie sie uns in Märchen und Sagen, Legenden und Sprichwörtern überliefert wurden, miteinbeziehen.

Wenn es aber bereits möglich ist, eine Motivation zu beweisen, werden wir dies natürlich tun. In vielen Fällen ist der Beweis nicht unbedingt durch ein Laboratoriumsexperiment durchführbar. In meiner eigenen Praxis hat die Richtigkeit einer Interpretation sich oft dadurch bewiesen, daß bei der Übersetzung der Einsicht in praktische Strategien die gewünschten Erfolge eingetreten sind. Das Gebiet, um das es sich jeweils handelte, war eigentlich dabei weniger wichtig. Manchmal handelte es sich um Managementprobleme, in anderen Fällen um so globale Fragen wie das Image der Vereinten Nationen.

Die Notwendigkeit der Kreativität

Kreativität scheint im ersten Augenblick im Gegensatz zur wissenschaftlichen Methodik zu stehen. Festzustellen, daß jemand kreativ, ein origineller Denker ist und Verständnis für menschliche Motive, ein gewisses Fingerspitzengefühl hat, beinhaltet fast eine negative Bewertung seiner Person. Wenn wir ein Vorgehen »wissenschaftlich fundiert« nennen, dann schreiben wir ihm etwas Positives zu.

Diese unterschiedlichen Bewertungen schleichen sich leider in unsere Aussagen über Methodologie sehr häufig ein.

Kreativität ist jedoch eine absolute Notwendigkeit beim wissenschaftlichen Vorgehen. Bevor wir eine systematische Beweisführung einleiten, müssen wir Hypothesen entwickeln. Weil wir bislang dem Empirismus und sogar dem naiven Empirizismus soviel Bedeutung zugewiesen haben, sind wir in einer Sackgasse gelandet. Wir haben es hier mit einem Mißverständnis zu tun, durch das das ganze Gebiet der Verhaltenswissenschaft um Jahre zurückgeworfen worden ist.

Die Beziehung zwischen wissenschaftlicher und kreativer Methodik

Cohen und Nagel zitierten das folgende Beispiel in ihrem Buch: Herodot, der griechische Philosoph, befaßte sich mit der Frage, warum der Nil in regelmäßigen Perioden seine Ufer überschwemmt.

Er ging zunächst an die Aufgabe in einer empirischen Weise heran. Er maß die Menge des Schlammes, die sich regelmäßig an den Ufern ansammelte, er studierte die Fauna des Nils. Alle diese Beobachtungen erwiesen sich jedoch als nutzlos. Endlich wurde er seiner gesamten Forschung überdrüssig, da sie anscheinend zu nichts führte. Er streckte sich lang aus, müde und enttäuscht, und schlief ein.

Mitten in der Nacht wachte er auf und sah den Vollmond über sich am Nachthimmel. Da kam ihm eine plötzliche Erleuchtung. Es kam ihm der Gedanke, daß der Mond und die Nilüberschwemmungen in einem Zusammenhang stehen könnten. Wir wissen nicht, ob er sich sofort des Zusammenhangs zwischen der Anziehungskraft des Mondes auf die Erde bewußt war. Uns interessiert hier nur, wie er die Entdeckung machte. Erst nachdem er die Hypothese, wenn auch noch zaghaft, in seinem Geiste formuliert hatte, begann er mit systematischer empirischer Forschung. Erst danach ging er zu genauen Messungen über, um seine Hypothese zu beweisen oder zu verwerfen.

Die Entdeckung des Mond-Erde-Zusammenhangs war ein Akt der Kreativität. War das bloß ein Zufall? Keineswegs. Kreativität ist die fundamentale Phase, die fast allen sogenannten rein wissenschaftlichen Prozeduren vorangehen muß. Biologen lernen, in einem biologischen Bezugssystem zu denken, das man »biologischer Funktionalismus«

nennt. Sie lernen, die meisten Dinge in der Natur durch natürliche Vorgänge zu erklären. Techniker lernen, in ähnlicher Weise nicht nur die technische Seite einer Maschine zu verstehen, sondern sich gleichzeitig auch gewissermaßen in die Seele der Apparatur einzufühlen. In ähnlicher Weise muß der Verhaltenswissenschaftler in psychologischen Bezugssystemen denken. Er muß in einem gewissen Sinne ein lebender Seismograph sein, der auf die geringsten Schwingungen im menschlichen Verhalten reagiert.

Erforschung von festen Daten und Kreativität sind also nicht zwei Methoden, die im Widerspruch zueinander stehen. Der wirkliche Wissenschaftler, der mit Interpretation von Motiven zu tun hat, kann nicht erfolgreich experimentieren und Pionierarbeit leisten, ohne zunächst einmal Hypothesen, Indizes und Einsichten zu entwickeln. Die nächste Frage ist: Wie kann man – wenn überhaupt – lernen, Hypothesen zu entwickeln? Wie ich glaube, ist interpretative Forschung ohne Hypothesen unmöglich oder zumindest schwierig.

Der erste Schritt zur Entwicklung von Hypothesen

Wir haben bis jetzt einige Problemkreise identifiziert:
- Irreführung durch Selbstdiagnose
- Die falschen Denkmodelle
- Die Annahme, daß Motive linear und additiv sind
- Mangelndes Verständnis für die Bedeutung der Rückkopplung und der gegenseitigen Abhängigkeit menschlicher Motive
- Die Intuition am Anfang von allem.

Wenn wir jetzt zu unserem Beispiel der »Seifenopern« zurückkehren, muß es inzwischen klargeworden sein, daß ein – wenn auch noch so detaillierter – Vergleich von Hörerinnen und Nichthörerinnen keine verläßlichen Resultate erbringen konnte. Wir beschritten deshalb einen ganz anderen Weg. Die Frage war natürlich immer noch dieselbe. Warum hören zwanzig Millionen Amerikanerinnen fast täglich diese Geschichten an?

Wir stellten eine Reihe von Hypothesen auf. Wir zogen die Möglichkeit in Betracht, daß es sich um reine Unterhaltung handelte. Aber das war zu oberflächlich. Unterhaltung hat doch einen tieferen Zweck. Unter den vielen Möglichkeiten war »Flucht vor der Realität« »Lieferant von Gesprächsstoff« und »Lernen fürs Leben«.

Wir entwickelten dann eine Reihe von Techniken, um herauszufinden, welche dieser Hypothesen einer weiteren Analyse bedurfte. Wir führten eine Inhaltsanalyse der Seifenopern durch, um die Grundthemen herauszuarbeiten. Dabei fanden wir, daß die meisten dieser Dramen Frauennamen hatten, wie z. B. »Joyce«, »Jordan«, »Big Sister«. Wir nannten später diese führenden Personen »Superfrauen«. Sie kannten auf alle Probleme des Lebens eine Antwort und waren umgeben von einer Anzahl von schwächeren Charakteren.

Die einzelnen Programme, die manchmal viele Jahre hindurch liefen, gaben vor, in jeder Sendung eine Lösung für eines der vielen Probleme des täglichen Lebens zu geben. Die Lösungen waren aber in einer Form dargestellt, die dazu verführte, daß man am nächsten Tag wieder zuhörte, um zu erfahren, wie sich denn die Situation gelöst hatte. Auf englisch nennt man diese Verfahren »cliff hanging«. Ähnliche Serien gibt es jetzt im Fernsehen, die eine sehr verwandte Technik verwenden. Unsere nächste Frage war dann, ob diese Art der dramaturgischen Behandlung typisch für die »Seifenopern« war. Wir beschäftigten uns mit einer Analyse von ähnlichen, auch klassischen Dramen und fanden, daß auch die berühmtesten Dramatiker in der Literatur sich einer ähnlichen Technik bedient haben. Der Zuschauer wurde von Akt zu Akt geführt, bis er endlich im 5. Akt, im Finale, die endgültige Lösung vorgesetzt bekam. Unsere nächste Zusatzhypothese war dann, daß der Inhalt sowie die Form der Darbietung sich in nichts von der voll akzeptierten klassischen Literatur unterschied.

Der einzige Unterschied war letztlich die Form im psychologischen Sinne, in der diese Geschichten präsentiert wurden. Wir stellten fest, daß es leichter war, die Lösung in einer »Seifenoper« zu finden, als in eleganteren und komplizierteren Dramen und Romanen. Der sorgfältige Vergleich verschiedener Kunstformen ergab, daß die meisten davon sich inhaltlich sehr ähnlich waren. Sie beschäftigten sich immer wieder – womit denn auch sonst? – mit den ewig gleichen Problemen des menschlichen Lebens. Der Unterschied lag lediglich im Grad der Beteiligung, die von Hörer oder Leser erwartet wurde, und das höhere oder primitivere Niveau, auf dem die Antworten und Lösungen gegeben wurden.

Um unsere Hypothesen zu erweitern, begaben wir uns auf das Gebiet der Ästhetik. Ästhetisches Vergnügen, fanden wir, hängt zum großen Teil davon ab, wieweit das Publikum die kreative Leistung des Künstlers nacherleben und nachschaffen kann. Die ursprüngliche Bedeutung des Wortes »recreation« (Vergnügen, Unterhaltung, Entspannung) im Englischen ist ja tatsächlich auf das Wort »re-create«, »nachschaffen«, zurückzuführen. Wir erinnerten uns weiter an verschiedene psychologische Studien, die beweisen, daß Aufgaben, die nicht vollkommen erledigt sind, besser in Erinnerung bleiben, als diejenigen, die vollkommen zu Ende geführt wurden.

Auch die Nazis waren klug genug, in ihren Propagandafilmen, die ich während des zweiten Weltkrieges in Amerika zu untersuchen das Vergnügen hatte, Haß gegen den Feind im Film selbst zu entwickeln, aber den Feind am Ende der Geschichte fast triumphierend weiterleben zu lassen. Dann geschah folgendes: Das Kinopublikum hatte seinen Haß auf das höchste gesteigert und wurde dann auf die Straße geschickt, ohne daß der Film selbst eine Lösung anbieten wollte. Die einzige Art einer Lösung für die aufgeballte Spannung war, im wirklichen Leben Opfer zu suchen, an denen man sich rächen konnte.

Die amerikanischen Kriegsfilme machten oft den Fehler, die Nazis oder die Japaner, die damals die Feinde waren, im Film bereits zu erledigen, und das Publikum erhielt dann – im psychologischen Sinn – die Erlaubnis, mit dem Gefühl nach Hause zu gehen, daß die Aufgabe für sie bereits gelöst worden war. Es war nichts weiter zu tun. Meine Beratung ging deshalb selbstverständlich dahin, dieselbe psychologische Technik auch in den amerikanischen Kriegsfilmen zu verwenden.

Wir fanden auch in anderen Studien, daß z. B. bei einer zu perfekten Illustration in einer Annonce oder einem Fernsehspot nichts für den Leser oder den Betrachter zu tun übrigbleibt. Etwas, womit er sich an der Vollendung oder Ergänzung der Botschaft beteiligen könnte.

In einer Studie, die sich mit Ketchup-Werbung beschäftigte, fanden wir eine interessante Erklärung menschlichen Verhaltens. Eine Werbeagentur eruierte die ungefähre durchschnittliche Menge des Ketchups, das die Amerikaner auf ihre vielen Hamburgers oder auf anderes taten. Sie zeigten die Speisen dann mit dieser Menge Ketchup. Aufgrund unserer Motivforschung konnten wir herausfinden, daß der potentielle Käufer das Gefühl hatte, seines wirklichen Vergnügens an der Verwendung des Ketchups beraubt zu sein. Natürlich liebt der Verwender von Ketchup den Geschmack, aber gleichzeitig ist er auch sehr daran interessiert, daß er die für ihn richtige Menge auf seine Speisen spritzt. Wir änderten die Werbung so um, daß wir nur den Anfang der Handlung zeigten, wo der erste Tropfen Ketchup aus der Flasche fließt, aber es dem Leser überließen, diese Handlung in seiner eigenen Weise kreativ zu Ende zu führen.

Wie war es nun mit unseren »Seifenopern«? Wir fanden, daß Hörerinnen und Nicht-Hörerinnen sich nicht im demographischen Sinne voneinander unterschieden, sondern dadurch, wie sehr sie sich an der Lösung von Problemen in Dramen beteiligen konnten oder wollten. Die Hörerinnen von »Seifenopern« waren Menschen, die Lebenshilfe in einer ziemlich einfachen Art erhalten wollten, ohne zuviel Anstrengung darauf verwenden zu müssen, d. h., ihr ästhetisches Niveau war verhältnismäßig niedrig. Sie akzeptierten Lösungen, die der ästhetisch anspruchsvollere Mensch viel zu schnell erraten konnte, und waren damit vollkommen zufrieden. Die Nicht-Hörerinnen waren Menschen, die mehr Selbständigkeit in der eigenen Interpretation forderten.

Validation

Sobald das gedankliche Gebäude allmählich beginnt, Formen anzunehmen, können wir – wie ein psychologischer Detektiv – weitergehen. Wir können jetzt versuchen, unsere Hypothesen zu beweisen, zu verwerfen oder durch bessere zu ersetzen. Konkret gesagt müssen wir jetzt, wie übrigens auch in allen anderen Wissenschaften, beobachtbare »clues« oder Indizes aufstellen. Wir postulieren, daß unsere Hypothesen richtig sind, wenn alle Indizes beobachtet worden sind.

In unserem Beispiel »Seifenopern« konnten wir etwa fragen, ob die Frauen, die sich diese Geschichten regelmäßig anhören, nach Lebenshilfe für ihren täglichen Alltag verlangten. Die Methode, dieses festzustellen, ist verhältnismäßig einfach: Anstatt die Frauen direkt zu fragen, warum sie sich die »Seifenopern« anhörten, waren wir vielmehr daran interessiert, inwieweit sie Probleme in ihrem täglichen Leben hatten, in ihrer Ehe, mit ihren Kindern und dergleichen, und woher sie sich Rat und Hilfe holten. Unsere theoretische Überlegung war dabei folgende: Wenn unsere Hypothese richtig ist, daß »Seifenopern« Problemlösungen liefern, dann müßten viele Menschen mit solchen Problemen von diesen Serien angezogen werden. Die Nicht-Hörerinnen jedoch müßten entweder weniger solche Probleme haben oder die Lösungen dieser Probleme durch andere Mittel zu finden versuchen.

Wir konnten also zunächst einmal die Häufigkeit der Probleme bei Hörerinnen und Nicht-Hörerinnen vergleichen und, was dann noch wichtiger war, die Art, wie sie Antworten auf diese Probleme auf verschiedenen kulturellen Niveaus suchten.

Unser nächster Schritt war die Frage, was für andere Problemlösungen zur Verfügung standen. Da kommen natürlich Möglichkeiten in Betracht wie das Lesen von Büchern und der Besuch beim Psychiater und Psychologen, Religiosität oder Gespräche mit Freunden.

Wir waren tatsächlich in der Lage zu zeigen, daß die Nicht-Hörerinnen Problemlösungen auf andere Weise zu erhalten versuchten, als in der schlichten und durchsichtigen Form der »Seifenopern«. Sie wollten mehr persönliche Beteiligung haben und Rat und Hilfe nicht vorgekaut bekommen.

Unser Vorgehen in der interpretativen Forschung ist also, wenn wir einmal auf diesen Vergleich zurückgreifen wollen, nicht viel anders als das eines guten Arztes: Wenn ein Patient mit Beschwerden und der Hoffnung auf die Lösung seiner Probleme zu ihm kommt, dann hat er zunächst einmal Vermutungen, die von seiner Erfahrung ausgehen. Wenn er geschickt ist, fragt er den Patienten nicht, was der glaubt, warum er die Beschwerden hat, sondern stellt eine Reihe von diagnostischen Schlußfolgerungen an. Wenn er z. B. den Verdacht hat, daß der Schmerz in der großen Zehe durch eine Infektion verursacht ist, die dann gleichzeitig durch eine Blutvergiftung Kopfschmerzen und Fieber erzeugt, dann wird er sich um eine Blutprobe bemühen. Er weiß, daß eine Infektion sich dadurch offenbart, daß es eine erhöhte Anzahl von weißen Blutkörperchen gibt, die er in der Blutprobe finden würde.

Er würde auch eine sogenannte multiple Beweisführung versuchen, genau wie wir es tun. Er würde sich normalerweise nicht auf die Zählung der weißen Blutkörperchen verlassen, sondern auch die Temperatur messen, sich nach Schüttelfrost, Kopfschmerzen und anderen Symptomen erkundigen. Wenn die Mehrzahl der Symptome in das diagnostische Bild paßt, dann hat er einen ziemlich sicheren Beweis dafür, daß seine ursprüngliche Hypothese über die Ursache der Krankheit richtig war.

Mit der Klarstellung der Diagnose kann er dann an die Therapie herangehen. Normalerweise unternimmt der Arzt eine Reihe von Beweisführungen und Proben. Wenn er etwas findet, dann ist es er und nicht der Patient, der die Schlußfolgerungen zieht, daß die Hypothese über das Vorhandensein oder den Ursprung der Infektion korrekt war. Sollte keiner der Indizes beobachtbar sein, dann muß der Arzt zu einer anderen Hypothese übergehen.

Die Frage erhebt sich bald: Woher weiß der Arzt oder der medizinische Wissenschaftler, welches die Indizien sind, nach denen er suchen soll? Die Entdeckung von Hypothesen und daraus folgenden Indizien, die zu ihrer Beweisführung taugen, hat eine reiche und lange Geschichte. Seit dem Beginn der Menschheit haben wir solche Einsichten gesammelt, teilweise in Form von Märchen, Mythen, Legenden, aber auch als wissenschaftliche Analysen, Strukturen und Systeme, die alle den Zweck haben, die menschliche Natur besser zu verstehen.

Der Beweis von Hypothesen ist nicht gleichbedeutend mit ihrer Quantifizierung. Die medizinischen und biologischen Wissenschaften (und auch andere) gehen meistens in ihrer Beweisführung in folgender Weise vor:

Eine Anzahl von Personen, die an derselben Krankheit leiden, werden in zwei Gruppen eingeteilt. Die eine Hälfte erhält eine Placebo, d. h. ein wirkungsfreies Mittel, die andere ein Medikament, das getestet werden soll. Dann wird statistisch errechnet, ob die jeweiligen Resultate in den Gruppen von der Zufallsverteilung signifikant abweichen.

Nehmen wir an, der Forscher hat 100 Personen zur Verfügung. Er gibt jedem dieser Patienten eine Identifikationsziffer. Er geht dann nach einem Zufallsauswahlverfahren vor, um jeden Patienten entweder der einen oder der anderen Gruppe zuzuteilen, der Placebo- oder der Medikamentengruppe. Die 100 Personen sind natürlich nicht repräsentativ für die gesamte Bevölkerung. Wir müssen sorgfältig darauf achten, ob diese Personen nicht in einer Weise ausgewählt wurden, die eine einseitige Verzerrung (Bias) bewirkt. Wenn keine der beiden Gruppen in irgendwelchen Faktoren voneinander differieren, die die Hypothese betreffen, dann sind sie für unsere Zwecke verwendbar. Der Forscher mußte sich vergewissern, daß die Gruppen beispielsweise in bezug auf Alter, Gesundheitszustand, frühere Krankheiten, Immunitäten etc. etwa ähnlich sind. Wir vergleichen also nicht unsere zwei Gruppen von 50 und 50 mit der Gesamtbevölkerung, sondern miteinander. Wenn wir von der theoretischen Annahme ausgehen, daß hinsichtlich unserer Hypothese keine Unterschiede zwischen den Gruppen bestehen, nennen wir dies die »Nullhypothese«.

Wenn ich z. B. wissen will, ob eine Pille das Geschlecht des Kindes eines Paares beeinflußt, kann ich statistisch die Wahrscheinlichkeit für den Fall feststellen, daß von 20 Kindern 20 Jungen sind. Normalerweise ist das Verhältnis zwischen Mädchen und Buben in den meisten Bevölkerungsgruppen 50 : 50. Die Chancen, daß von 20 Geburten 20 männlich sind, wären ungeheuer gering. Ich kann dann entscheiden, bei welchem Signifikationsniveau meine Hypothese bewiesen sein soll oder die Wirksamkeit meines Medikaments feststehen soll. In manchen Fällen werde ich feststellen müssen, daß die Differenz zwischen der Häufigkeit des Auftretens der Nullhypothese und des zu beobachtenden Phänomens nicht groß genug ist, um die Akzeptierung der Hypothese zu rechtfertigen. Wir haben es in den meisten Fällen der menschlichen Motive mit Wahrscheinlichkeiten eines sehr niedrigen Signifikanzgrades zu tun. Während die Wahrscheinlichkeit, daß Menschen mit einer ernsten Krankheit nicht von selbst wieder gesund werden, noch ziemlich hoch ist, so ist dagegen die Wahrscheinlichkeit, daß eine hinreichend – signifikant – große Anzahl von Menschen sich besser an ihr erstes Auto als an die späteren erinnern, bedeutend geringer. (Ein Problem unserer Autostudien.)

Nach dem Zufall allein kann ich erwarten, daß 150 000 Menschen in der Gesamtbevölkerung spontan von der Krankheit geheilt werden, ein äußerst geringer Prozentsatz also. Wenn meine Testresultate aber zeigen, daß 5 der 50 von der Gruppe, die das Medikament erhalten haben, gesund wurden, und keiner von denen, die das Placebo erhalten haben, dann habe ich es mit 10 % unserer Grundgesamtheit zu tun. Es handelt sich dann um enorme Größen, die wir dadurch erhalten, daß wir die bloßen Zufallserwartungen mit denen vergleichen, die aus unseren Experimenten hervorgegangen sind. Die fünf Leute repräsentieren eine große Prozentzahl in meiner Gleichung. Sie erlauben mit großer Sicherheit die Vermutung, daß meine ursprüngliche Hypothese korrekt war, das Medikament also wirkt.

Der Vergleich von 100 »Seifenopern«-Hörerinnen mit ebenso vielen Nicht-Hörerinnen erlaubt eine vergleichbare Validation und Kontrolle meiner Hypothese. Es muß signifikant mehr Hörerinnen geben, die ihre Lebenshilfe auf einem höheren Kulturniveau erhalten, als bei den Nicht-Hörerinnen. Die Wahrscheinlichkeit, daß dieser Unterschied im Verhalten bloß auf Zufall beruht (Nullhypothese), ist fast so niedrig, als ob ein Schwerkranker von selbst auf einer bloßen Zufallsbasis wieder gesund wird.

Wir sprechen von multipler oder mehrfacher Validation von Hypothesen in der interpretativen Forschung, wenn wir verschiedene Typen von Indizes verwenden. Zum Beispiel nicht nur das kulturelle Niveau der Kommunikation und das Bedürfnis danach, sondern auch die Existenz oder Nichtexistenz von Problemen, die Hilfe erfordern, oder die Fähigkeit, literarische Inhalte nachzuerleben im Gegensatz zu einer Vorliebe für »übereinfache Lösungen«. Mit anderen Worten: Der Grad der Intellektualisierung in anderen Sphären des täglichen Lebens ist wichtig, wenn wir die zwei Gruppen vergleichen. Erst wenn wir finden, daß unsere Indizes tatsächlich beobachtbar und in einer Reihe von Fällen demonstrierbar sind, betrachten wir unsere Hypothesen als bewiesen. Wir haben es hier jedoch nicht mit einer Beweisführung im statistischen Sinn zu tun. Der Vergleich mit einem Kriminalisten ist nicht zu weit hergeholt. Wenn er damit konfrontiert wird, die Erklärung für einen Mord z. B. zu finden, greift er zunächst auf sein Reservoir von Erfahrungen und Instinkten zurück und stellt eine Reihe von Hypothesen über die mutmaßlichen Motive für den Mord auf: Habgier, Rachsucht, geistige Störung und andere Gründe. Als nächsten Schritt erarbeitet er eine Liste von Indizien – man spricht auch deshalb von Indizienverfahren –, die er dann beobachten und als Beweis verwenden kann. Wenn der Mord aus Eifersucht begangen worden ist, dann müssen sich Anzeichen von Eifersucht bereits vorher bei der Frau oder dem Mann gezeigt haben. Dies kann er durch Interviews mit Nachbarn erfahren, indem er auf das Leben des Täters zurückgreift. Gleichzeitig läßt er soweit wie möglich seine Kreativität walten. Er trägt seine Indizien aus verschiedenen Gebieten zusammen. Wenn die Indizien alle in dieselbe Richtung deuten, dann kann er glaubhaft behaupten, daß er die Motivation für die Tat gefunden hat.

In der Diskussion um die Bedeutung von großen und kleinen Samples betreten wir wieder die Arena der Repräsentativität. Nachdem wir unsere Hypothesen validiert haben, verworfen oder durch bessere ersetzt haben, können wir uns nun dafür interessieren, wie oft denn die festgestellten Motivationen vorkommen, ob sie in derselben Weise in verschiedenen Gegenden eines Landes oder in verschiedenen Gruppen der Bevölkerung zu finden sind.

Wir sind jetzt wieder bei der deskriptiven Forschung angelangt. Wir beschreiben aber jetzt nicht oberflächliche Daten der entdeckten relevanten und komplexen motivationellen Mechanismen. Wir haben immer noch dasselbe Problem wie am Anfang, die richtigen Klassifikationssysteme zu verwenden, nicht von oberflächlichen und oft falschen Annahmen irregeleitet zu werden, vordergründige Antworten auf direkte Fragen nicht mit Wahrheit zu verwechseln. Um interpretative Forschung richtig zu quantifizieren, müssen wir feststellen, welche Verhaltenstypen relevant sind, psychographische zusätzlich zu demographischen Merkmalen berücksichtigen und dynamische Faktoren mitanalysieren. Wir dürfen uns nicht bloß für oberflächliche Dinge interessieren wie Ehestand, Einkommen, Alter etc., sondern z. B. für Wandlungsprozesse auf diesen Gebieten.

Wenn wir z. B. Skalen verwenden, ist es wichtig, daß der Befragte sich bewußt ist über die Konsequenzen seiner Antwort. Eine größere amerikanische Stadt wollte wissen, was denn der Effekt sein würde, wenn der Autoverkehr stark reduziert würde. Die unmittelbare Antwort ohne eine solche weitergehende Klarstellung war: »Wunderbar!« Umweltverschmutzung, Verkehrsprobleme und eine ganze Liste von Problemen würden zumindest für diese Stadt gelöst sein. Wir gaben uns aber nicht mit dieser Antwort zufrieden, sondern entwickelten für unsere Versuchspersonen ziemlich detaillierte Beschreibungen der möglichen Konsequenzen ihrer Entscheidungen. Viele Firmen würden wahrscheinlich aus der Stadt wegziehen, wenn sie Lieferungen nur mit großen Unbequemlichkeiten durchführen könnten, wenn die Kunden nicht mehr mit dem Auto zum Einkauf kommen könnten. Die Stadt würde nicht mehr genügend Steuern kassieren können, weil die profitablen Firmen aus der Stadt verschwunden wären. Das Resultat wäre ein Verfall der Innenstadt. Plötzlich sahen die Antworten ganz anders aus.

Die meisten Menschen in vielen westlichen Ländern stehen der Großindustrie und multinationalen Firmen ablehnend gegenüber. Wenn man ihnen die Frage stellt, ob deren Profite zu hoch sind, ob sie interessiert seien am Wohlbefinden der Menschen, ist es sehr leicht, negative Antworten zu erhalten. Die Möglichkeit, diese Industrien zu verstaatlichen oder sie unter strengere Regierungskontrolle zu stellen, wird oft von den Mitbürgern ganz ernsthaft vorgeschlagen. Wenn man ihnen dann aber klarmacht, wieviel Kontrolle wirklich notwendig wäre und daß im Endeffekt bloß eine Regierungsbürokratie das eigentliche Management ersetzen würde und daß am Schluß die Produkte und Dienstleistungen möglicherweise genausoviel kosten würden wie bisher, ändern sich die Haltungen.

Wenn wir Konsumentenverhalten untersuchen, genügt es nicht, Fragen zu stellen, die mit Worten »Wie wäre es, wenn« oder ähnlich beginnen. Die Befragten müssen eindeutig verstehen, daß die angekreuzten Meinungen gewisse Konsequenzen haben.

Wir müssen erkennen, daß das Suchen nach Tatsachen und Kreativität nicht miteinander im Widerspruch stehen. Manchmal muß der Wissenschaftler sich sogar symbolisch auf den Kopf stellen, bevor er mit seiner systematischen Laboratoriumsarbeit beginnt. Auf der anderen Seite muß der Kreative auch verstehen, wie notwendig feste Daten für ihn sind, um genügend Freiheit für seine Kreativität zu erlangen.

Die dritte Stufe der Quantifizierung von interpretativer Forschung sieht anders aus als die hergebrachte Form in der normalen Marktforschung. Wir haben viel öfter psychologische Klassifizierungen als bloße demographische. Zum Beispiel auf dem Gebiet der Kosmetik gibt es Frauen, die sich ihres Aussehens sehr bewußt sind und sich sehr damit beschäftigen. Andere akzeptieren sich selbst ebenso wie sie sind. Diese Einstellung sich selbst gegenüber kann viel wichtiger sein, als die, ob diese Menschen zu der einen oder anderen Altersgruppe gehören. Der Grad der Repräsentativität meiner Untersuchung hängt dann davon ab, wie viele dieser verschiedenen Typen ich in meinem Sample habe. Die richtige Zusammensetzung meines Samples läßt sich ziemlich einfach dadurch feststellen, daß ich vorher Fragen stelle in bezug auf diese Haltungen. Es ist natürlich möglich, daß die Einstellung zu Haut- und Haarproblemen etwas mit dem Alter zu tun hat, aber das ist nicht unbedingt der Fall. Mein Sample kann sehr repräsentativ im herkömmlichen Sinn sein, aber zufällig mehr Leute enthalten, die Probleme mit ihrer Haut haben. Also auch in der Quantifizierungsphase der interpretativen Forschung müssen wir uns dauernd Gedanken darüber machen, was denn eigentlich die wirklich relevanten Faktoren für unsere Studie sind.

Es kann zum Beispiel der Fall sein, daß in südlichen Ländern eine ganz andere Haltung gegenüber Körperschweiß besteht als in nördlichen Ländern – und deshalb auch gegenüber Deodorants. So etwas hat oft mit religiösen Vorstellungen zu tun, mit dem, was Frauen als moralisch oder unmoralisch ansehen und in einem weiteren Sinn auch mit dem Klima. Vor kurzem stellten wir fest, daß die Schwarzen in Amerika eine viel positivere Haltung gegenüber Fett am Körper und in den Haaren haben, was sie damit erklärten, daß ihre Haare in vielen Fällen trockener und gröber sind als die Haare der Weißen. Gleichzeitig steht es wahrscheinlich auch damit im Zusammenhang, daß sie mehr an den natürlichen Dingen hängen, daß sie weniger Angst vor Schweiß haben, vor Körpergeruch und vor allem, was mit Feuchtigkeit und Nässe zu tun hat.

In unserer Klassifizierung ist die Entdeckung solcher kulturellen und ethnischen Unterschiede dann viel wichtiger als demographische Unterteilungen. Wie wir fanden, ist diese Einstellung zu Fett auch nicht nur von schwarzer oder weißer ethnischer Zugehörigkeit bestimmt, sondern sie geht noch viel tiefer. Die wirkliche motivationelle Wurzel bezieht sich auf den Grad der Entfremdung von den natürlichen Dingen.

Wenn wir mit unseren Hypothesen auf diese Stufe vorgedrungen sind, können wir durch konkrete Fragestellungen herausfinden, wie viele Menschen wir in unserem Sample haben, die dieser mehr natürlichen oder erdnahen Gruppe angehören, und wie viele sich davon distanziert haben. Die Fragen, die wir zum Beispiel in solchen Fällen stellen, sind ziemlich einfach: »Haben Sie je ein rohes Huhn ausgenommen?« »Wie stellen Sie sich dazu, die Innereien herauszunehmen?« »Sind Sie je als Kind oder Erwachsener in Straßenkot getreten, und wie viel oder wie wenig Abscheu haben Sie davor?« Wenn es notwendig ist, können wir sogar soweit gehen, daß wir tatsächlich Experimente anstellen und unsere Versuchspersonen daraufhin testen, ob sie sich dem Schleim, der Nässe, dem Kot gegenüber in einer akzeptierbaren zivilisierten Weise verhalten.

6. Kapitel
PRAKTISCHE ANWENDUNGEN DER ERKLÄRENDEN ODER INTERPRETATIVEN FORSCHUNG

Nachdem wir die Motivationen bestätigt und, wenn notwendig, klassifiziert haben, müssen wir über die praktische Anwendung unserer Resultate nachdenken und Anregungen dazu geben.

Nehmen wir an, daß ich mit meinen psychologischen Techniken die Erklärung einer menschlichen Verhaltensweise gefunden habe. Ich bin dann immer noch konfrontiert mit der Entscheidung, welche meiner Ergebnisse ich verwenden soll und in was für Tiefen ich vordringen soll, um eine wirklich praktische Anwendung meiner Forschungsresultate zu erzielen, was ich das »How to«, das »Wie« der interpretativen Forschung nenne. Genaugenommen ist das der Schlüssel zu dem gesamten Sinn meines Unternehmens.

In vielen Fällen sind wir nicht daran interessiert, ob Zigarettenrauchen eine orale Befriedigung ist oder ob Menschen auch große Autos fahren, um ihre Unsicherheit zu kompensieren. Was wir wirklich wissen müssen, ist, wie man eine solche Einsicht praktisch anwenden, wie man damit ein konkretes Ziel erreichen kann. In beiden Fällen können wir z. B. danach trachten, die Menschen davon abzubringen, zuviel zu rauchen, oder sie zu erziehen, kleinere Autos zu fahren. Das Verständnis für die ursprüngliche Motivation des Rauchens und des Autofahrens kann dann helfen, vielleicht andere orale Befriedigungen anstelle des Rauchens zu finden oder Wege zu finden, wie auch ein kleineres Auto durch seine größere Flexibilität und Agilität ein Gefühl einer vielleicht etwas anders gearteten Sicherheit erzeugen kann.

Es wird zuviel Forschung betrieben, die am Schluß den Auftraggeber – ob es jetzt ein wirtschaftliches Unternehmen oder eine politische Gruppe oder die Vereinten Nationen sind – noch damit belastet, zu entscheiden, was er nun wirklich mit den Resultaten anfangen kann.

Ich bin der Meinung, daß echte Forschung schon beim ersten Entwurf auf die eventuelle praktische und operationelle Verwendung ihrer Resultate bedacht sein muß. Mit anderen Worten: Die strategische Anwendung der Forschungsdaten ändert meiner Meinung nach bereits radikal den Entwurf des gesamten Research-Programms.

In vielen Fällen überspringen wir die dritte Quantifizierungsphase und gehen sofort zu der Phase der praktischen Anwendung über. Wir machen oft unnötigerweise einen künstlichen Unterschied zwischen Diagnose und Therapie.

Man tut sich viel leichter, wenn man gleich von vornherein an die eventuelle Therapie denkt und sie mit einbaut. Anstatt also ein Untersuchungsprogramm immer wieder bei Adam und Eva anfangen zu lassen, konzentrieren wir uns lieber auf die Fragen, deren Antworten interessant und neu und informativ sein können.

Diese dritte oder vierte Stufe – je nachdem, ob man die Quantifizierungsstufe vor der praktischen Anwendung durchführen will – läßt sich in eine Reihe von Schritten unterteilen. Ob man zuerst quantifiziert und dann erst sich um die praktische Anwendung kümmert oder die Quantifizierung ausläßt, hängt sehr oft von der Einstellung des Auftraggebers ab und auch davon, ob die neuen bewiesenen Hypothesen und die daraus folgenden Einsichten so neu und so praktikabel sind, daß man auch ohne verfeinerte Resultate auskommen kann.

Nehmen wir das Beispiel des Rauchens. Man kann sich nur schwer vorstellen – um nur ein kleines Detail aus der

Analyse herauszugreifen –, daß die orale Befriedigung, die das Rauchen bietet, in verschiedenen Gegenden und sogar in verschiedenen Erdteilen oder verschiedenen Altersgruppen sich in seiner grundlegenden Motivation außerordentlich unterscheidet.

Um die praktische Anwendung erfolgreicher zu gestalten, berücksichtigen wir die folgenden Punkte:

Die Definition des wahren Problems

Der Auftraggeber stellt sein Problem mitunter in ganz unterschiedlicher Weise vor. Einer unserer Klienten, eine Ölfirma in England, fragte uns, warum Engländer, speziell in Vororten, so lange zögern, bevor sie Zentralheizungen in ihren Heimen installieren. Seine Frage war, was für Appelle im Sinne der Werbung oder Public Relations wir am besten einsetzen können, um die Verbraucher davon zu überzeugen, wie praktisch Zentralheizung ist. Der Kunde erwähnte, daß er bereits Argumente wie: daß Zentralheizung ökonomischer, angenehmer ist und zur Gesundheit der Familie beiträgt, verwendet hatte. Was er wissen wollte, war, was er denn eigentlich nicht beachtet hätte. Unser Auftraggeber erwartete, daß Motivforschung ihn zu einem noch besseren und tieferen Verständnis der Psychologie seiner Kunden verhelfen würde und daß er daraus neue Impulse für seine Werbung beziehen könnte.

Das wirkliche Problem, das wir zunächst einmal definieren mußten, war ganz anders. Unsere Studie zeigte, daß die meisten Engländer, mit denen wir sprachen, vollkommen von den Vorteilen einer Zentralheizung überzeugt waren. Der wahre Kern der Sache ist vergleichbar mit dem Problem bei der Beschreibung eines sehr schönen Hauses, das man jemandem verkaufen will. Der Verkäufer hat unterlassen mitzuteilen, daß das Gebäude, das er anpreist, sich auf der anderen Seite des Flusses befindet. Das eigentliche Forschungsproblem war, nicht die Schönheit des Gebäudes in noch anziehenderer Weise zu unterstreichen, sondern Wege zu finden, wie man den potentiellen Käufer dazu bringen könnte, den Fluß zu überqueren.

Aus demselben Grund war es für den Hersteller von Zentralheizungen vollkommen nutzlos, immer wieder die Vorzüge einer Zentralheizung zu beschreiben. Notwendig war eine Analyse der Schranken im psychologischen Sinn, die es zwischen dem Haus und dem Käufer gab. In der Ansprache, in der Werbung, die eine Zentralheizung anpries, fand der Kunde sich vollkommen alleingelassen. Er nickte zwar zu der Aufzählung der Vorteile, sagte sich aber zumindest im Unterbewußtsein: »Ist ja alles ganz gut und schön, aber Zentralheizung ist eben nichts für mich.«

Diese Einstellung konnten wir teilweise dadurch überwinden, daß wir seine Verzögerungstaktiken abzubauen versuchten, indem wir die monatlichen Raten so klein wie möglich machten und dem Käufer gleichzeitig versprachen, daß er in kürzester Zeit sein Haus warm haben würde.

Aber im Laufe der Forschung fanden wir einen viel wichtigeren und tieferen Grund für das Zögern vor der Entscheidung. Noch bis vor einigen Jahren hatten die Engländer, oder doch eine bestimmte Gruppe von ihnen, die tief verwurzelte Tradition einer spartanischen Philosophie, verbunden mit der Furcht, zu verweichlichen, etwa durch gewisse technologische Entwicklungen. In den meisten Fällen gingen derartige Versuchungen von den Amerikanern aus, die dadurch noch zweifelhafter und verdächtiger wurden.

Es war also bloß die Angst vor der Verweichlichung und einer zu stark betonten Eigenliebe, die die wirkliche Handlungsblockade darstellte. Ein weiteres psychologisches Problem war die Schwierigkeit oder fast Unfähigkeit der Engländer, sich das bequemere Leben mit der Zentralheizung in ihrem täglichen Rahmen vorzustellen.

Das Resultat unserer Forschung war folgendes: Indem wir Techniken und Methoden aus der Pädagogik und der Psychotherapie verwendeten, bekämpften wir die Gegenargumente und führten sie ad absurdum. Wir machten uns lustig über den harten, viril erscheinenden Engländer, der lieber erfrieren würde, als seine Illusion des Abgehärtetseins aufzugeben. Wir machten klar, daß auch ein Kamin, wie er in vielen alten englischen Landsitzen noch bis vor kurzem die einzige Art der Heizung war, ja im Grunde nichts anderes als eine – wenngleich unbequeme und unökonomische Art – Zentralheizung darstellt. Gleichzeitig erklärten wir, daß sie die Zentralheizung nicht bloß für sich selbst einführten, sondern um die Gesundheit der Familie zu schützen, und gaben ihnen damit gleichzeitig eine Absolution. Eine gesunde Familie konnte auch mehr Sport im Freien betreiben.

In welcher Tiefe liegen die wirklichen Motive?

Tausende von neuen Produkten erleiden jedes Jahr Mißerfolge. In einer Untersuchung für ein japanisches Unternehmen sollten wir herausfinden, wie man die Japaner motivieren könnte, mehr von ihren eigenen Produkten zu kaufen, auch mehr zu importieren und dadurch den Exportüberschuß zu dämpfen. Es handelte sich also um eine Problemstellung, die unter Umständen weltweite Folgen hat.

Die oberflächliche Antwort ging dahin, daß die Japaner sehr konservativ seien und sich nicht leicht an neue Produkte gewöhnen könnten. Tieferliegend gab es jedoch aber eine ganze Reihe von anderen Faktoren, die unsere Untersuchung ans Tageslicht brachte. So entdeckten wir ein durch objektive Tatsachen längst nicht mehr gerechtfertigtes Minderwertigkeitsgefühl den eigenen Produkten gegenüber, verbunden mit einem Mißtrauen ausländischen Erzeugnissen gegenüber. Wir machten also den Japanern klar, daß Ausländer längst japanische Produkte akzeptieren. Sie dürfen deshalb auch an ihre eigenen Produkte glauben.

Wir stellten weiter fest, daß durch Konsum von ausländischen Produkten ihr bereits abbröckelndes Nationalbewußtsein und ihre kulturellen Traditionen noch mehr verschwinden würden. Schon zur Zeit des ersten Besuchers, des Admiral Perry, einem Amerikaner, war die Angst vor Fremden sehr stark. Die von uns angebotene Problemlösung ging in eine ähnliche Richtung wie beim Volkswagen, der in Amerika fast zu einem amerikanischen Wagen wurde, anstatt als ein deutscher, noch dazu ein von Hitler propagierter, wahrgenommen wird.

In einem anderen Fall wurden wir beauftragt, herauszufinden, wie man den Norwegern fertig gemischte Farbe für den Außenanstrich ihrer Häuser verkaufen könnte. Die Psychologen, die uns dort berieten, erzählten uns, daß die zwei Hauptfarben für die Häuser Weiß und Rot waren und daß die Norweger nicht gerne aus dem Rahmen fielen. Andere Farben als diese zwei zu verwenden würde bedeuten, daß man sich vor dem Nachbarn hervortun wollte. Im ersten Augenblick klang das sehr plausibel. Wir hätten also unserem Kunden davon abraten müssen, überhaupt mit den Fertigfarben auf den Markt zu gehen. Wir wollten aber erst ganz sicher sein, ob das auch die echten, tieferliegenden Motive waren. Wir beschränkten uns dabei nicht auf die bereits festgelegten und von Gewohnheit belasteten Verhaltensweisen im Zusammenhang mit dem Hausanstrich, sondern wir untersuchten die allgemeine Haltung dieser Bevölkerung zu Farben und gingen auch auf Dinge ein wie Folklore, Wohnkultur und Feste. Natürlich entdeckten wir, daß es tatsächlich bei dieser Gruppe einen deutlichen »Farbenhunger« gab, der teilweise aus der rauhen Umgebung, teilweise aus dem skandinavischen Nationalcharakter zu erklären ist.

Unsere Empfehlung an den Hersteller war daher, mit

ungewöhnlichen und sehr farbfrohen Varianten der Palette auf den Markt zu gehen und den Käufern gleichzeitig eine Absolution für diese Neuentdeckung der Freude an der Farbe zu geben. Wir sagten Ihnen, daß sie jetzt endlich ihren Farbenhunger befriedigen könnten und daß die Außenseite des Hauses das fröhliche Gemüt der Bewohner ebenso ausdrücken sollte wie der Stil im Heim selbst.

In einer Studie für Kondensmilch fanden wir, daß 90 Prozent der interviewten Frauen enthusiastisch das neue Produkt akzeptiert hatten, und sie äußerten, daß sie ganz bestimmt dieses Produkt kaufen würden. Als die Milch dann tatsächlich an den Markt gebracht wurde, war sie ein vollkommener Mißerfolg. Warum? Der Grund war der, daß einige Faktoren in der ansonsten sehr genauen Testmarktsituation übersehen worden waren. Kondensmilch wird oft dazu verwendet – speziell in Amerika –, um Babykost zu präparieren. Wir entdeckten, daß die Mütter beim ersten Baby oft Angst hatten zu experimentieren. Obwohl ihnen selbst die neue Marke viel besser schmeckte als die bereits erhältlichen, wollten sie ohne die Befürwortung des Arztes nicht ihr Baby als Versuchskaninchen für diese neue Kondensmilch sehen. Das heißt also, daß der Pre-Test nicht genügend mit der wirklichen Situation im Einklang war und eine Reihe von psychologischen Faktoren außer acht gelassen hatte. Wir hatten erst dann mit dieser neuen Marke Erfolg, als wir den Markt unterteilten zwischen den Müttern, die ihr erstes Baby hatten, und Müttern, die bereits das zweite oder dritte Kind großzogen. Mit jedem weiteren Kind wird die Mutter freier in ihren Entscheidungen, sie ist weniger von Ängsten geplagt und deshalb auch eher bereit, zu experimentieren.

Ob ein Markt für ein neues Produkt bereit ist, kann nur dann vorausgesagt werden, wenn wir die latenten Bedürfnisse der Bevölkerung verstehen. Deshalb sind wir sehr darauf bedacht, in der interpretativen Analyse der Motive allgemeine kulturelle Tendenzen zu berücksichtigen. Das heißt also, anstatt darüber nachzudenken, was für neue Nahrungsmittel zum Beispiel eine Firma auf den Markt bringen könnte, beginnen wir zunächst damit, die allgemeine Entwicklung einer Bevölkerungsgruppe zu untersuchen. Daraus können wir dann Schlußfolgerungen ziehen über mögliche Wünsche, die nicht immer sofort erkennbar sind, die aber durch ein neues Produkt oder eine neue Dienstleistung befriedigt werden könnten.

Fernsehapparate gibt es schon seit geraumer Zeit, aber erst in den letzten Jahren hat sich eine Tendenz entwickelt, den Fernsehapparat in einer aktiveren Weise einzusetzen. Es gibt Ansätze, die es möglich machen, mit Hilfe technologischer Entwicklungen tatsächlich mit dem Regisseur des Programms zu kommunizieren, d. h. also aktiv am Programm teilzunehmen. In der Zwischenzeit hat sich ja auch eine ganze Welle von sogenannten Video-Spielen entwikkelt. Die Entdeckung einer solchen neuen Tendenz hat in diesem Fall zu einem ganz neuen Industriezweig geführt. Natürlich entwickeln die Befragten selbst nicht die endgültige Idee. Sie machen vielmehr in den Interviews indirekte Angaben, die ihre Unzufriedenheit ausdrücken und unbefriedigte Wünsche anzeigen, die wir dann diagnostizieren und einem Erzeuger vorlegen können, der sie dann in verkaufbare und wahrnehmbare Produkte übersetzt.

Kulturelle Tendenzen als operationale Faktoren

Einzelne kulturelle Faktoren gehen in ihren Auswirkungen quer durch die Produktkategorien. Wir wissen z. B., daß es ein anwachsendes Interesse für die Wiederentdeckung der Individualität bei vielen Konsumenten, speziell in Amerika, gibt. Diese Sehnsucht nach dem Anderssein ist übertragbar auf viele Gebiete, auf das Nahrungsmittelgebiet, kosmetische Erzeugnisse, die Kleidung, den Wohnstil.

Wir finden z. B., daß die Menschen sich häufiger für spezielle Produkte interessieren, daß sie auf dem kosmetischen Gebiet überzeugt sind, ihr Haar oder ihre Haut sei anders als die der anderen; auch auf dem Gebiet der Städteplanung und der Hausarchitektur zeigt sich deutlich, daß sich das Haus um so leichter verkaufen läßt, je individualistischer der Entwurf ist.

Diese Erkenntnis der wachsenden Wichtigkeit der Individualität erlaubte uns zum Beispiel die Voraussage, daß in so verschiedenen Ländern wie Schweden, Australien und Deutschland die selbstgedrehten Zigaretten am Markt anteilsmäßig zunehmen würden. Mit diesem Problem kam nämlich ein Kunde zu uns und wollte herausfinden, wie die von ihm beobachtete negative Tendenz gegen die selbstgerollten Zigaretten gestoppt werden könnte. Unsere Studie zeigte hingegen, daß ein Großteil dieses Abflauens von der Firma selbst bewirkt worden war: Sie hatte zu oft die ökonomischen Vorteile der selbstgerollten Zigarette betont und nicht genügend die Freude an der Individualität als Werbeappell eingesetzt. Eine neue Kampagne betonte dann die Erfüllung des Wunsches nach persönlichen Zigaretten als eine Art von Snobismus.

Stimmt die Motivation noch?

Menschliche Motive, ganz besonders die, die wir in spezifischem Marketing und Werbestrategien ansprechen, stehen nicht still. Wenn wir wissen, warum Leute ein gewisses Produkt kaufen, bedeutet das nicht, daß diese Information für alle Zeiten gültig sein wird.

Oft bringen die Empfehlungen, die wir selber machen, einen Wechsel herbei, wenn sie erfolgreich in die Praxis übersetzt werden. Auf dem Gebiet der Kraftfahrzeuge fanden wir vor einiger Zeit, daß das Auto ein Statussymbol war. Diese Entdeckung schien dauerhafte Gültigkeit zu haben. Dadurch, daß so viele Autofabrikanten aber diesen Appell verwendeten, wurde gewissermaßen die Motivation totgetreten. Und diese Motivation ist nicht nur nicht mehr wirksam, sie ist auch nicht mehr wahr. In der Zwischenzeit gibt es eine ganze Anzahl von anderen Produkten und Dienstleistungen, die dem modernen Menschen dazu dienen, seinen Status innerhalb seiner Gruppe zu behaupten, wie z. B. der Swimming-pool oder irgendwelche ungewöhnlichen Hobbys, z. B. Glasbläserei.

Eine weitere Entdeckung ist eine, die ich die Entdeckung oder Wiederentdeckung des inneren Menschen genannt habe. Wir wollten lange Zeit nur dem Nachbarn imponieren. Das stimmt jetzt aber nicht mehr. Wir wollen statt dessen eine Art innerer Glückseligkeit erreichen.

Wir sind immer weniger bereit, die Oberschicht rückhaltlos zu bewundern. Speziell in Amerika gibt es eine Art Klassenbewußtsein, das sich auf die eigene Berufsgruppe beschränkt. Der erfolgreiche Installateur bewundert den anderen Installateur, der noch erfolgreicher ist, aber nicht irgendeinen Lord oder Grafen. Wir messen auch immer weniger den Erfolg eines Menschen nur an der Größe des Geldbetrages, den er verdient, sondern wieviel Zeit er für sich selbst hat und wie früh er zum Beispiel sich pensionieren lassen kann.

Manchmal müssen entdeckte Motive wieder verdeckt werden

Nehmen wir an, wir finden, daß ein Pfeifenraucher in Wirklichkeit das Parfüm des Tabaks liebt. Ich verwende den Ausdruck Parfüm in ganz bestimmter Weise. Pfeifenraucher halten sich für maskuline Menschen. Unsere Studie zeigte, daß viele Pfeifenraucher kreative Menschen sind, die oft tatsächlich einige feminine Merkmale in ihrer Persönlichkeit haben. Ihre Vorliebe für süßriechenden Pfeifentabak war ziemlich deutlich.

Es wäre aber sehr gefährlich, diese Einsicht den Pfeifenrauchern direkt zu offenbaren. Einige unter den Lesern, die Pfeifenraucher sind, werden vielleicht sogar in diesem Augenblick die Behauptung verneinen, daß sie in Wirklichkeit das Parfüm, den süßlichen, aromatischen Geruch des Pfeifentabaks lieben. Nachdem wir erkannten, daß solche Offenbarungen oft zurückgewiesen werden, haben wir unsere Entdeckungen wieder verdeckt – zwar den Pfeifentabak dieser Firma als aromatisch beschrieben, aber gleichzeitig in der Werbung die Versicherung damit assoziiert, daß dieser Tabak definitiv maskulin sei. Die Wahl der Namen für die Tabaksorten selber war natürlich eine weitere Methode, um die wirkliche Motivation zu verdecken. Einige dieser Namen erinnerten an Jagd, an männliche griechische Götter usw. Verweiblichung, ein heute bereits unmodernes Wort, kann natürlich auch als Sensitivität, Kreativität und Individualität beschrieben werden.

Wie weit man gehen muß oder soll, eine wahre Motivation zu verschleiern, ist natürlich ein ganz wichtiges Problem der praktischen Anwendung von Motivforschung. Man kann verschiedene Grade der Verschleierung und Kompensierung und psychologischer Verzerrung durchtesten, um herauszufinden, welcher davon am leichtesten akzeptiert werden wird.

Jello, ein Dessert aus Gelatine, ist in Wirklichkeit ein Dessert, das eigentlich an faule Hausfrauen appelliert, da es sehr wenig Vorbereitung braucht und nicht leicht verpatzt werden kann. Es wäre aber natürlich vollkommen ungeschickt, diese echte Motivation in der Werbung zu verwenden. Statt dessen sagten wir, daß dieses Dessert besonders für beschäftigte Frauen, die keine Zeit haben, ein kompliziertes Dessert zuzubereiten, bestimmt ist. In einem gewissen Sinn schrieben wir zunächst einmal den wirklichen Werbespot, der ungefähr so lautete: »Faule, faule Hausfrau, schon wieder hast du nicht genügend Zeit gehabt, um einen guten Nachtisch zu bereiten. Wir werden dir diesmal wieder aushelfen. Verwende doch unser Jello.« Dann schrieben wir diesen Werbespot noch einmal, aber so, daß er auch von der faulsten Hausfrau als eine Art Entschuldigung für ihre Nachlässigkeit akzeptiert werden konnte.

In Holland fanden wir, daß auch jetzt noch Hausfrauen ganz energisch behaupten, daß sie nur dann Pulverkaffee servieren, wenn es wirklich nicht anders geht und sie aus verschiedenen Gründen keine Zeit gehabt hatten, echten, d. h. von der Hausfrau zubereiteten Kaffee zu servieren. Das einzige, was an dieser Erklärung stutzig macht, ist die Anzahl der dringlichen Situationen, die zugenommen haben.

In dieser Weise deutet uns der Konsument selbst oft an, wie gefährlich es ist, die entdeckten wahren Motive dann in der Werbung zu verwenden. Man kann dies auch oft vorher bestimmen, indem man scharf zuhört und herauszufinden versucht, bis zu welchem Grad der Befragte selbst unschöne Motive zugibt oder versucht, sie zu verdecken.

Unser Problem ist ähnlich dem, mit dem sich der Psychiater oder klinische Psychologe häufig zu beschäftigen hat. Er hat herausgefunden, daß sein Patient in Wirklichkeit seine Eltern anklagt und ihnen die Schuld zuschiebt für seine gegenwärtigen Probleme, weil er die Verantwortung nicht selbst übernehmen will. Wenn der Arzt ihm das aber direkt sagt, dann wird er vom Patienten als Komplize und Verräter, der auf der Seite seiner Eltern steht, angesehen. Der Psychiater muß diese Einsicht zunächst einmal wieder verdecken.

Nicht in die Hände des Konkurrenten spielen!

Ein weiterer häufiger Fehler, der in der »Wie-Motivation« gemacht wird, ist der folgende. Wir haben das Geheimnis des Erfolges unseres Konkurrenten entdeckt. Wir haben zum Beispiel herausgefunden, daß viele Menschen Butter als den bestmöglichen Brotaufstrich ansehen. Aber Sie sind daran interessiert, Margarine zu verkaufen. Sie versuchen herauszufinden, warum die Menschen Butter lieben. Die Antwort, die Sie erhalten, ist: daß sie ein gesundes, natürliches Produkt ist, daß sie sehr gut schmeckt und daß Butter für alle möglichen Kochzwecke ohne Schwierigkeiten verwendet werden kann. Sie gehen dann dazu über, all die Attribute für Margarine zu beanspruchen und dem Konsumenten zu sagen, daß Margarine so gut ist »wie ... Sie wissen schon was«. Eine Werbung, die lange Zeit lief.

Hier haben Sie eindeutig in die Hände der Konkurrenten gespielt. Obzwar es stimmt, daß die wirklichen Motive für den Butterkauf alle diese Faktoren enthalten, die Sie entdeckt haben, erweckt dieser Vergleich den Eindruck, daß Sie selbst auch daran glauben, daß Butter der Margarine überlegen ist. Unsere Studien haben gezeigt, daß die Personen, die Margarine verwenden, diesen Buttervergleich selbst gar nicht durchführen, sondern Margarine verwenden, weil sie billiger ist, weniger tierisch schmeckt und weniger Cholesterin enthält. Sie sehen sich also nicht als zweitklassige Käufer an, sondern einfach als Käufer, die Margarine gegenüber der Butter vorziehen. Sie haben jedoch den Leuten, die Butter lieben, vorgeschlagen, das Zweitbeste, nämlich Margarine, zu kaufen.

In einer Public-Relations-Kampagne, die dazu bestimmt war, delinquente Jugendliche in positiver Weise zu beeinflussen, wurde der folgende vollkommen unsinnige Slogan verwendet: Es wurde eine Dose mit hausgemachter Marmelade gezeigt, und in dem Werbespot stand dann daneben: »Jugendliche Delinquenz ist auch hausgemacht.« Die Assoziation mit der Konfitüre war eine sehr positive, und die stand im totalen Widerspruch zu den negativen Assoziationen mit der jugendlichen Delinquenz. Wir fanden, daß die Leute, die die Logik des Arguments nicht verstanden, fast den Eindruck erhielten, daß Delinquenz eigentlich gar nicht so schlecht war. Beschreibende und interpretative Forschungen haben denselben Zweck, das »Warum« zu verstehen und daraus praktische Anwendungen des »Wie« zu entwickeln, müssen aber ganz verschiedene Methodologien verwenden. Beide ergänzen sich natürlich. Wenn die Frage auftritt, welche von beiden Methoden man zuerst einsetzen soll, so bin ich der Meinung, daß die Interpretation zuerst kommen müßte und man nachher in der beschreibenden Phase eine ganze Reihe von anderen zusätzlichen Faktoren, an die man vorher vielleicht überhaupt nicht gedacht hat, mit in die Studie einbeziehen kann.

Wenn wir herausfinden wollen, warum Leute ein so teures Auto wie den Mercedes kaufen oder nicht kaufen, würden wir bloß in der beschreibenden Forschung natürlich alle demographischen Daten eruieren, d. h., wieviel Geld zur Verfügung steht, wie hoch das Einkommen eines Mercedes-Käufers ist, welche Berufe sie haben, wo sie wohnen usw. Wenn aber unsere interpretative Forschung zuerst durchgeführt wurde und wir dadurch herausgefunden haben, daß es eine ganze Reihe von Leuten gibt, die zwar genügend hohes Einkommen haben, um einen tollen Wagen zu kaufen, aber eine arme Kindheit hatten und Schuldgefühle haben in bezug auf eine ihrer Meinung nach zu hohe Geldausgabe für einen Luxuswagen, dann können wir in der beschreibenden Forschung, soweit sie der interpretativen Forschung folgt, ganz andere Faktoren mit hineinnehmen. Zum Beispiel können wir einfach danach fragen, wie reich oder arm die Eltern des Befragten waren, wie viele Luxusgegenstände er besitzt, und wenn wir auch nicht direkt nach Schuldgefühlen fragen können oder sollten, können wir doch herausfinden, inwieweit denn der Befragte die Wahl hat, die Entscheidung eher in die Richtung des billigeren, aber ebenso praktischen Produktes zu fällen als in die Richtung des etwas mehr angeberischen Produktes.

7. Kapitel
DAS VERSTEHEN MENSCHLICHER MOTIVE – HYPOTHESENBILDUNG

Es muß zunächst auf Hypothesen beruhen. Ich habe in den vorhergehenden Kapiteln den Unterschied zwischen interpretativer und beschreibender Forschung zu erklären versucht. Man kann interpretative Forschung daran erkennen, daß das Wort »Warum« in der einen oder anderen Form in die Fragestellung eingebaut ist. Die einfachste Methode etwas über das »Warum« zu erfahren, haben wir im vorherigen Kapitel bereits verworfen: ein repräsentatives Sample zu befragen. Wir haben dann die Meinung der Befragten über ihre eigentlichen Motive, aber in sehr seltenen Fällen die wirklichen Gründe. Die Befragten könnten das Wort »Warum« in vier oder fünf verschiedenen Weisen verstanden haben. Sie müßten eigentlich – wozu sie selten Gelegenheit haben – rückfragen und sagen, »Was meinen Sie eigentlich, wenn Sie mich ›warum‹ fragen?« Galt die Frage in bezug auf das Produkt, das mich angezogen oder abgestoßen hat, oder meinen Sie damit, was war es in mir selbst, meine guten oder schlechten Erfahrungen mit Milch, die mich zu meinem Kaufverhalten veranlaßt haben? Eine dritte Frage des möglichen Mißverständnisses der Umfrage kann sich auf die Kommunikationsform beziehen. Wenn ich zum Beispiel von meinen Befragten die Antwort erhalte: »Ja, ich habe Milch zu trinken begonnen, weil ich darüber gelesen habe« oder »in der Schule gelernt habe« oder »sie mir in der Werbung empfohlen wurde«, dann habe ich es mit einer dritten Interpretation des Wörtchens »warum« zu tun. So könnte oder müßte eigentlich auch durch eine weitere Rückfrage geklärt werden, ob irgend etwas in der Kultur, in ihrer Erziehung sie zum Milchtrinken gebracht oder davon abgebracht hat. Wenn wir das Wort »Warum« unerläutert stehenlassen, können wir nie mit Sicherheit sagen, wie viele von den Befragten dieses Wort in der einen, anderen oder dritten, vierten, fünften Weise verstanden oder mißverstanden haben. Wenn wir Glück haben, haben alle das Wort »warum« in der gleichen Weise verstanden. Das kommt aber selten vor.

Wir haben es also mit einer anderen Art von Sample-Problemen zu tun. Um wirklich Vergleiche anzustellen und zu sagen, die Hälfte oder zwei Drittel oder soundsoviel Prozent der Befragten mögen Milch aus dem und dem Grund oder mögen sie nicht, müssen wir wissen, ob die Antworten sich auf die eine oder andere Interpretation des Wortes »warum« beziehen. Wir finden oft Tabellen in sogenannten wissenschaftlichen Untersuchungen, wo alle Antworten auf die Warum-Frage wie Kraut und Rüben aufgeführt und dann irgendwie prozentual aufgeteilt werden. Zumindest müßte man vorab die Antworten gruppieren, und dann erst kann man innerhalb einer Gruppe Vergleiche in Prozentzahlen aufstellen. Häufig finden wir bei einer solchen Tabelle – nehmen wir an in bezug auf Milchtrinken – Antworten wie: 25 Prozent sagten, sie könnten Milch nicht vertragen, 10 Prozent erzählten, sie wurden von den Eltern dazu gezwungen, Milch zu trinken, 5 Prozent wurden durch die Werbung beeinflußt, 23 Prozent hatten in ihrer Kindheit gekochte Milch getrunken, auf der sich Haut bildete, die sie nicht mochten; oder diejenigen, die psychologisch geschulter sind, gaben vielleicht an, daß sie Milch aus Gründen, die in der Beziehung zur Mutter liegen, ablehnen. Alle diese Erklärungen sind bereits irreführend, weil sie, wie wir es oben erklärt haben, auf Selbst-Diagnose basieren.

Wir haben aber jetzt noch ein zusätzliches Problem. Wir

haben als Ausgangsbasis, also 100 Prozent, alle Antworten auf die Warum-Frage angenommen, während die errechneten Prozentzahlen sich jedoch auf unterschiedliche Auffassungen des Wortes »warum« beziehen.

Um diesen Denkfehler zu vermeiden, muß man zumindest die Umfrageergebnisse zunächst einmal in die möglichen Interpretationsgruppen einteilen. Das heißt also, anstatt zu fragen: »Warum mögen Sie Milch?« oder »Warum mögen Sie Milch nicht?« andere Fragen stellen, zum Beispiel: »Gibt es irgend etwas in ihrer Kindheit, das Sie in ihrer Einstellung zur Milch beeinflußt hat?«, »Welches waren diese Erfahrungen, und was war die Beeinflussung?« Eine zweite Frage müßte sich auf das Produkt selbst beziehen. »Welche Dinge wie Farbe, Geschmack, Konsistenz, Temperatur etc. mögen Sie oder mögen Sie nicht an Milch?« Eine dritte Möglichkeit der Fragestellung, nachdem wir das ursprüngliche Phänomen in seine wirklichen Bedeutungen zerlegt haben, würde sich auf die Informationsquellen beziehen. »Wodurch, durch welche Medien und in welcher Form haben Sie über Milch Gutes oder Schlechtes erfahren?«

Man kann dieses Zerlegen noch weiter führen. Es sollte aber klar sein, daß man auch als geschulter Mathematiker oder Statistiker durch die Verwendung einer unkontrollierten Warum-Frage in ganz entscheidene Probleme des Sampling gerät.

Aber auch ein noch so sorgfältiges Zerlegen der Warum-Frage führt letztlich nirgendwohin, wenn wir nicht zunächst einmal Hypothesen in bezug auf das Milchtrinken aufstellen. Wir haben oben bereits erwähnt, daß die Entwicklung von Hypothesen unbedingt die erste Stufe der Motivforschung sein muß. Gleichzeitig ist Hypothesenentwicklung jedoch eher eine Kunst als eine Wissenschaft und beruht zu einem großen Teil auf Intuition und Erfahrung. Wir haben für das Erlernen dieser Kunst der Hypothesenbildung eine Reihe von systematischen Prinzipien entwikkelt.

Nr. 1: Nehmen Sie immer zunächst einmal eine tiefere Erklärung eines psychologischen Phänomens an!

Der Kauf von Nahrungsmitteln und die Vorliebe für das eine oder das andere bestimmte Produkt kann sich z. B. auf Kindheitserinnerungen zurückführen lassen. Wir fanden einen interessanten Fall, wo eine Reihe von Leuten Heringe verabscheuten, weil es eine Zeitlang üblich war, für gewisse medizinische Tests Heringe zu verwenden.

Zu diesem »Tiefenansatz« im Zusammenhang mit Hypothesenentwicklung kann es auch gehören, daß man sich Gedanken macht, ob der Kauf oder die Verwendung eines bestimmten Produktes oder eine gewisse psychologische Haltung vielleicht etwas ganz anderes bedeutet als das, was man an der Oberfläche wahrnimmt. Ein Sportwagen hat oft seine Anziehungskraft nicht deshalb, weil man damit schnell fahren kann, sondern weil er viel Lärm macht. Der Lärm als solcher kann ein Ausdruck der Männlichkeit sein, dem Brüllen eines Löwen vergleichbar.

Nr. 2: Denken Sie an die nicht-verbale Bedeutung eines Produktes oder einer Handlung!

Bei der Formulierung von Hypothesen hat es uns manchmal geholfen, daß wir unsere Versuchspersonen dazu bringen, Rollen zu spielen, und zwar Rollen, die im ersten Augenblick etwas ungewohnt sind, z. B. so zu tun, als ob sie Butter oder Margarine sind oder ein Haarpräparat. Dabei lernen wir das verstehen, was wir die Seele eines Produktes nennen. Jeder Kaufakt und auch jede andere Entscheidung und viele andere tägliche Verhaltensweisen sind Dramen voll von Spontaneität und Emotionen. Wenn wir unsere

Befragten dazu bringen, auf einer echten oder simulierten Bühne unter kontrollierten Bedingungen sich in eine Rolle einzufühlen, dann haben wir damit ein sehr wertvolles Instrument, um zu verstehen, was das Produkt wirklich bedeutet. Wir stoßen dabei häufig auf Qualitäten eines Produktes, die man normalerweise nicht in Betracht zieht.

Sie stellen Kaffee dramatisch dar. Ist Kaffee männlich oder weiblich oder neutral? Ist Kaffee ein aktives oder passives Produkt? Werden Sie Kaffee als intelligent oder dumm oder irgendwie dazwischenliegend ansehen? Wie alt ist das Produkt, das Sie darstellen? Wie freundlich ist das Produkt? Wie reif oder unreif sind Sie als Repräsentant dieses Produkts? Alle diese Fragen geben uns die Möglichkeit, zusätzliche Einsichten zu gewinnen.

Man kann natürlich in jedem Fall unbegrenzt eigene Fragen erfinden. Hier sind einige weitere, die für uns von Nutzen waren: Wie groß oder wie klein sind Sie? Was befindet sich im Innern des Produkts? Sind Sie hohl oder voll? Woraus bestehen Sie eigentlich? Was für Ängste haben Sie? Woher kommt Ihre Energie? Wie lange werden Sie leben? Was für eine Farbe haben Sie? Welche Farbe würden Sie vorziehen?

In diesem Zusammenhang wollen wir noch einen Augenblick bei dem Kaffeebeispiel bleiben. Wir fanden, daß die meisten Menschen sehr selten an die Farbe des Kaffees als einen wichtigen Faktor denken. Aber in unserem »Psycho-Drama«, wie wir diese Methode nennen, stellte sich die Erkenntnis ein, daß die Farbe eine wichtige Rolle spielt. Wir gingen sogar so weit, daß wir Kaffee destillierten, so daß er farblos wurde. Die meisten Menschen wandten sich voll Abscheu davon ab, obgleich dieser Kaffee im wörtlichen Sinn reiner war als der Kaffee, den man normalerweise trinkt.

Weitere nützliche Fragen sind diejenigen, die sich mit den Emotionen des Produkts beschäftigen. Ist das Produkt, das

Sie spielen, freundlich oder unfreundlich? Wir haben ähnliche Fragestellungen im Zusammenhang mit verschiedenen Arbeiten auf dem Gebiet des Tourismus entwickelt. Ist Frankreich weiblich oder männlich? Ist Deutschland weiblich oder männlich, freundlich oder unfreundlich? Eine andere Ausweitung liegt darin, die Versuchspersonen tatsächlich Körpersprache einsetzen zu lassen. Wenn Sie an Österreich denken, welche Armbewegungen würden Sie machen? Wenn Sie an Deutschland denken, Italien, wie sieht es da aus? Die Ergebnisse waren sehr aufschlußreich. Österreich, Italien wurden von Amerikanern durch offene Arme dargestellt, während Deutschland eher verschlossen war. Spanien und Frankreich lagen irgendwo in der Mitte.

Die Liste der Fragen kann beliebig ausgedehnt werden. So weit wie möglich sollen diese Fragen konkrete Aktionen hervorrufen – wie auf der Bühne. Sind Sie angezogen oder nackt, sind Sie modern oder altmodisch? Was für ein Tier wären Sie, wenn Sie sich als Produkt in tierischer Form darstellen würden?

Wir haben dieses Verfahren im Zusammenhang mit politischen Kandidaten angewendet. Die Fragen waren: »Wie sind Sie – angenommen, Sie wären es – mit dem Kandidaten verwandt?« »Ist es Ihr Bruder, Ihre Schwester, Ihr Vater, Ihr Sohn?« »Was für ein Tier wären Sie, wenn Sie Nixon wären?« In gewissem Sinn tun wir etwas Ähnliches wie der Dichter, der seine Charaktere oft mit Tieren vergleicht: »Er ging daher wie ein überfressener Bär mit langsamem, behäbigem Schritt.« Oder: »Sie lief durch den Garten wie eine Gazelle.«

In einer Arbeit für Möbelfabrikanten wollten wir herausfinden, wie sich ein frischvermähltes Ehepaar angesichts der ersten Möbelstücke, die es zusammen kauft, fühlt: Sie dachten oft an die Möbel als das erste gemeinsam erzeugte Kind. Zum erstenmal schmelzen Geschmacksrichtung, Lebensstil und die Hoffnungen und Zukunftspläne der beiden Partner zusammen. Diese Erkenntnis gab uns dann die Möglichkeit, ganz neuartige Verkaufstrainingsprogramme und neue Werbeaktionen zu entwickeln.

Alle, die auf dem Kommunikationsgebiet zu tun haben, ob es jetzt Werbetexter sind oder Schriftsteller, Künstler auf verschiedenen Gebieten, sollten verstehen, daß wirklicher Kontakt erst dann stattfindet, wenn man wirklich an das Herz appelliert und nicht bloß rational erklärt.

Mitunter wird die Forderung aufgestellt, daß man nach einem wirklichen Vorteil eines Produktes suchen soll, um diesen Vorteil dann dramatisch darzustellen. In der Werbesprache nennen wir dies das USP (Unique Selling Proposition). Das klingt einfach, aber in den meisten Fällen sind heutzutage die Produkte alle so ähnlich, daß es schwerfällt, echte Vorteile zu finden und sie dann noch zu dramatisieren.

Vor kurzem hatte ich die Aufgabe, herauszufinden, was denn wirklich der Unterschied zwischen einer sehr bekannten Marke von Fernsehapparaten und der Konkurrenz sei. Ich setzte mich mit dem Techniker zusammen, um zu erfahren, was denn eigentlich die Vorteile ihrer Apparate seien, und so kamen wir rasch dahinter, daß dieses sogenannte USP eigentlich gar nicht existierte. Bei den Mitarbeitern hatten wir es mit zwei Lagern zu tun. Die eine Seite bestand darauf, daß wir die Vorteile auf alle möglichen Arten klarmachen sollten, aber dieses Lager brach sehr bald zusammen, nachdem wir zu der Erkenntnis gekommen waren, daß diese sogenannten Vorteile überhaupt nicht existierten. Das andere Lager, mit dem ich eher sympathisierte, verstand, daß der Unterschied zwischen Produkten oft imaginär oder bloß psychologisch ist. In den meisten Fällen kaufen wir ein Produkt, entscheiden uns für einen Kandidaten, fahren in das eine oder andere Land, entwickeln die eine oder andere Haltung in unserem Leben, weil wir uns mit der »Seele« der zu wählenden Ziele besser identifizieren können als mit der der anderen. Wir haben das Gefühl, daß wir besser verstanden werden, daß es eine Affinität zwischen einem selbst und dem Produkt der Wahl gibt. Das ist natürlich auch im täglichen Leben der Fall, wenn wir einen Partner oder einen Beruf wählen.

Wie kann man aber – nicht nur durch Psychodrama und ähnliche Methoden – die Seele eines Produktes besser verstehen? Wie kann ich dann diese Seele visuell oder graphisch darstellen? In gewissem Sinne ist das dieselbe Frage, die sich der Künstler stellt, wenn er an einer Skulptur, an einem Gemälde oder einer Skizze arbeitet. Wir sprechen dabei von einem kreativen Genie, aber in Wirklichkeit sieht der Künstler nur in sich selbst hinein und versucht, sich in seinen Gegenstand hineinzuleben. Er gibt expressionistische oder impressionistische Beispiele seiner Erfahrungen und übersetzt sie dann in seine jeweilige Kunstform. Wir als Motivforscher sehen uns nun vor die Aufgabe gestellt, diese mysteriösen kreativen Prozesse in eine kompakte Formel zu übersetzen. Wir identifizieren also eine Reihe von Prozessen.

Nr. 3: Mobilisieren Sie Ihre Sinne!

Die meisten Produkte haben die Fähigkeit, unsere Sinne – die taktilen, akustischen, visuellen oder geruchsmäßigen – zu erregen. Sogar Haar kann »tot« oder »lebendig« sein, Schokoladen und Süßigkeiten sind mit Musik vergleichbar, das Summen der Motoren von Autos oder Flugzeugen kann entweder beruhigend oder aufregend sein.

Eine Untersuchung, die wir vor kurzem durchführten, beschäftigte sich sehr im Detail mit der Welt des Geruchs. Gerüche sind Signale, die von uns ausgesendet werden. Zum Großteil stammt diese Funktion der Gerüche noch aus unserer tierischen Vergangenheit. Man kann also die Seele eines Produktes besser verstehen, wenn man versucht, in der Werbung oder in der künstlerischen Darstellung die Beschreibung so zu gestalten, daß tatsächlich einer oder mehrere der fünf Sinne geweckt oder mobilisiert werden. Ich las vor vielen Jahren ein Buch mit dem Titel: »Wie man ein Schriftsteller wird«. Ich kann mich an den Autor nicht mehr erinnern. Wahrscheinlich ist er ganz unbekannt. Das interessante an dem Buch war die Erkenntnis, daß Hören, Fühlen, Sehen, Berühren, Riechen und Schmecken zu lernen die erste Notwendigkeit sei, um wirklich ein Schriftsteller zu werden. Der Autor beschäftigte sich kaum mit den Problemen der Grammatik und des Stils, sondern eben mit dieser Erweckung der Sinne. »Schließen Sie die Augen und versuchen Sie, alles zu hören, was um Sie herum vor sich geht. Und dann schreiben Sie diese Eindrücke nieder. Dann tun Sie etwas Ähnliches mit all ihren anderen Sinnen, indem Sie sich jeweils auf einen Sinn konzentrieren.« Ich fand diese Art der Unterweisung außerordentlich erfrischend und hilfreich.

Nr. 4: Weiten Sie Ihre Person aus!

Die Seele eines Produkts kann besser verstanden werden, wenn man sich überlegt, was der mögliche Zweck dieses Produktes oder dieser Verhaltensweise sein könnte. Oft handelt es sich dabei um Werkzeuge, um Ausweitungen der Persönlichkeit. Ein Hammer ist eine Verlängerung des Armes und macht ihn stärker. Ein Schwert – deshalb oft in der Geschichte in symbolischer Form dargestellt – ist in ähnlicher Weise eine Ausdehnung und Erweiterung unserer Kraft.

Ein Erzeuger von elektrischen Kreissägen entwickelte diese Idee weiter, indem er – ähnlich wie es mit Schwertern mitunter geschah – vergoldete Kreissägen auf den Markt brachte, die von verhältnismäßig vielen Leuten gekauft wurden. Der Goldbelag hat natürlich wenig mit der Funktion der Säge zu tun, aber es war ein richtiges Erkennen der psychologischen Funktion, der Seele der Säge.

Für eine Verlagsanstalt, die technische Hilfsbücher veröffentlicht, konnten wir die Barriere des Automechanikers gegenüber jedem gedruckten Material dadurch überwinden, daß wir ihm das Handbuch als ein Werkzeug vorstellten, das zwar etwas anders aussah und etwas anders funktionierte als seine Franzosen oder Schraubenzieher, ihn jedoch mit neuen Möglichkeiten versah.

Nr. 5: Es gibt keine leblosen Dinge!

Wie wir bereits angedeutet haben, ist es die Aufgabe jedes Künstlers, sei es jetzt im Marketing, in der Werbung oder als freischaffender Künstler, die Seele eines Produktes herauszufinden. In Mexiko traf ich einen Erzeuger von keramischen Öfen, dem die Idee kam, die Öfen mit einem menschlichen Gesicht zu versehen, wobei die Luke, in die man das Holz oder die Kohle einschob, ein weit geöffneter Mund war. Der Unternehmer hatte instinktiv verstanden, daß er es mit einem lebenden Ding zu tun hatte, daß der Ofen Brennmittel fraß und dafür Wärme abgab. Ein interessantes Beispiel unserer Hypothesenbildung.

Wir müssen verstehen, daß jede Form der Kommunikation eine ästhetische Erfahrung darstellt. Der Künstler verarbeitet, was er sieht und erlebt.

Es gibt keine leblosen »Objekte«. Wenn man einmal Umschau hält, wenn man z. B. in eine Eisenhandlung geht und beobachtet, wie eigentümlich Männer mit Werkzeugen umgehen, etwa mit einem Hammer: wie sie ihn wiegen, wie sie ihn in der Hand liegen lassen, dann ist man überzeugt, sie liebkosen ihn fast ebenso wie eine Frau, die einen Mantel oder eine Jacke anprobiert: Sie streicht mit beiden Händen an den Seiten des Mantels herunter und steckt ihre Hände in die Taschen der neuen Bekleidung. Werden Sie ein guter Motivforscher, und lernen Sie, sich umzusehen und keines der Dinge, die uns umgeben, als leblos anzusehen!

Eine junge Frau erzählte mir vor kurzem, wie sehr sie davon beeindruckt war, daß ein junger Mann, der das Meer noch nie gesehen hatte, bemerkte: »Ich dachte immer, das Meer wäre still. Statt dessen höre ich, daß es in der Brandung dauernd sich mitteilt und immer ungeduldig auf die Küste mit seiner Liebkosung einstürmt.« Sie war mit Recht von dieser Beobachtung beeindruckt. Sehr oft ist es genau diese naive kindliche Einstellung einem Erlebnis gegenüber, die uns plötzlich zu neuen Einsichten verhilft. Der Journalist oder Schriftsteller kann manchmal eine Situation so beschreiben, als ob er selbst ein Teilnehmer wäre und dennoch neutral und objektiv bleibt.

Er kann aber auch so schreiben, daß alle Sinne des Lesers erweckt werden und er in einer sehr sinnlichen Weise alle nacherleben kann.

Nr. 6: Verwenden Sie das richtige Bezugssystem!

Wenige Probleme des menschlichen Verhaltens können isoliert analysiert und verstanden werden.

Eine unserer ersten Studien beschäftigte sich mit dem besseren Verständnis der Bedeutung des Autos. In der Werbung wurde ein Butler gezeigt. Der Betrachter sollte den Schluß ziehen, daß es sich um einen eleganten Wagen handelte.

Wenn wir Entspannung, Urlaub darstellen wollen, dann genügt es, ein paar Brandungswellen zu zeigen mit einigen Palmen oder ein Segelboot. Es wäre gewiß interessant, ein Symbollexikon zu verfassen. C. G. Jung hat mit seiner Erforschung der Ursymbole der Menschheit etwas Derartiges begonnen.

Ein ruhiger, blauer Alpensee oder ein Füllhorn mit

Früchten, ein Gletscher – all dies sind Symbole, die gewissermaßen ewige menschliche Träume darstellen. Wir sprechen vom ewigen Frühling, von der ewigen Jugend.

Interessanterweise haben wir in unserer Arbeit gefunden, daß eine ganze Reihe der menschlichen Träume sich ändern. Der Countryclub und der Butler sind als Symbole heutzutage viel weniger erfolgreich und wirksam, als es früher der Fall war. Wir haben eher Angst vor zuviel Angeberei und davor, als Neureiche angesehen zu werden.

In einigen Arbeiten für die Air France konnten wir demonstrieren, daß es besser zu unserer modernen Psychologie paßt, wenn wir, anstatt Paris durch den Eiffelturm zu symbolisieren, einen französischen Pudel zeigen, der sich an einem Feuerhydranten erleichtert. Der Gag wurde in den USA als Beispiel des französischen oder Pariser Esprit angesehen.

Die falsche Verwendung eines Symbols wurde vor kurzem aufgedeckt, als man versuchte, durch einen Totenkopf auf Medizinflaschen Kinder davor zu warnen, diese Medizin zu trinken. Für die Kinder war der Totenkopf jedoch das Symbol von Piratengeschichten und hatte deshalb keinen Erfolg. Als statt dessen eine Karikatur verwendet wurde, ein Gesicht mit einer Grimasse und einer heraushängenden Zunge, wurden die Todesfälle durch Vergiftung beträchtlich reduziert.

Nr. 7: Denken Sie dynamisch!

Kreativität kann nicht in einem Vakuum existieren. Sie muß sich immer innerhalb des Rahmens einer gegebenen Kultur entfalten und Materialien und Haltungen verwenden, die bereits bekannt sind.

In den letzten Jahren haben wir uns viel mit Futurologie beschäftigt. Wie wird die Zeitung der Zukunft ausssehen, das Auto der Zukunft, was für neue Formen des Transports wird es geben? Ich habe ein Buch über das Jahr 2000 veröffentlicht, das teilweise auf wissenschaftlichen Arbeiten und teilweise auf Spekulationen basiert.

Als Modell für unsere Hypothesenentwicklung haben wir eine Pyramide angenommen. Die unterste Schicht dieser Pyramide besteht aus einer Analyse der sogenannten unbefriedigten psychologischen und anderen Bedürfnisse, die auf dem fraglichen Gebiet existieren. Was würden die Menschen z. B. anders haben wollen an ihrer Zeitung? In einem Hotel? Bei einer Seife? Bei einem Kühlschrank? Nachdem wir diese unbefriedigten Bedürfnisse analysiert haben, können wir dann Schritt für Schritt die Pyramide hinaufklettern, bis wir den Gipfel erreichen. Die Zwischenstufen bestehen daraus, daß wir die fundamentalen Hypothesen in eine technologische, praktikable Form übersetzen und dabei immer kulturelle Faktoren in Betracht ziehen.

Wir haben auf verschiedenen Gebieten gesehen, daß eine Rückkehr zur Natürlichkeit und eine Abkehr von synthetischen Produkten stattgefunden hat. Es besteht also schon jetzt – und es wird weiter zunehmen – ein Interesse an organischen Nahrungsmitteln, an der Verwendung von natürlichen Gerüchen auf kosmetischem Gebiet. Am Bau gibt es ein neues Interesse an der Verwendung von natürlichen Produkten wie Holzbalken, Ziegeln und Steinen. Andere Tendenzen, die wir voraussehen können und die wir bei der Hypothesenbildung in unser dynamisches Denken miteinschließen, haben mit ökonomischen und soziologischen Veränderungen zu tun. Wir werden wahrscheinlich in der nahen Zukunft eine 4-Tage-Woche haben und uns daran gewöhnen müssen, drei Tage lang während eines verlängerten Wochenendes neue Ideen zu entwickeln, um unsere Freizeit auszufüllen. Wahrscheinlich werden wir viel mehr Freizeitaktivitäten, -produkte und -dienstleistungen entwikkeln. In dem Maße, wie eine Kultur materielle Befriedigungen erreicht hat, wird sie sich mehr und mehr für die Wiederentdeckung von geistigen, religiösen und emotionalen Bedürfnissen interessieren.

Schulungskurse für Karriere und Mehr-Geld-Verdienen werden sich langsam darauf umstellen müssen, daß das Versprechen eines höheren Einkommens und einer Beförderung nicht mehr genügt. Dies haben wir in einer Studie für das Dale-Carnegie-Institut entdeckt. Menschen, speziell jüngere, wollen vielmehr ein Leben führen, in dem sie sich selber besser verstehen und ihre Möglichkeiten wirklich erfüllen können. Entwicklung von Hypothesen, die den Warum-Fragen vorausgehen müssen oder auf denen Warum-Fragen und interpretative Fragen basieren, können ohne solches dynamisches Denken nicht durchgeführt werden.

Nr. 8: Denken Sie international!

Wir haben bereits früher über die verschiedenen Bedeutungen des Autos gesprochen. In einem Artikel für die Harvard Business Review beschäftigte ich mich mit der Rolle des Automobils als sozialer Indikator für den Entwicklungsstand eines Landes. Der Artikel ist betitelt: »Der Weltkonsument«. Wir finden ähnliche internationale Unterschiede, wenn wir z. B. die Rolle von Kunststoffprodukten in afrikanischen Ländern mit den westlichen Ländern vergleichen. Einen Eimer oder andere Gegenstände aus Plastik zu besitzen, gehört in Afrika oder anderen Entwicklungsländern zu einem höheren sozialen Status. In den westlichen Ländern ist die Rückkehr zu natürlichen Produkten, zu echtem Leder, zu echtem Holz, zu echten Steinen eine allgemein akzeptierte Notwendigkeit geworden. Plastik hat bei uns den Stempel des Billigen, des Ersatzproduktes erhalten.

Nr. 9: Vorsicht vor Stereotypen!

Nichts schadet der freien Entwicklung von Hypothesen mehr, als wenn man sich von Stereotypen leiten läßt. Wenn wir aufhören, von »Südamerikanern«, »Deutschen«, auch sogar »jungen Leuten«, »älteren Leuten« und allen anderen üblichen Klassifikationen zu sprechen und statt dessen uns mehr für Subkulturen interessieren, sind wir fähig, ganz neue subtile Unterschiede zu finden. Wir analysieren den Markt der Homosexuellen. Das Stereotyp, das die meisten sogenannten »normalen« Menschen von Homosexuellen haben, ist, daß sie feminin sind, eine Falsettstimme haben und leicht erkennbar sind an ihrer Vorliebe für affektierte Kleidung. Die Wirklichkeit, wie unsere Studie zeigte, ist vollkommen anders. Die Hauptabonnenten von Zeitschriften, die sich »Muskelkraft« oder ähnlich nennen, sind Homosexuelle. Diese Gruppe von Menschen ist besonders an ihren eigenen und anderen Körpern interessiert, was eben ihre Vorliebe für solche Muskelmagazine erklärt. Sie sind oft ausgesprochen narzißtisch.

Die stereotype Kategorie von »verheiratet« oder »nicht verheiratet« wird jetzt langsam dadurch ergänzt, daß wir auch neue Hypothesen entwickeln, indem wir uns für die Gruppe von Menschen interessieren, die einfach zusammenleben, ohne verheiratet zu sein. Wir machen Unterscheidungen zwischen Land- und Stadtbevölkerung, ohne uns bewußt zu sein, daß in der Zwischenzeit sich eine ganz neue Gruppe von Menschen entwickelt hat, die in Vororten lebt und die ihren Wohnort mehr oder weniger als gigantisches Schlafzimmer versteht, ihre Arbeit aber in der Stadt hat. Sie hat ihre eigene Subkultur entwickelt, die richtig verstanden werden muß. Man muß sich also immer wieder die Frage stellen: Haben wir es wirklich mit einer homogenen Gruppe zu tun? Ist die Beschreibung dieser Gruppe, die wir verwenden, richtig oder bloß ein bequemes Etikett?

Nr. 10: Zerstören Sie Mythen!

Es ist erstaunlich, wie viele von uns fest an Dinge glauben, ohne sich je darüber Gedanken gemacht zu haben, ob dieser Glaube der Realität entspricht. Wir finden dieses immer wieder, auch im Zusammenhang mit sogenannten fest untermauerten Marktdaten. Die Produzenten haben oft ein vollkommen falsches Bild von ihren Käufern, weil sie sich sehr auf hergebrachte, meist oberflächliche Fakten verlassen. Ich bin immer besonders argwöhnisch, wenn mir solche Daten vorgesetzt werden und mir der Auftraggeber erklärt, daß er ganz genau weiß, warum sein Produkt gekauft oder nicht gekauft wird.

Wir fanden, daß Menschen, die gerade von einer Reise zurückgekommen sind, viel besser ansprechbar sind für ein weiteres Reiseangebot als diejenigen, die bereits wieder in ihrem eigenen Haus die Beweglichkeit verloren hatten. Immer wieder müssen wir uns die Frage stellen: Ist es wirklich wahr? Könnte es nicht anders sein? Gäbe es nicht eine ganz andere Erklärung für eine bestimmte Motivation? Diese Fragen können mitunter zu ganz neuen Einsichten führen.

Auch auf anderen wissenschaftlichen Gebieten haben wir es mit ähnlichen Problemen zu tun. Jahrhunderte, wenn nicht Jahrtausende hindurch wurde von Landwirten auf der ganzen Welt die Idee verteidigt, daß man ein Feld in schnurgeraden Furchen pflügen müsse, ebenso wie man Kühe in einem Halter im Stall einsperren müsse. Beide Ideen, nur um diese zwei zu erwähnen, haben sich in den letzten Jahrzehnten als total falsch erwiesen. Man betreibt jetzt mehr und mehr sogenanntes »Konturfarming«, indem man die Furchen der Landschaft anpaßt, die sich nicht darum kümmert, ob sie jetzt schnurgerade verlaufen oder nicht. Kühe werden in modernen Milchwirtschaften frei im Stall laufengelassen, und in vielen Fällen haben sie auch im kalten Norden direkten Zugang zu einer Auslauf- oder Weidefläche.

Fluglinien haben bis vor einigen Jahren Passagiere für Übergewicht beim Gepäck bezahlen lassen. Teilweise geschieht das noch auf transatlantischen Linien. Innerhalb der USA ist man jetzt darauf gekommen, daß die ganze Bürokratie, die notwendig ist, um diese Übergewichtsgebühren einzukassieren, mehr kostet als das, was man an den zusätzlichen Zahlungen wirklich verdienen kann. Es gibt also keine Übergewichtsprobleme mehr bei den Flügen innerhalb der Vereinigten Staaten.

Eine andere, ähnliche Idee wurde von den Kraftwerken aufgegriffen: es den Elektrizitäts- oder Gaskunden möglich zu machen, selbst die Uhr abzulesen, ohne daß jemand dazu monatlich ins Haus geschickt werden mußte. Dies basiert auf gegenseitigem Vertrauen, aber das ist schließlich nicht viel mehr als das, was die Steuerbehörde ja schon seit eh und je tut. Es gibt fast kein Gebiet, auf dem man nicht durch neues Denken und einem gewissen Mut viele von den hergebrachten Ideen als falsch erkennen muß und durch bessere und vernünftigere Ideen ersetzen kann.

Manchmal fragt man sich hinterher: »Warum hat es so lange gedauert, bis ich darauf gekommen bin?« Nehmen wir die üblichen Kühlschränke. Warum reichen sie eigentlich nicht bis an die Decke? Normalerweise werden sie in der Höhe von ungefähr 2 Metern abgeschnitten. Angeblich, weil man die Regale nicht erreichen kann, die über der normalen Augenhöhe oder Armreichweite liegen. Dies ließe sich jedoch leicht dadurch korrigieren, daß die Regale selbst, wie bei einem Paternoster, durch einen elektrischen Mechanismus herauf- und heruntergebracht werden können. Es wird wahrscheinlich noch eine Zeitlang dauern, bevor ein solcher Kühlschrank wirklich auf den Markt kommen wird.

Wir haben eine ganze Reihe von weiteren Beispielen

parat, die zeigen, daß oft durch ungewöhnliche Fragen neue Hypothesen entwickelt werden, die später tatsächlich profitable Innovationen darstellen. Ein solches Produkt ist zum Beispiel das befeuchtete Toilettenpapier, das aus der einfachen Überlegung oder, wenn Sie wollen, hypothetischen Fragestellung hervorging, ob hier nicht ein unbefriedigtes Bedürfnis liege. Die Idee kam gleichzeitig aus meiner Erfahrung in Japan, wo tatsächlich nasse Tücher dazu verwendet werden, um sich gründlich nach jeder Verrichtung zu reinigen. Das Produkt ist jetzt in Amerika und in Deutschland sehr erfolgreich auf dem Markt. »Warum«, wurde ich unlängst gefragt, »kommen wir in unseren Großbetrieben nicht selbst auf solche Ideen und müssen Leute wie Motivforscher engagieren?« Die Antwort darauf ist: »Eben der Mangel an der Bereitwilligkeit, weniger der Mangel an Fähigkeit, neu zu denken und hergebrachte Vorstellungen zu durchbrechen!«

Nr. 11: Die Wichtigkeit von richtigen Denkmodellen

In vielen unserer kreativen Prozesse bei der Entwicklung von Hypothesen verwenden wir automatisch bestimmte Denkmodelle, ohne uns ihrer bewußt zu sein. Nehmen Sie an, daß Sie menschlichen Fortschritt graphisch darstellen sollen. Machen Sie den Versuch. Die meisten von uns würden eine gerade, aufsteigende Linie zeichnen. In Wirklichkeit mag es aber viel richtiger sein, menschlichen Fortschritt als eine Spirale darzustellen, eine Art der Visualisierung des Hegelschen oder marxistischen dialektischen Denkens: Es entwickelt sich von einer These zu einer Antithese und vereint dann in der nächsten Windung der Spirale beide zu einer Synthese. Die menschliche Geschichte, speziell die Kulturgeschichte, scheint manchmal wieder zu Dingen zurückzukehren, bei denen wir früher bereits standen. Wir waren ja früher Individualisten, wurden dann Massenmenschen, beginnen aber jetzt wieder, den Individualismus zu entdecken.

Es ist außerordentlich wichtig, sich klarzuwerden, welches Denkmodell eigentlich einer Marketingkonzeption zugrunde liegt. Wir begegnen häufig der folgenden Philosophie: Wir haben 30 Prozent des Marktanteils mit unserem Produkt, was können wir tun, um noch 10 oder 15 Prozent des Marktes zu gewinnen? Wenn man dabei nun den Markt als statisch ansieht und sich nicht der zunehmenden Individualität bewußt ist, macht man eben bereits einen sehr kostspieligen Denkfehler. In vielen Fällen ist es viel ökonomischer, den zusätzlichen Marktanteil mit einer neuen Marke zu erreichen, als noch mehr Werbeetat für die bereits bestehende Marke auszugeben, die vielleicht einen Sättigungsgrad erreicht hat.

Ein gegensätzliches Beispiel dazu: Ein Haarpräparat hatte im Laufe der Jahre seinen Marktanteil verloren und wollte ihn wiedergewinnen, indem es seine Konkurrenten, die sich mehr und mehr modern gaben, nachzuahmen versuchte. Unsere Überlegungen zeigten jedoch, daß wir es auf vielen Gebieten mit einer Rückkehr oder Wiederentdeckung der althergebrachten Produkte zu tun hatten.

Aspirin zum Beispiel wurde von vielen Konkurrenten angegriffen, die betonten, wieviel rascher die modernen Produkte Kopfschmerzen beseitigten, wieviel harmloser die neuen Produkte wären in bezug auf die schädlichen Nebenerscheinungen des Aspirins im Magen. Aspirin versuchte zunächst einmal – fälschlicherweise – mit diesen neuen Produkten auf deren Ebene zu konkurrieren, bis man dann darauf kam, daß man besser die ursprünglichen und überdauernden Qualitäten des Aspirins betonen sollte.

Etwas Ähnliches war der Fall in unserem angeblich veralteten Haarpräparat. Unser Rat ging aufgrund der Aspirinerfahrung und eines Neudenkens dahin, zu betonen, daß dieses Produkt trotz des Abfallens der Verkäufe doch einen grundlegenden Marktanteil dauernd beibehalten hatte. Die Versuchspersonen erzählten uns auch, daß sie in vielen Fällen reumütig, nachdem sie andere Produkte probiert hatten, zu den althergebrachten Produkten wieder zurückkehrten. Das Forschungsproblem war also nicht, neue Appelle für das alte Produkt zu finden, sondern den Kunden die Ermutigung zu geben, sich wieder zur alten Religion, zum hergebrachten Produkt zu bekennen.

Falsche Denkmodelle verleiten uns dazu, falsche Voraussagen zu machen. Man nimmt mancherorts an, daß es immer größere Supermärkte geben wird, daß die Wolkenkratzer immer höher werden, während in Wirklichkeit die Spirale sich bereits gedreht hat und wir voraussagen können, daß es eher kleinere Boutiquen und Geschäfte geben wird, daß die Kinos der Zukunft kleiner werden und sich in der Nachbarschaft von Wohnhäusern befinden werden, anstatt sich in Amüsiercentern zu häufen. Fragen müssen auf intelligenten Hypothesen basieren. Hypothesen, obzwar sie von Intuition und Kreativität und Geschicklichkeit abhängen, können doch systematisch erarbeitet werden. Die zehn Methoden, die wir erwähnt haben und die wir übrigens auch in einem sogenannten Kreativitätskurs für »The American Management Association« in einer etwas veränderten Form auf Kassetten zusammengefaßt haben, können geübt werden. Man kann also lernen, ein echter Experte zu werden, indem man trainiert, Probleme – ob sie im täglichen Leben oder im sozialen, politischen oder wirtschaftlichen Feld auftauchen – nur durch neues Denken zu lösen. Interpretative Forschung beruht darauf, daß der Forscher selbst denken lernen muß, anstatt bloß in einer naiven empirischen Weise zu erwarten, daß die Antworten von seinen Versuchspersonen kommen werden.

8. Kapitel
DIE SPEZIELLEN TECHNIKEN DER INTERPRETATIVEN FORSCHUNG

Nachdem wir jetzt hoffentlich mit Hilfe der verschiedenen Prinzipien, die wir im vorherigen Kapitel erklärt haben, intelligente Hypothesen entwickelt haben, können wir dann zu der Validation, der Erhärtung oder Verwerfung dieser Hypothesen, weitergehen. Wir haben mehrere Methoden dazu zur Verfügung:
- Tiefeninterviews,
- nicht-verbale Techniken,
- Projektivtests und -techniken,
- spezielle Experimente,
- Operation Tagtraum,
- Gruppeninterview.

TIEFENINTERVIEWS

Diese Technik wird auch als »indirekte Befragung« oder »Open-end-Befragung« beschrieben. Das Tiefeninterview wurde von mir im Jahre 1938 entwickelt und lehnt sich stark an die Methoden der Psychoanalyse an. Eine der Grundeinsichten dabei ist, daß man mit direkten Fragen nicht nur nichts erreicht – was die wirklichen Motivationen anbelangt –, sondern oft sogar richtige Erkenntnisse wieder verschüttet. Das Tiefeninterview läuft nun nicht so ab, daß man im wörtlichen Sinn wirklich »in der Tiefe schürft«, sondern daß man dem Befragten die Möglichkeit gibt, sich durch das freie assoziative Erzählen aller Umstände, die eine gewisse Handlung begleitet haben, an Dinge zu erinnern, die ihm längst entfallen waren. Gleichzeitig sieht der Befragte oft beim Beschreiben seiner Handlungen Zusammenhänge, die ihm ursprünglich nicht klar waren.

Bei einem Aufenthalt in Florida während einiger Winterwochen interviewte ich die Leute, die sich dort als Pensionisten oder als »Flüchtlinge« aus dem kalten Norden aufhielten. Ich fragte, wie zufrieden sie eigentlich mit ihrer Übersiedlung in die neue Heimat waren. Auf die direkte Befragung beteuerte jeder, daß er nie mehr wieder in den Norden mit seinem Schnee und Eis zurückgehen würde. Je länger ich aber die Leute reden ließ, je mehr ich also die Technik des Tiefeninterviews anwandte, desto mehr wurde klar, daß sie alle permanent entschuldigende Phrasen verwendeten. Es war gerade zu der Zeit eine Kältewelle auch in den Süden eingedrungen. Fast jede Person meines kleinen Samples sprach verhältnismäßig viel über das Wetter, schickte aber dieser Diskussion voraus, daß dieses kalte Wetter sehr ungewöhnlich sei. Man dürfe nicht daraus schließen, daß es hier immer so sei. Viele der Personen, mit denen ich sprach, waren Pensionisten. Auch hier fand ich etwas Ähnliches. Es wurde dauernd beteuert, daß sie mehr als beschäftigt seien und die Zeit sehr rasch verginge, daß also der Ruhestand keineswegs Langeweile bedeutete.

In diesem Fall war ich selbst derjenige, der die Interviews durchführte, und meine vorher aufgestellten Hypothesen, daß die Übersiedlung aus dem Norden in den Süden nicht immer ohne Schuldgefühle und ohne Ängste vor sich gegangen sei, erhärteten sich durch die Tatsache, daß in den Tiefeninterviews die Entschuldigungen für das Wetter und das Ableugnen der Langeweile so oft vorkamen. In den meisten Fällen arbeitet der Motivforscher natürlich mit Hunderten von trainierten Interviewern, die die Technik des Tiefeninterviews lernen müssen.

Hier sind einige Anleitungen, die wir unseren psychologisch trainierten Interviewern geben. Zunächst einmal behalten wir unsere Hypothese über die mögliche Erklärung des fraglichen Phänomens für uns und teilen sie nicht den Interviewern mit. Das heißt also, in dem Fall der Pensionisten würden wir unbedingt vermeiden, dem Interviewer zu sagen, daß wir den Verdacht hätten, daß viele dieser Neueinwanderer in den Süden mit gemischten Gefühlen kommen. Statt dessen sollen die Interviewer diese Personen über die Zeit erzählen lassen, in der sie den Entschluß faßten, nach Florida zu kommen, wie sie das Klima, die Nachbarn, die Kultur, die täglichen Aktivitäten erlebt haben. Unsere Absicht geht dahin, die Befragten über alles Mögliche reden zu lassen, auch wenn sie anscheinend in ferner liegende Gebiete – gedanklich – abwandern. »Lassen Sie Ihre Versuchspersonen ruhig über ihre Emotionen, Hoffnungen, Enttäuschungen und Träume reden, aber fragen Sie ja nicht direkt, ob sie von der Übersiedlung enttäuscht oder begeistert waren.« Der Interviewer arbeitet ähnlich wie der medizinisch-technische Assistent, der vom Arzt die Anweisung erhält, den Blutdruck zu messen, Blutproben zu machen und sie zu analysieren. In den meisten Fällen wird ihm nicht erklärt, was für einen Verdacht im Hinblick auf die Krankheit der Arzt hat. Der Interviewer soll darauf trainiert sein, alles zu hören und die kleinsten Details zu beobachten, nicht jedoch selbst Diagnosen zu stellen. Der Interviewer soll auch sowenig wie möglich Meinungen äußern oder Urteile fällen.

Die Tiefeninterviews werden meistens beim Befragten zu Hause durchgeführt. Sie können, was meist der Fall ist, strikt persönlich sein. Manchmal ist aber auch die Familie anwesend. Eine Ausdehnung des persönlichen Interviews ist das sogenannte Gruppeninterview, das wir später besprechen werden.

Der Interviewer erhält eine Themenliste, wobei die Themen, wie gesagt, wenn irgend möglich nicht zu erkennen geben sollen, welches die eigentlichen Hypothesen sind. Nehmen wir an, der Interviewer führt ein solches Interview über Kuchenfertigteig durch. Er beginnt dann mit einer ganz allgemeinen Einleitung. Nehmen wir an, er will den Grund erfahren, aus dem eine Hausfrau eine bestimmte Marke einer halbfertigen Kuchenmischung kauft. Unser Interviewleitfaden schlägt vor, daß er ganz allgemein mit der Hausfrau ein Gespräch beginnt, das sich auf die Zubereitung von Nahrungsmitteln konzentriert und dann langsam auf Kuchenbacken übergeht.

Ein gutes Tiefeninterview geht auf ganz nüchterne und systematische Weise zu den tatsächlichen Handlungen der letzten Wochen zurück. In diesem Fall können die Fragen so lauten: »Wann haben Sie zum letzten Mal einen Kuchen gebacken? Erzählen Sie uns alle Details, die ihnen dazu einfallen.« – Wir gehen dann je nach Problematik ein, zwei, drei Wochen oder auch einige Monate zurück, um herauszufinden, inwieweit es einen gewissen Verhaltensrhythmus bei der Versuchsperson gibt. Wir würden uns dann auch für den Einfluß der verschiedenen Familienmitglieder interessieren und unter Umständen sogar auf Erinnerungen zurückgehen, ob die Mutter oder Großmutter selbst gebakken hat und wie sie sich dabei verhielten. Die Kunst eines guten Tiefeninterviews besteht im wesentlichen darin, gut zuhören zu können, auf Nuancen aufzupassen und alles soweit wie möglich – auch Dinge, die uninteressant zu sein scheinen – zu registrieren. Hier ist eine Liste von ganz spezifischen Anweisungen, die wir dem Interviewer geben.

Die Interviewthemen

Studieren Sie die Interviewanweisung sorgfältig. Sie müssen sich aber nicht krampfhaft an die Reihenfolge der Themenliste halten. Sie ist mehr ein Kontrollmittel, damit Sie alle

Themen im Verlaufe des Interviews zur Sprache bringen. Versuchen Sie, sowenig wie möglich den natürlichen Fluß der Konversation zu unterbrechen. Sie sollen keine direkten Fragen stellen. Nehmen wir an, die Untersuchung bezieht sich auf Wein oder halbfertige Kuchenpräparate: Beginnen Sie zunächst mit den konkreten Daten in bezug auf Backen oder Weintrinken. Wann hat die Versuchsperson zum letztenmal gekocht oder gebacken oder Wein getrunken? Was wurde dazu verwendet? Sie lassen sich alle Umstände so genau wie möglich beschreiben. Dabei sollen alle Reaktionen – auch die unscheinbarsten – der Versuchsperson registriert werden, auch Lachen, Zeichen der Ablehnung, Erregung etc. Wenn möglich, sollten Sie alles auf Band aufnehmen oder wenigstens mitstenographieren.

Alle Begleitumstände beim Backen sollten miteruiert werden. Wer z. B. geholfen hat, von wem das Backen gelernt wurde. Die Analyse selbst wird dann von einem Team durchgeführt. Je detaillierter Ihre Berichte sind, desto leichter ist es dann für uns, den roten Faden im Tiefeninterview zu entdecken oder zwischen den Zeilen zu lesen. In der Interviewanweisung wurde also bereits eine Hypothese eingebaut, die der Interviewer aber nicht zu kennen braucht. Zum Beispiel, daß manche Frauen ein Schuldgefühl haben, wenn sie halbfertige Kuchenmischung verwenden. Vor vielen Jahren hatten wir gerade so etwas entdeckt. Die Frauen äußerten das Bedürfnis, etwas selbst beitragen zu können. Wir erlaubten ihnen dann, ein Ei dazuzutun. Damit hatten sie die Illusion, daß sie den Kuchen selbst gebacken hatten.

Die Fähigkeit eines guten Tiefeninterviewers besteht also nicht notwendigerweise darin, wie gut er als Psychologe trainiert ist, sondern eher, wie genau er oder sie zuhören und Menschen zum Sprechen bringen kann. Er muß Nuancen und Schattierungen registrieren können.

In den meisten Fällen erhalten die Interviewer von uns Instruktionen über das Sample. Diese Angaben bestehen in erster Linie aus demographischen Daten. Aber auch dabei ist es wichtig, daß sie über Feststellungen wie die Einkommensschicht hinausgehen. Ist die Versuchsperson knauserig? Was macht sie mit ihrem Geld?

In unserer Weinstudie fanden wir es sehr wichtig, zu wissen, ob die Befragten Bücher über Wein in ihrem Bücherschrank hatten, ob sie häufig ins Ausland fuhren und auch, ob sie selbst schon einmal Wein aus Trauben gemacht hatten. Die Haarfarbe des Befragten war in einem anderen Fall wichtig. Neger fanden sich oft vernachlässigt im Verhältnis zu Weißen. In der Werbung wurden immer mehr blonde Menschen gezeigt, während sie selbst eben dunkle Haare hatten.

Versuchen Sie, sich ein genaues Bild über die Persönlichkeit des Befragten zu machen

Sie haben spezifische Instruktionen erhalten, was für Menschen Sie interviewen sollen, welcher Altersgruppe, welcher Einkommensschichten usw. sie angehören sollen. Alle diese Daten haben Sie zunächst auf dem allgemeinen Beschreibungsblatt festgehalten. Wir sind aber nun ganz besonders daran interessiert, festzuhalten, wie sich der Befragte dem gesamten Interview gegenüber einstellt, ob er kooperiert, negativ ist, aggressiv ist, sich lustig macht über die ganze Geschichte oder ob er irgendwann im Verlaufe des Interviews auftaut und in das gesamte Thema einsteigt. Soweit wie möglich wollen wir auch, daß Sie nicht nur oberflächlich demographische Daten festhalten, z. B. wieviel Geld der Befragte oder seine Familie verdient, sondern wie er dem Geld gegenüber im allgemeinen eingestellt ist, ob er aus einer armen Familie stammt, übermäßig geizig ist oder sehr großzügig.

In einer Studie über Haarpräparate wollten wir das Verhalten speziell von Negern verstehen. Dabei wollten wir in Erfahrung bringen, wie militant die Neger waren in bezug auf die Rassenproblematik. Es stellte sich heraus, daß eine bestimmte Gruppe der Befragten uns klarmachte, daß der sogenannte Afro-Look bereits wieder im Verschwinden sei, weil es einfach zu kompliziert sei, das Haar so zu bearbeiten. Gleichzeitig fanden wir, daß dies die nichtmilitante Gruppe war, die einen Haarstil haben wollte, der dem der Weißen ähnelte, also glatt war. Sie erzählten uns gleichzeitig ziemlich offen, daß Neger eher trockenes Haar haben und daß sie deshalb von dem Präparat, das wir untersuchten und das von den Weißen abgelehnt wurde, weil es zu fett war, positiv beeindruckt waren.

Um jetzt wieder auf unsere Anweisungen zurückzukommen: Die Tatsache, daß Sie, der Interviewer, auf alle diese Details geachtet haben und uns auch eine Beschreibung der Frisur gegeben haben, ermöglicht uns eine ganze Reihe von zusätzlichen Einsichten. Bitte, wenn Sie uns etwas über Aussehen, die Sprechweise und die emotionellen Untertöne in der Befragung mitteilen wollen, erwähnen Sie diese Dinge in einer Anmerkung oder auf einem separaten Blatt.

Lassen Sie die Befragten soweit wie möglich in die Geschichte der fraglichen Verhaltensweise zurückgehen

Jeder junge Arzt wird darauf trainiert, in so vielen Details wie möglich die medizinische Vorgeschichte eines Patienten zu eruieren. Es wird ihm eingebleut, daß seine Diagnose um so besser wird, je mehr er über die Ereignisse weiß, die zu der Erkrankung geführt haben. Ebensowichtig ist es für Sie, den Interviewer, soweit wie möglich in die Kaufaktion, Wahlaktion oder allgemeine Einstellungen eines Befragten zurückzugehen. In dem Zusammenhang ist es zum Beispiel auch interessant zu fragen, was das schönste und was das unangenehmste Erlebnis war im Zusammenhang mit dem jeweiligen Untersuchungsthema. »Welcher war der häßlichste Anzug, den Sie je besessen haben, welcher war der beste?« Wir nennen das auch das »Testen von Extremen«. Man kann dadurch ein ziemlich deutliches Verständnis dessen erlangen, was wirklich bei einer bestimmten Motivation eine Rolle spielt.

Sagen Sie nur das Notwendigste

Es kann vorkommen, daß die Versuchsperson den Interviewer, also Sie, mit in die Diskussion verwickelt und die Frage stellt: »Was halten Sie davon?« oder »Wie sieht es bei Ihnen aus?« Natürlich sollen Sie antworten, aber in einer ziemlich allgemeinen Weise, ohne sich in eine Diskussion verwickeln zu lassen. Wenn möglich, geben Sie die Frage wieder zurück oder sagen Sie so etwas wie: »Ja, ich weiß nicht. Ich bin mir noch nicht klar geworden darüber, aber deshalb spreche ich ja mit Ihnen, um herauszufinden, wie es bei Ihnen war, um einen Vergleich anstellen zu können.«

Das Testen von Extremen

Fragen Sie: »Welcher war der beste Wein, den Sie je getrunken haben, welcher der schlechteste?« So müssen wir bei vielen Produkten und Erlebnissen fragen: »Welcher war der beste, der schlechteste Kaffee?« Durch diese Art der Extremisierung der Erfahrung kann man oft herausfinden, was an einem Produkt besonders geschätzt oder abgelehnt wurde.

Während wir Ihnen als Interviewer die Anweisung geben, sowenig wie möglich während des Interviews zu intervenieren und Ihre Meinungen für sich zu behalten, geben wir Ihnen gleichzeitig die Freiheit, von der Reihenfolge der Themen in unserer Anweisung ein wenig abzugehen. Auch dem Befragten dürfen Sie erlauben, in Gebiete überzugehen, die vielleicht nicht ganz direkt mit dem Thema zu tun haben. Eine besonders wirksame Methode ist die Provokation – vor allem bei einsilbigen Versuchspersonen.

Sie können zum Beispiel sagen: »Ich habe vorhin mit jemandem geredet, der hat mir erklärt, daß es eigentlich sehr schlecht um unsere Moral steht.« Wir registrieren dann die Reaktion auf eine solche Feststellung. In politischen Studien verwenden wir oft Beschreibungen der Kandidaten, die von ganz negativ bis positiv rangieren. Wir bitten dann die Befragten, sich zu diesen Beschreibungen zu äußern. Was uns dabei in erster Linie interessiert, sind die emotionellen Reaktionen auf diese Beschreibungen. Wir können auch das Land, in dem der Befragte wohnt, beschimpfen und dann registrieren, ob und wie der im indirekten Sinn Beschimpfte sein Land verteidigt. Wir haben z. B. in Österreich und speziell in Wien abfällige Bemerkungen über Wien gemacht und dann etwas Ähnliches in anderen Ländern versucht, auch in Amerika. Während der Wiener eher dazu geneigt war, diesen abfälligen Bemerkungen sofort zuzustimmen, war der Amerikaner viel mehr bestrebt, sofort sein Land in Schutz zu nehmen. Man kann dann in der Analyse Rückschlüsse daraus ziehen, wieweit sich Bürger im eigenen Land wohlfühlen oder nicht.

Noch einmal müssen wir betonen, daß Sie als Interviewer auf keinen Fall fragen sollten: »Wie glücklich sind Sie, in diesem Land zu leben?« Oder: »In welchem Land würden Sie lieber leben wollen?«

Versuchen Sie, die wirklichen Gefühle herauszufinden

Sehr oft, wenn man über eine schwierige oder unbehagliche Situation spricht, wird Ihnen der Befragte eine Standardantwort geben wie: »Ich weiß nicht.« »Ich habe eben dieses Produkt gekauft, weil ich glaube, daß es besser ist.« Oder: »Ich kaufe immer nur Dinge, die im Ausverkauf zu haben sind.« Oder genauso: »Ich habe eben die Gewohnheit entwickelt, immer so zu wählen oder meinen Urlaub dort und dort zu verbringen.«

Wie wir es bereits früher angedeutet haben, haben wir es hier mit Verschleierungen zu tun. Akzeptieren Sie also nicht solche bequemen Antworten, sondern versuchen Sie vielmehr, das Problem weiterzuverfolgen. Sie können zunächst einmal ruhig zu der Antwort nicken, aber dann weiter vordringen und so fortsetzen: »Ja, interessant, aber erzählen Sie mir alle Dinge, die Sie im Zusammenhang mit dieser Marke in Erinnerung haben. Wie würden Sie die Marke für jemand anderen beschreiben, dem sie unbekannt ist?« Dieses ist die Technik, jemanden in die Ecke zu treiben und ihn zu zwingen, seine Gefühle preiszugeben und sich nicht hinter einer oberflächlichen Erklärung zu verstecken.

Wie Sie in die Tiefe gehen

Es kann vorkommen, daß man während des Tiefeninterviews auf ein heikles Thema zu sprechen kommt. Persönliche Aspekte oder Dinge, deren man sich schämt, können hereinspielen. Es kann sich auch um die eben erwähnten Bequemlichkeitsantworten handeln. Wie kann man dann den Befragten dazu bringen, aus sich herauszugehen?

Wir müssen immer weiter fragen, vorgeben, nicht zu verstehen: »Was meinen Sie eigentlich damit?« Oft hilft es, Beispiele zu geben, die man von anderen Befragten erhalten hat. Der andere hatte auch als Erklärung für sein Verhalten einen Ausverkauf erwähnt, während es in Wirklichkeit die Marke war, die seine Mutter verwendet hatte. Er hatte nie den Mut, etwas anderes zu kaufen, weil er der Anerkennung seiner Mutter nie sicher war.

Akzeptieren Sie keine »Ja«- oder »Nein«-Antworten

Hier haben wir es mit einem ähnlichen Problem zu tun. Das ist eben die Schwierigkeit, die bei festgelegten Fragebogen immer wieder auftaucht. Es ist natürlich viel einfacher für eine Versuchsperson, auf eine direkte Frage mit einem »Ja« oder »Nein« oder »Ich weiß nicht« zu antworten, anstatt wirklich darüber nachzudenken. Sie müssen zunächst einmal diese »Ja«- oder »Nein«-Antwort akzeptieren, aber dann weiterdrängen und versuchen, herauszufinden, worauf diese Antwort basiert. »Sie haben eben ›ja‹ gesagt, können Sie mir das ein bißchen weiter erklären?« »Ich verstehe nicht, was Sie meinen.« »Ist das ein unbedingtes Ja?« »Was hat Sie eigentlich dazu gebracht, ›Ja‹ oder ›Nein‹ zu sagen?«

Ergreifen Sie selbst die Initiative

Wir haben Ihnen zusammen mit der Interview-Anweisung die Erlaubnis gegeben, sich nicht unbedingt an die angeführte Reihenfolge zu halten. Jetzt möchten wir noch weiter gehen: Wenn Sie das Gefühl haben, daß die Antworten interessant werden und daß der Befragte vielleicht über Dinge reden will, die nicht unbedingt in der Anleitung angesprochen werden, dann bitte, lassen Sie ihn ruhig über diese scheinbar abseits liegenden Gebiete reden. Sie sind möglicherweise gerade das Wichtigste, was Sie in Ihrem Interview oder was wir nachher in der Analyse herausholen können. Wir wollen Sie auch ermutigen, selbst Ihre Beobachtungen oder Interpretationen zu erwähnen, aber machen Sie dabei immer klar, ob es sich um Ihre eigenen Interpretationen handelt oder um die wörtlich festgehaltenen Antworten, Assoziationen und Bemerkungen des Befragten.

Überprüfen Sie, ob Sie alle angegebenen Themen besprochen haben

Nachdem Sie soweit wie möglich die spontanen Assoziationen der Befragten festgehalten haben und bemerken, daß eine Reihe von Themen dabei noch nicht behandelt werden konnte, müssen Sie natürlich diese Themen zur Sprache bringen. Es ist notwendig, daß wir dieselben Themen in jedem Interview behandeln, um wirkliche Vergleiche durchführen zu können.

Alles wörtlich festhalten

Das Interview soll in der Sprache des Befragten festgehalten werden. Bitte *nicht* interpretieren. Der Tonfall allein kann schon wichtig sein. Nebenbemerkungen können uns mehr helfen als die Hauptaussagen. Beschreiben Sie auch Erregung, Emotionen, körperliche Reaktion etc.

Es gibt keine falschen Antworten

Ermuntern Sie den Befragten, seine Meinung weiter zu erläutern, auch wenn Sie nicht mit seiner Haltung einverstanden sind, täuschen Sie Verständnis für seine Meinung vor oder gar Übereinstimmung. Je mehr Sie mit der Meinung eines Dialogpartners übereinstimmen, desto mehr Einsichten können Sie erhalten.

Verwenden Sie Beispiele

Sie wollen das Image einer Automarke beschrieben haben. Der Befragte weiß nicht genau, was Sie nun von ihm erwarten. Lassen Sie ihn eine Person beschreiben; ist sie schlank, dick, attraktiv etc.? Lassen Sie ihn jetzt die Automarke beschreiben, als ob es eine Person wäre.

Interviews sollten möglichst privat durchgeführt werden

Der Befragte soll das Gefühl haben, daß er vollkommen frei ist und sagen kann, was ihm in in den Sinn kommt. Sagen Sie ihm, daß nichts als zu dumm oder zu unbedeutend angesehen wird und er sich in allen Details ausdrücken möge. Wenn er das Gefühl hat, daß er von Ihnen beurteilt oder kritisiert wird, kann er Ihnen kein ehrliches Interview geben.

Wenn andere Familienmitglieder dabei sind, separieren Sie ganz klar die Meinungen der verschiedenen beteiligten Personen. Wir sind natürlich auch an der Meinung der anderen interessiert. Das Gruppeninterview beispielsweise ist eine Ausdehnung dieses Familieninterviews.

Wirklich unwichtige Dinge sollten ausgeschaltet werden

Während der freien Assoziation kann natürlich das Interview sich in unbedeutende und fernliegende Themen wie z. B. politische Diskussionen verlaufen. Häufig ziehen die Leute auch über die Werbung her; das ist aber für uns uninteressant, weil es heute einfach zum guten Stil gehört, zu behaupten, nie von Werbung beeinflußt zu sein.

Vertrauen bewahren

Die meisten professionellen Organisationen auf dem Gebiet der Marktforschung haben einen Kodex, der es verbietet, berufliche Geheimnisse preiszugeben. Das bezieht sich natürlich besonders auf das Tiefeninterview. Wir versichern dem Befragten, daß sein Name nicht genannt werden wird.

Alle unsere Interviewer sind verpflichtet, auf dieser Vertrauensbasis zu arbeiten.

NICHTVERBALE METHODEN

So gut auch das Tiefeninterview als Methode sein mag, besteht doch auch dabei immer wieder die Gefahr, daß in den Worten selbst eine Verzerrung der Bedeutung liegt. Wir haben das schon bei dem Wort »Warum« klargemacht. Um dem zu begegnen, sind wir mehr und mehr zu den nichtverbalen Methoden gekommen, um zu den tieferen emotionellen Schichten der menschlichen Motivation vorzudringen.

Eine recht gute Methode sind Projektionstests, wie zum Beispiel der Rorschachtest. Solche Tests bestehen aus bestimmten Figuren oder abstrakten Zeichnungen. Wenn wir jemand befragen, was er von einer Zeitschrift hält, legen wir ihm die Zeichnung eines verwirrten Knäuels, eines Quadrates, eines Wellenmusters und einer Spirale vor. Der Befragte soll dann eine Zeitschrift mit einer dieser Zeichnungen assoziieren. In unserem Fall fanden wir, daß das »Time«-Magazin in Amerika meistens mit dem Quadrat identifiziert wurde, der »Playboy« hingegen mit dem Wellenmuster.

Man kann diese Zeichnungen natürlich für ganz unterschiedliche Dinge verwenden. Um Managementprobleme zu untersuchen, haben wir folgende Zeichnung verwendet: Zwei Quadrate in verschiedenen Größen, die einander in unterschiedlicher Weise zugeordnet wurden. Einmal war das Nachbarquadrat gleich groß, das andere Mal kleiner und das dritte Mal größer. Die Fragestellung war die: Welches dieser drei Bilder paßt zu Ihrer Situation? Sind Sie gleich groß wie Ihre Firma, kleiner oder größer?

In einer Studie über die Beziehungen zwischen Patienten

und Klinik fanden wir, daß der Patient sich immer viel kleiner fühlte als die Klinik. Ähnlich lagen die Dinge bei Schülern und Schule.

Gestützt auf solche Testresultate, die wir verbal nicht so leicht erhalten hätten, konnten wir dann empfehlen, dieses Gefühl der Minderwertigkeit zu korrigieren. Vergleichen eines Produkts oder einer Person mit Tieren ist eine andere nichtverbale Untersuchungsmethode. Welche Melodien passen zu einem Produkt? Man kann fast alle Sinne ansprechen, um auf nichtverbale Weise tiefere Emotionen zu erforschen. Welchen Geruch, welches Tastgefühl assoziieren Sie mit einem Produkt? Man sagt ja auch im täglichen Leben: »Ich kann den Menschen nicht riechen.« Wir sprechen auch im taktilen Sinn von rauhen oder sanften, glatten Menschen. Wir gaben den Versuchspersonen harte, rauhe oder weiche Stoffe in die Hand und fragten nach Assoziationen mit Produkten oder Politikern. Wir brauchen also nicht die Sprache selbst, sondern die Erlebnisse, die die Sprache beschreibt. Wir sprechen von einem »süßen Mädchen«, von einem »bitteren Erlebnis«.

Psychodrama

Moderne Technologie ermöglicht es uns, mit Hilfe der Videokamera ganze Szenen aufzunehmen, um das Verhalten von Menschen zu studieren. Wir tun dies oft bei Gruppeninterviews. Die Technik selbst stammt von Dr. Moreno, der sie zunächst bei neurotischen und psychotischen Patienten einsetzte. Der Patient mußte die Rolle eines anderen spielen. Der Sohn spielte seinen Vater und umgekehrt, und sie konnten sich dann selbst auf der Bühne sehen.

Wir setzen die Methode nicht im klinischen Sinne ein, statt dessen versuchen wir, unsere Versuchspersonen ein Produkt spielen oder eine gewisse Handlung durchführen zu lassen. »Spielen Sie die Rolle einer Schreibmaschine.«

Die Versuchsperson steigt auf eine imaginäre Bühne und drückt ihre Gefühle dramatisch aus. Frauen konnten sich besonders gut mit Schreibmaschinen identifizieren. Sie legten sich auf den Boden, streckten ihre Arme aus, die den Wagen andeuten sollten, und erwarteten offenbar, daß man auf ihnen tippte. Wir lernten in vielen Wiederholungen, daß die Schreibmaschine eine weibliche Persönlichkeit hat, während der Maschinenschreiber, ob Mann oder Frau, sich maskulin fühlt. Wir empfahlen der Schreibmaschinenfirma, die Tastatur konkaver zu machen, im gewissen Sinn also empfängisbereiter. Wir fanden, daß die Fingerspitzen und die Taste eine neue Art von intimem Kontakt darstellten. Die Stenotypistin äußerte den Wunsch, die Taste an die jeweilige Fingergröße anzupassen. Unser Auftraggeber führte dann eine Kombination zwischen Psychologie und Technik herbei.

Image

Vor mehr als 35 Jahren habe ich den Begriff »Image« für Leo Burnett, die große Werbeagentur in Chicago, entwikkelt. Es war eine Studie für die Green Giant Company. Die Frage, die damals an mich gestellt wurde, war: »Welches sind eigentlich die Resultate der Werbung? Erinnern sich die Kunden wirklich an die Details der Aussagen, die in der Werbung gemacht werden?« Unsere Arbeit ergab, daß an erster Stelle das Image der Marke oder der Firma – und bestimmt nicht Details im Gedächtnis der Käufer haften blieben.

Der Begriff des Images stammt eigentlich aus der Psychologie. Wir sprechen von der Persönlichkeit eines Menschen. Wir haben in ähnlicher Bedeutung das Wort »Seele eines Produktes« verwendet. »Seele« und »Image« haben viel miteinander zu tun.

Manchmal werden wir spontan gefragt, ob uns ein

Mensch gefallen hat oder nicht. Wir mögen dann antworten, daß wir nicht begeistert waren davon, wie sich diese Person kleidete oder frisierte. Wenn diese Person dann die Kleidung ändert, um uns zu gefallen, finden wir einen anderen Grund für unsere negative Meinung. Schlußfolgerung? Wir mögen einfach diese Person nicht, also ihre Persönlichkeit. Das Image ist eben mehr als die Summe von einzelnen Eigenschaften.

Projektionstests

Viele psychologische Tests sind kritisierbar, weil die Versuchsperson verhältnismäßig leicht erraten kann, welche Antwort richtig ist. Wenn sich jemand um einen Job als Verkäufer bewirbt, braucht er nicht überragende Intelligenz, um herauszufinden, daß er besser auf die Frage »Sind Sie lieber allein oder mit Menschen zusammen?« die letztere Antwort gibt. Eine weitere Schwierigkeit ist, daß das jeweilige Selbstbild des Befragten seine Antworten verzerrt. Wenn jemand überzeugt ist, introvertiert zu sein, wird er alle Fragen dahingehend beantworten, daß seine Selbstdiagnose durch den Test bestätigt wird. Wir wissen aber, daß nichts schwieriger ist, als sich selbst richtig zu kennen. Der Testkandidat kann sich in seiner Selbstbeurteilung völlig irren. Ein sinnvoller psychologischer Test vermeidet solche Schwierigkeiten. Eben das tut der Projektionstest.

Wir konstruieren unsere Tests so, daß es für den Befragten gleich ersichtlich ist, was seine Antwort bedeutet. Eine unserer Methoden besteht aus vielen tagebuchähnlichen Tests. Anstatt zu fragen, wie sich der Befragte normalerweise verhält, bittet man ihn, festzuhalten, was er wirklich getan hat. In einer Erweiterung des Tiefeninterviews können wir zum Beispiel feststellen, wie sich die Versuchsperson bei den letzten fünf Einkäufen genau eines Produktes verhalten hat.

Nehmen wir an, uns geht es um Markentreue. Wenn wir direkt fragen, kann der Befragte behaupten, daß er immer diese Marke kauft. Wenn wir ihm aber nun die Aufgabe stellen, genau zu beschreiben, was er in den letzten fünf entsprechenden Kaufsituationen getan hat, entdecken wir mitunter, daß er gar nicht markentreu war und jedesmal etwas anderes gekauft hat. Wir fanden z. B., daß Käufer oft von neuen Produkten gereizt werden, wenn sie günstig angeboten sind, dann aber reuig zu ihren alten Produkten und Marken zurückkehren. Die hier angesprochene Studie war für unseren Auftraggeber besonders interessant, weil sein Produkt gerade das alte und bewährte war.

In einer weiteren Methode lassen wir realistische Situationen beschreiben. Einen Unfall auf der Straße: Die Versuchsperson hat die Wahl zwischen drei oder vier Beschreibungen dieser Situation. Eine dieser Beschreibungen kann eine pessimistische, eine andere eine sehr optimistische und eine andere wiederum neutral sein. Die gewählte Beschreibung gibt uns dann ein Bild über die Einstellung dieses Menschen. Wenn wir in verschiedenen Situationen die optimistische Interpretation wählen, können wir mit ziemlicher Sicherheit auf »Optimismus« schließen.

In einer politischen Studie wollten wir sehen, inwieweit sich der Wähler wirklich mit einem Kandidaten auseinandergesetzt hatte oder ob er bloß oberflächliche, stereotype Meinungen wiederholte. Wir ersuchten die Befragten, Beschreibungen für die verschiedenen Kandidaten zu entwickeln. Wir waren aber weniger an der tatsächlichen Beschreibung interessiert als vielmehr an der Originalität der Wortwahl. Die Antworten wurden dann nach dem Grade der Ungewöhnlichkeit bewertet und nicht nach dem Inhalt der Beschreibung. So konnten wir dann verschiedene Wählertypen klassifizieren: solche, die mehr, und solche, die weniger von Massenmedien beeinflußt waren, oder solche, die eigene Meinungen hatten.

In der interpretativen Motivforschung haben wir es sehr oft nicht nur mit dem Beweisen einer Hypothese zu tun, sondern mit der Quantifizierung. Vor einiger Zeit wollten wir wissen, inwieweit unsere Hypothese gültig war, (die wir bereits validiert hatten), daß nämlich Leute heute nicht mehr aus Gründen der Angst vor dem Alter oder einem anderen Notstand sparen, sondern eher, um ihr Leben mehr zu genießen. Eine Sparkasse, der Auftraggeber, wollte wissen, wie viele solcher Leute es gibt, die von dieser Motivation beeinflußt sind. Wir mußten also einen psychologischen Fragebogen entwickeln, der so angelegt war, daß die Befragten nicht gleich unsere Absichten errieten. Wir lösten das Problem so, daß wir unseren Versuchspersonen eine Reihe Erklärungen für den Grund des Sparens zur Auswahl anboten. Wir unterschieden dabei zwischen oberflächlichen und tieferen Gründen, ohne sie jedoch so zu bezeichnen. Einer dieser Antworttypen war zum Beispiel: »Ich spare, um mich vor dem Alter zu schützen.« Dann ließen wir aber denselben Befragten weitermachen. »Eigentlich will ich aber mein Geld bereits jetzt genießen.« Auf diese Weise haben dann viele die zweite Antwort auch noch angestrichen.

Diese Spezifizierung unserer Hypothesen erlaubte uns ganz andere Rückschlüsse, als wenn wir uns auf die oberflächlichen Antworten verlassen hätten.

KONTROLLIERTE EXPERIMENTE

Laboratoriumssituationen oder gezielte Experimentalsituationen in der Realität erlauben uns weitere Kontrollen unserer Hypothesen. Beim Experiment werden bestimmte Alternativen gestellt.

So sind zum Beispiel Kinder Kleidern gegenüber anders eingestellt als ihre Eltern. Wir waren der Meinung, daß die Sonntagskleidung fast im Verschwinden sei. Ein deutsches

Bekleidungshaus gab einen Laden für ein Experiment frei. Kinder sollten ihre Kleider selbst wählen. Dann wurden die Eltern der Kinder aufgefordert, Kleider für denselben Zweck für die Kinder zu wählen. Nachher wurden die ausgewählten Kleidungsstücke verglichen. Diese Konfrontation wurde fotografiert und sogar im Fernsehen gezeigt: Die Kinder wollten befreiende Kleidung haben, während die Eltern mehr schöne und repräsentative Kleidung vorzogen. Wahrscheinlich ist diese Einstellung von den Kindern und Jugendlichen auch die Erklärung für die große Beliebtheit der Jeans in der ganzen Welt. Natürlich gibt eine solche Untersuchung viele Anregungen für Werbung und Produktion.

TAGTRÄUME UND PHILOSOPHISCHE REZEPTE

Wir bekommen oft die Aufgabe gestellt, ein neues Produkt zu entwickeln oder herauszufinden, wie die Käufer auf ein neues Produkt reagieren würden. Unser Vorgehen ist folgendes: Wir entwickeln eine gedankliche Pyramide. An der Basis dieser Pyramide befinden sich die von der Forschung ermittelten Bedürfnisse des Gegenwartsmenschen. Er will mehr Individualität. Er will aktiv sein, das Schicksal nicht einfach akzeptieren. Er will mehr Arbeitserleichterung und auch mehr Freizeit. Mehr Freude am Leben.

In einer Reihe von Vorlesungen in Japan, die die Möglichkeiten der Konsumausweitung zum Thema hatten, haben wir diese Entwicklungen auch dort konstatiert und sie als Anregung für die Entwicklung neuer Dienstleistungen wie Reisen und Hobbyprodukte genommen.

Hier ist die Fragestellung »Warum?« oder »Warum nicht?« besonders fruchtbar. Nehmen wir zum Beispiel die Hausreinigung. Warum kann ich in meiner Wohnung nicht eine zentrale Staubsaugeranlage haben, die die Fortschritte der Elektrotechnik nutzbar macht? Der Staub würde durch statische Elektrizität angezogen.

Häufig haben sogar ganz allgemeine kulturelle Entwicklungen einen direkten Bezug zu neuen Produktgruppen. In den letzten Jahren haben wir solche grundlegenden Themen studiert wie die Psychologie des Schmutzes, der Oberflächen, des Geruches. Bei den Studien über Oberflächen haben wir zum Beispiel gefunden, daß glatte Oberflächen weniger bedrohlich wirken als rauhe. Glattheit hängt wiederum mit moralisch einwandfreier Gesinnung zusammen. Auch auf dem Gebiet des Geruches fanden wir etwas Ähnliches. Viele Gerüche haben die Fähigkeit, den Raum vermeintlich größer zu machen. In Wirklichkeit handelt es sich hier um eine Mischung von psychologischen und physiologischen Faktoren. Es gibt so etwas wie »dicke Luft«, Luft, die unrein ist, die schwer zu atmen ist. Sie gibt deshalb den Versuchspersonen das Gefühl der Schwere, der Verengung des Raumes. Im Gegensatz dazu ist reine Luft befreiend wie ein offenes Fenster.

Wir wollten die Psychologie von Chirurgen besser verstehen, und um dies zu erreichen, suchten wir nach ähnlichen Berufen, bei denen eine Einsicht in die psychologischen Probleme leichter war. Der erste Gedanke war zwar meistens »Metzger«. Aber die Schneider paßten besser in diese Kategorie. Schneider sprechen über Gewebe, aufschneiden, zunähen; Werkzeuge wie Scheren, Messer und Nadeln sind ihre Arbeitsgeräte. Die Aufgabe war, wie man chirurgische Instrumente in einer modernen Weise verkaufen könnte. Viele Chirurgen haben in bezug auf Werkzeuge eher künstlerische Empfindungen. Neue Instrumente wurden als künstlerische Hilfen beschrieben und auch so entworfen – nicht nur als wissenschaftliche Apparate. Gleichzeitig erzeugten wir ein Gefühl der Geistesverwandtschaft zwischen dem Erzeuger der Instrumente und dem Chirurgen.

Auf der zweiten Stufe unserer Pyramide übersetzen wir

dann die Bedürfnisse in konkrete Vorstellungen, wie »Hotelreinigungsmethoden im Haushalt einzuführen« oder »Fotoapparate automatisieren« oder »Reisekoffer mit eingebauten Rädern«.

Auf der nächsthöheren Stufe der Pyramide beginnen wir dann mit Prototypen der neuen Produkte, die alle Elemente aus der ersten Analyse enthalten. Kann man beispielsweise spezielle Teller für Artischocken machen, für Staudensellerie oder für Austern? Einer der Wünsche, die wir unter anderem entdeckten, waren spezielle Teller, die den Abfall wie Knochen und Gräten verschwinden ließen.

Noch eine Stufe höher kommen wir dann ins echte Testverfahren, bei dem die fertigen Muster dem Kunden unter kontrollierten Bedingungen vorgelegt werden. Sind sie akzeptierbar, dann haben wir experimentell ein neues Produkt erzeugt.

DAS GRUPPENINTERVIEW

In vielen Details ist diese Art des Interviews eigentlich eine Kombination der verschiedenen Techniken, die wir bereits erwähnt haben. Wir beginnen auch hier mit Gruppen von 10 oder 20 Leuten. Um das Verständnis für ein Problem zu wecken, lassen wir uns zunächst einmal sehr konkrete Beschreibungen geben. »Wann haben Sie zum letztenmal Wein getrunken? Erzählen Sie uns alle Details über diese Erfahrung.« Wir weisen jedem Teilnehmer eine Nummer zu, so daß wir sie nachher identifizieren können. Allmählich dringen wir dann zu mehr psychologischen Daten vor. »Wann haben Sie den schlechtesten, den besten Wein getrunken? Wann haben Sie Wein zum erstenmal getrunken?« Erst ziemlich spät in der Gruppenanalyse zeigen wir das Produkt, um das es geht.

Natürlich birgt das Gruppeninterview auch viele Gefahren. Es hängt viel von der Geschicklichkeit des Leiters ab. Andererseits zeigt es sich, daß Versuchspersonen, die im Einzelinterview vielleicht nicht sehr viel gesagt hatten, durch die Gruppe angeregt werden. Wir haben selten gefunden, daß eine Person die anderen massiv beeinflußt. Ganz im Gegenteil: Oft entstehen heiße Diskussionen, in denen der eine oder der andere, manches Mal sogar Ehepaare, ihre Meinungen vehement gegeneinander verteidigen. Auch Psychodramen lassen sich besonders gut in oder besser gesagt von einer Gruppe durchführen.

Es ist auch fraglich, ob ein sozial homogenes Sample für eine Gruppe unbedingt das beste ist. Manches Mal zeigen sich sehr interessante soziale Unterschiede, wenn verschiedene Schichten teilnehmen. Man muß natürlich immer wieder daran erinnern, daß das Gruppeninterview hauptsächlich zur Hypothesenbildung und nicht zu quantitativen Resultaten eingesetzt werden soll. Es hat mehr Ähnlichkeit mit einer Gruppentherapie. Es kann helfen, Interpretationen zu entwickeln. In der erwähnten Weinstudie war es für die Teilnehmer verhältnismäßig leicht, herauszufinden, warum eine bestimmte Versuchsperson so sehr gegen das Trinken eingestellt war. Er erzählte – anscheinend ganz beiläufig –, daß seine Frau sehr viel trinkt.

9. Kapitel
NEUE WEGE BEI COPY TESTING UND MEDIA RESEARCH

Wir haben in den vorhergehenden Kapiteln verschiedene Techniken der Motivforschung bzw. der interpretativen Forschung besprochen. Nun können wir natürlich nicht behaupten, daß diese Methoden alle Antworten auf die Fragen des menschlichen Verhaltens liefern. Wir können aber zeigen, daß wir zumindest näher an diese Antworten herankommen als die nach unserer Meinung mehr oberflächlichen Methoden der direkten Befragung der Anwendung eines naiven Empirismus.

Werbeleute und alle diejenigen, die mit einem Publikum Kontakt herstellen wollen, um ihre Produkte oder Dienstleistungen zu verkaufen, haben noch spezifischere Probleme: Welche der verschiedenen Möglichkeiten, Menschen dazu zu bringen, daß sie ein Produkt kaufen, ist die erfolgreichste? Was für Medien sollen eingesetzt werden? Ist Fernsehen besser als Radio oder Presse, und welche Rolle spielt die Mundpropaganda?

Eine weitere praktische Anwendung unserer Methoden betrifft allgemeine Aspekte der Kommunikation: Wie macht man eine Zeitung lesbarer? Welche Methode ist erfolgreich, um Kontakt mit Mitarbeitern herauszustellen? Wie können Menschen dazu gebracht werden, an einem Seminar oder einem Trainingsprogramm teilzunehmen?

Wie man eine bessere Anzeige verfaßt (Copy testing)

Viel vom oben Gesagten liefert eigentlich schon die Antworten auf diese Frage. Die Anzeige wird dann besser sein, wenn man die Seele des Produkts besser versteht, wenn man die Beziehung mit dem Hörer, Fernseher oder Leser herstellt. Wir werden später in diesem Buch spezifische Appelle in den Hauptgebieten der menschlichen Motivation wie Nahrung, Kleidung, Kosmetik besprechen.

Eine direkte und spezifischere Methode herauszufinden, welche Werbeappelle wirksamer sind, ist das »copy testing«. Es besteht hauptsächlich darin, daß man einer Gruppe die verschiedenen Appelle in einem Layout oder einem sogenannten »story board« vorlegt und prüft, welche der Möglichkeiten besseren Anklang findet. Es ist klar, nach allem, was wir bisher besprochen haben, daß wir soweit wie möglich vermeiden müssen, den Befragten darauf anzusprechen, welche von den Anzeigen oder »Spots« ihm besser gefallen.

Die meisten Testvorgänge zielen darauf ab, Reaktionen des Publikums in bezug auf Layout und Inhalt – ob sie jetzt in gedruckter Form, als Radio- oder Fernsehspots vorgelegt werden – zu erhalten. Die üblichen Methoden leiden alle an einem grundlegenden Mangel: Die Versuchspersonen werden dazu gebracht, sich als Pseudoexperten zu fühlen. Nur zu oft werden sie danach befragt, ob ihnen eine Kampagne oder Anzeige gefällt oder nicht – und sogar, ob die eine oder andere Fassung sie eher dazu bringen würde, das Produkt zu kaufen.

Diese Methode, ganz egal wie sorgfältig das »Sample« gewählt wurde, muß in die Irre führen. Wir haben Untersuchungen darüber angestellt, wie Menschen normalerweise auf Botschaften reagieren, seien sie nur kommerzieller oder literarischer Natur. Vor einigen Jahren haben Dr. Lazarsfeld und Dr. Stanton Versuche gemacht, bei denen die Reaktionen von Menschen registriert wurden. Sie gaben den Versuchspersonen Drucktasten in die Hände, die eine war rot, die andere schwarz. Wenn ihnen ein Teil der Botschaft gefiel, dann sollten sie den roten Knopf drücken, und wenn ihnen das, was sie hörten oder sahen, mißfiel, sollten sie den schwarzen Knopf drücken. Sobald sie diese Knöpfe drückten, wurden ihre Reaktionen aufgezeichnet. Die Gefahr bei dieser Methode ist die, daß die Probanden in eine kritische Stimmung versetzt wurden, sobald sie die Knöpfe in der Hand hatten. Wir führten deshalb eine Studie durch, um herauszufinden, bis zu welchem Grad Menschen normalerweise kritisch sind, wenn sie eine Botschaft sehen oder hören, oder ob sie eher ihre emotionellen Reaktionen mobilisieren. Die Resultate unserer Studie zeigten, daß nur in 12 bis 15 Prozent der Fälle normale Menschen ihre Kritikfähigkeit einsetzen.

Um es an einem Beispiel zu erklären: Wenn wir einen Film im Kino sehen, denken wir normalerweise nicht daran, wie gut die Schauspieler oder Schauspielerinnen sind oder wie sinnvoll die Handlung ist. Statt dessen identifizieren wir uns zu einem bestimmten Grad mit diesem Film – wenn er gut ist –, bis wir dann sogar vergessen, daß wir im Kino sitzen. Wir agieren, lieben und hassen die Schauspieler, wir verwickeln uns dermaßen in die Handlung, daß wir uns fast im Film selbst befinden, gewissermaßen auf dem Bildschirm. Wenn wir die Menschen jedoch darum bitten, das Geschehene kritisch zu beurteilen, dann verwenden wir in Wirklichkeit ein falsches, verzerrtes »Sample«. Wir beschränken unsere Untersuchung nämlich auf die 12 bis 15 Prozent aller möglichen Reaktionen.

Aufgrund dieser Überlegung entwickelten wir ein neues System des Copytests. Ein Anstoß kam auch von der Kostenexplosion im Werbesektor. Vorher feststellen zu können, ob der Text und das Layout die gewünschten Resultate erzielen werden oder nicht, wird immer wichtiger.

Wir testen »response patterns«, d. h. die Art, wie der

Konsument auf eine Botschaft reagiert. Wir verwenden normalerweise einen oder mehrere TV- oder Rundfunkspots oder Anzeigen. Wir schalten die zu testenden »Spots« oder Botschaften in ein normales Programm oder in eine Zeitschrift oder Zeitung ein, um soweit wie möglich den normalen Rahmen, in dem die Botschaften wahrgenommen werden, beizubehalten.

Wir fanden die folgenden vier Dimensionen der Reaktion als grundlegend.

Interaktion

Bevor irgendeine Art von Verhalten beim Betrachter, Leser oder Hörer stattfinden kann, muß ein Gefühl von gegenseitiger Beeinflussung zwischen Sender und Empfänger hergestellt worden sein. Mit anderen Worten, der Befragte muß das Gefühl haben, daß er direkt angesprochen wird. Wir messen in bezug auf diesen Faktor den Grad der Identifizierung, der Partizipation, der Stimulierung der Sinne und die emotionale Beteiligung. Wir tun dies, indem wir der Versuchsperson eine Reihe von Fragen stellen, wie etwa die folgenden: »Hatten Sie das Gefühl, daß in der Werbung von Menschen wie Sie die Rede war, oder sprach man von Menschen, die ganz anders sind als Sie?« Eine andere mögliche Fragestellung ist: »Hatten Sie das Gefühl, daß Sie an dem, was in der Werbung stattfand, teilnahmen?«

Wir erlauben dem Befragten auch, in einer freien, assoziativen Art zu beschreiben, was sie soeben gehört oder gesehen haben. Manchmal zeigen wir einen Fernsehspot oder eine Anzeige und versuchen dann, Reaktionen darauf zu erhalten, um ein Gefühl für den Grad des Engagements zu bekommen. In anderen Fällen zeigen wir mehrere TV-Spots und Anzeigen hintereinander und gehen dann auf sie zurück und stellen Fragen über die Prozesse zwischen Werbung und Befragten.

Um eine quantitative Messung zu erhalten, haben wir eine Skalierung von + 5 bis − 5 verwendet, wobei zwischen diesen beiden Extremen ein Nullpunkt liegt, der Indifferenz andeutet. + 5 charakterisieren wir als ein starkes »Ja«, das langsam schwächer wird, bis es am Nullpunkt angelangt ist, auf der anderen Seite der Skalierung beginnen wir mit einem schwachen »Nein«, das immer stärker wird bis zum Ende der Skalierung.

Internalisierung

Eine weitere wichtige Testfrage ist: Hat eine Internalisierung stattgefunden, d. h. eine »Einverleibung« der Botschaft beim Betrachter? Hierbei handelt es sich um solche Dinge wie Stimmung, Tempo, innerer Zusammenhang der verschiedenen Teile der Botschaft in einer systematischen und logischen Weise. Ein häufig zu beobachtender Fehler ist, daß der Regisseur oder der »Copy-writer« z. B. sein Publikum in eine gewisse Stimmung versetzt, ihm aber dann nicht genügend Zeit läßt, diese Stimmung auch voll zu entwickeln. Emotionen sind zeitabhängig. Wenn man sofort eine andere Stimmung ins Spiel bringt, noch bevor eine gewisse Stimmung sich voll entfaltet und ein paar Sekunden später wiederum eine andere, ist das Resultat bloß emotionelle Verwirrung.

Wir müssen auch untersuchen, an welchem Punkt die Versuchsperson in die Botschaft einsteigt. Wir nennen das das »Tor«. Gleichzeitig sind wir auch daran interessiert, an welcher Stelle der Beobachter, der Konsument, wieder aus der Botschaft aussteigt. In vielen Situationen haben wir beobachtet, daß die Versuchsperson nur gerade die Hauptüberschrift liest oder sich den visuellen Teil der Anzeige ansieht, registriert, worum es sich eigentlich handelt, und dann weiterblättert oder weghört oder -sieht. Wir nennen dies einen »psychologischen Kurzschluß«. Wir wissen auch, daß viele Menschen zunächst einmal von visuellen Eindrükken, ganz besonders Augen, in einer Werbung angezogen werden. Bewegungen sind auch besonders wichtig. Wir können durch geschicktes Befragen sogar so etwas wie eine Augenkamera simulieren und herausbekommen, in welcher Reihenfolge die verschiedenen Stimuli gesehen wurden. Wenn wir das Publikum danach fragen, wo es beim Betrachten der Anzeige angefangen hat, an welchem Punkt es verharrt, wie es weitergeht und wie es die gesamte Botschaft durchläuft und wo es wieder aufgehört hat, dann können wir den Grad der Internalisierung abschätzen. Wenn wir auch hier eine Ja- und Nein-Steigerung abfragen, können wir auch die Intensität der Internalisierung messen.

Image-Funktion

Unsere Forschungen haben uns auch gelehrt, daß die Dauerhaftigkeit jeder kommerziellen Botschaft darauf beruht, ob es ihr gelingt, ein Image einer Marke zu schaffen. Das fällt besonders bei konkurrierenden Marken und ihren Werbebotschaften auf. Werbung ist dann gut, wenn es zu einer solchen Imagebildung gekommen ist.

Wir legen wenig Wert auf detaillierte Erinnerungen in unserem »copy research«. Statt dessen wollen wir von unseren Versuchspersonen durch freie, assoziative Fragen und das Erzählen von Geschichten über die Botschaft erfahren, in welchem Grad sie ein klares Image entwickelt haben. Wir skalieren ebenso den Grad der Unverwechselbarkeit des Image mit einem anderen Markenartikel auf unserer Ja-Nein-Skala. Aber vielleicht mehr noch sind wir daran interessiert, ob der allgemeine Ton der Botschaft, das Image, das Gefühl, die Seele des Produkts, wie wir es nennen, vermittelt werden konnte. Die meisten Produkte haben verschiedene emotionale Dimensionen; Kaffee ist z. B. ein intimes Produkt. Wenn die kommerzielle Botschaft diese grundlegende psychologische Tatsache in bezug auf Kaffee verletzt und die Kaffeebotschaft in eine offene Landschaft versetzt, dann geht das Image, die Seele des Kaffees, durch diese Umsetzung verloren. Ein falsches Image ist dann das Resultat.

Vor einer anderen Gefahr muß ich ebenfalls warnen. Wenn der Werbende versucht, das Produkt mit einem anziehenden Hintergrund zu unterstützen, kann das Produkt unter Umständen selbst vollkommen unterdrückt werden, wenn der Hintergrund zu wichtig wird. Der Hintergrund soll nichts weiter sein als Hintergrund.

Wir messen also in dieser dritten Test-Variante, ob die kommerzielle Botschaft erfolgreich war in der Übermittlung einer Aussage über das Produkt, die eine vorhergehende Motivstudie als relevant erwiesen hatte.

Aktivierung

Wir nennen diese vierte Dimension auch die »Generalprobe« für den eigentlichen Kauf. Wenn wir in den drei bisherigen Tests »response patterns« gemessen haben, so sind wir jetzt endlich verpflichtet, uns um dieses Resultat, den Verkauf, zu kümmern. Schließlich ist dieses ja der Endzweck der gesamten Werbeausgaben.

Wiederum sind wir sehr vorsichtig und bleiben bei unseren psychologischen Prinzipien. Wir vermeiden es soweit wie möglich, die Versuchsperson direkt danach zu fragen, ob sie genügend beeindruckt war von der Botschaft, um das Produkt zu kaufen. Statt dessen stellen wir Fragen, die uns diese Antwort geben, ohne daß der Befragte selbst sein potentielles Verhalten analysiert. Wir fragen z. B., wenn wir eine Schuhwerbung testen: »Haben Sie versucht, diese Schuhe im Geiste anzuziehen?« Wenn wir eine Botschaft für einen Kühlschrank testen, dann müssen wir herausfinden, ob in der vollen Assoziation der Befragte bereits mit dem Gedanken gespielt hat, wo er den Kühlschrank hinstellen würde und was er mit dem alten Kühlschrank anfangen würde. Mit anderen Worten, wir wollen wissen, wieweit der Befragte in seinen Assoziationen und Reaktionen auf die Botschaft bereits an die Idee des Besitzenwollens herangekommen ist. Wenn es sich um ein Nahrungsmittel als Produkt handelt, wollen wir wissen, ob er es gerochen hat oder ob er versucht hat, es im Geiste zu kosten.

Wir nennen dies die »Mobilisierung der Sinne«. Wir wollen messen, ob diese Mobilisierung tatsächlich stattgefunden hat oder nicht. Wir fragen auch z. B.: »Haben Sie den Stoff, die Oberfläche gefühlt?« »Haben Sie bei der Berührung in irgendeiner Weise reagiert?« »Hatten Sie Appetit auf die Speisen, die Ihnen gezeigt wurden?« Wir forschen nach allen möglichen Details. Wir fragen auch, ob Interesse geweckt wurde für Dinge, die nicht direkt im Spot waren. »Wollten Sie die Rückseite des Fernsehapparates sehen?« »Wollten Sie das Futter des Kleides oder des Mantels sehen?« In dieser vierten Stufe messen wir also, wieder mit der Hilfe unserer Skalierung, den Grad der Aktivierung, der durch die kommerzielle Botschaft erzeugt wurde.

Wir sind in unseren Erfolgsprognosen meistens eher konservativ und beschränken uns darauf, die Wirksamkeit der Botschaft selbst zu messen. Es ist ja sehr augenscheinlich, daß zwischen der mehr oder weniger günstigen Reaktion auf die Werbeaussage und dem tatsächlichen Kauf eine ganze Reihe von Faktoren eine Rolle spielen. Die Darbietung im Handel kann schlecht sein, die Verkäufer können nicht richtig geschult sein, und – natürlich – das Produkt selbst kann schlecht sein.

Sample

Normalerweise projizieren wir TV-Spots entweder durch Videokassetten oder im Film. Wir befragen ausgewählte

Gruppen. Diese Gruppen können je nach der Problemstellung beispielsweise einheitlich sein in bezug auf die Verwendung oder Nichtverwendung eines Produkts. Da wir in den meisten Fällen nur halbfertige Anzeigen oder »story boards« verwenden oder auch bloß über bestimmte Themen plaudern, können wir den Werbeträgern unnötige Kosten ersparen.

Wir wollten vor einiger Zeit wissen, ob eine bekannte Fernsehschauspielerin die richtige Person war, um für Herrenhosen zu werben. Diese Schauspielerin war jedem von den Gruppeninterview-Teilnehmern bekannt. Wir stellten aber nicht direkte Fragen darüber, was sie von einer solchen Zusammenarbeit zwischen der Schauspielerin und dem Herrenhosenhersteller hielten, sondern wir ließen die verschiedenen Gruppenteilnehmer, Frauen und Männer, im Zusammenhang mit Herrenhosen assoziieren. Wir fanden z. B., daß die Frauen davon überzeugt waren, auch die Männer müßten mehr für ihr Äußeres tun. Im weiteren Verlauf der Befragungen versuchten wir dann herauszufinden, welches Image die Schauspielerin im psychologischen Sinne für diese Frauen hatte. Sie war demnach kein Sexsymbol, wie sie von der Presse hingestellt wurde, sondern eher eine Mutter oder eine Frau, die helfen könnte, ihren Mann besser anzuziehen.

Die Größe unserer Samples rangiert zwischen 50 und 100 Personen. Im obigen Fall waren die Hälfte der Versuchspersonen Frauen, die andere Hälfte Männer, und alle sollten die Schauspielerin kennen.

Das Testen von verschiedenen Ansichten über Werbebotschaften führt nicht nur zur Auswahl der besseren Botschaft, sondern hilft uns auch, neue Einsichten zu entwikkeln, die dann für die Neugestaltung von Werbung hilfreich sein können. Wichtig ist aber immer, daß wir uns nicht von den pseudo-fachmännischen Meinungen der Befragten beeinflussen lassen. Es besteht ja oft die Gefahr, daß ganz neue Ideen in der Werbung schon deshalb, weil sie neu sind, schockieren und von den Befragten abgelehnt werden. Wenn wir statt dessen die Assoziationen in den beschriebenen Tests, die Interaktion, die Internalisierung, die Image-Funktion und die Aktivierung messen, können wir, die Forscher, entscheiden, inwieweit eine neue Version in der Werbung Erfolg haben kann. Es ist dabei so, daß diejenigen Botschaften, die das Publikum indifferent lassen, d. h., weder starke positive noch negative Reaktionen zeigen, meistens die schlechtesten sind. Unsere Art von »copy testing« stellt fest, inwieweit die Werbung Eindruck macht, und nicht, ob sie gefallen hat oder nicht. Jeder wirklich kreative Werbemann weiß oder sollte es wissen, daß das Gefallen oder Nichtgefallen von Werbung oft sehr wenig mit dem Verkaufserfolg zu tun hat. Es gibt viele Beispiele für sehr amüsante Anzeigen, die die Leute zum Lachen bringen, aber keine Verkaufserfolge bringen.

Medienforschung

»80% der ›Stern‹-Leser suchen verzweifelt nach einer Kleinbild-Kamera aus der Preisklasse 500 bis 600 DM, während die ›Quick‹-Leser sich überhaupt nicht fürs Fotografieren interessieren.«

Und: »95% der ›Quick‹-Leser würden sofort treue Anhänger einer neuen 10 1/2-Pfennig-Zigarette werden, während alle ›Stern‹-Leser Nichtraucher aus Prinzip sind.« Von solchen Daten mögen Streuplaner und Mediaforscher träumen, wenn sie sich wieder einmal vor die Aufgabe gestellt sehen, Anzeigen für eine Kleinbild-Kamera oder eine neue Zigarette, für Haarwasser oder Seife so gezielt zu streuen, daß möglichst viele »interessante« Leute – mutmaßliche Käufer also – und möglichst wenige »uninteressante« erreicht werden.

Gerade bei der Wahl unter den Werbeträgern, die ein

großes Publikum erreichen, sieht der kritische Mediamann jedoch, daß die bisher verfügbaren quantitativen Angaben, Feststellungen, Auswertungen und Berechnungen lediglich Umwege zu Aussagen der oben angeführten Art sind – Umwege, die doch nur annähernd und nicht ohne die Benutzung bedenklicher Konstruktionen ans Ziel führen können. Dieser Vorwurf trifft nicht das quantifizierende Vorgehen schlechthin, sondern die Kategorien, in denen heute noch überwiegend gezählt wird.

Solches Zählen zeigt nämlich, daß der einzelne Werbeträger ein durchaus heterogenes Publikum hat. Die Leserschaft einer Publikumszeitschrift oder einer Tageszeitung, der Empfängerkreis eines Werbefunk- oder -fernsehprogramms rekrutiert sich aus Menschen, die in bezug auf fast alle demographischen Merkmale auf verschiedenartige Weise beschrieben werden müssen. Wenn man in den Tabellen der gebräuchlichen Unterlagen schon einmal auf eine Gruppe stößt, die einen hohen Anteil an der Zusammensetzung etwa einer Leserschaft stellt, so ist diese Gruppe – »Angestellte«, »Einwohner Nordrhein-Westfalens« mögen als Beispiele dienen – gewiß soweit definiert, daß sie sehr verschiedenartige Menschen zu ihren Angehörigen rechnen kann. Es gibt – solange man in demographisch definierten Zielgruppen denkt – kein weitreichendes Medium, das säuberlich die »Spreu« vom »Weizen« trennt, also außer der erwünschten Bevölkerungsgruppe nicht auch einen beträchtlichen Teil an »nichterwünschten« Personen erreichen würde.

Auch gibt es keinen Werbeträger, der das Monopol auf hohe Reichweite in einer bestimmten – in demographischen Kategorien definierten – Bevölkerungsgruppe besäße: Die Empfängerkreise der verschiedenen Medien unterscheiden sich in ihrer – wie gesagt, heterogenen – Struktur nur unwesentlich voneinander.

Für den Mediamann, der bei der Wahl unter den vielen

sich anbietenden Medien nicht länger auf solche mangelhaften, weil nicht unterscheidungskräftigen Informationen über die Beschaffenheit der Menschen, die durch seine Anzeigen erreicht werden, angewiesen sein will, ergibt sich also die zwingende Notwendigkeit, in neuen Kategorien zu denken, zu fragen und zu entscheiden. Hier setzt nun die qualitative Überlegung ein.

Es kann letztlich nicht die Zugehörigkeit zu einer bestimmten demographischen Kategorie sein – so lautet diese qualitative Überlegung –, die die Gewohnheit eines Menschen, zu rauchen oder zu fotografieren, beeinflußt. Vielmehr wird solches Verhalten gesteuert durch psychologisch zu erklärende Faktoren, die nur insofern mit demographischen Kategorien zu tun haben, als unter den Angehörigen einiger solcher Kategorien die Zahl der Fälle, in denen diese Faktoren wirksam sind, höher sein mag als unter den Angehörigen anderer Kategorien. Oder es können sich solche psychologisch erklärbaren Faktoren in der Zugehörigkeit eines auf bestimmte Weise motivierten Menschen zu einer Gruppe manifestieren, die sich demographisch beschreiben läßt: Wenn aber eine Anzeige ein Produkt verkaufen soll, das keineswegs nur für reiche Leute erschwinglich ist, dessen Kauf jedoch eine gewisse Aufgeschlossenheit gegenüber dem Neuen, dem Ungewöhnlichen voraussetzt, so ist die Suche nach Lesern mit einem »Haushalts-Netto-Einkommen über 800 DM ein Umweg zur eigentlich psychologisch zu definierenden Zielgruppe. Nach dem hier eingeschlagenen umwegigen Gedankengang resultiert die Zugehörigkeit eines Mannes zu einer hohen Einkommensschicht aus der Gewecktheit, der Aufgeschlossenheit dieses Mannes – eine Überlegung, die überdies voraussetzt, daß solche Eigenschaften sich hier und heute bezahlt machen: dies sind zwei der bedenklichen Konstruktionen, von denen wir vorhin sprachen. Die qualitative Analyse, die der Mediaforscher, der über die psychische Beschaffenheit der von der werblichen Aussage Erreichten etwas erfahren will, anstellt, setzt nun an dem einzigen Merkmal an, das – zum Beispiel – die Leser einer Zeitschrift miteinander gemeinsam haben. Dieses Merkmal ist in der Tatsache zu sehen, daß die Leser – alle Leser – einer Zeitschrift eben diese Zeitschrift lesen.

Dieser zunächst wie ein Taschenspielertrick anmutende Ansatz zieht die Nutzanwendung aus dem geflügelten Wort, nach dem der Mensch wie der Umgang sein soll, den er gerne pflegt.

Hier werden zehn neue Wege zur qualitativen Bewertung von Werbeträgern aufgezeigt. Jeder befaßt sich mit der Beziehung zwischen Werbeträger, Anzeige und Publikum und mit der Art, in der die Medien der Anzeige bei der Beeinflussung des Publikums helfen.

Alle paar Wochen erscheint eine neue, von dem einen oder anderen Werbeträger finanzierte Studie, die die Überlegenheit einer bestimmten Publikation, eines Senders, eines Rundfunkprogramms oder einer Zeitung beweisen soll. Diese Studien befassen sich mit dem Umfang des Anzeigenteils oder der Auflagenziffer. Diese Art, Mediaforschung zu betreiben, mag unter dem Aspekt der Eigenwerbung verzeihlich sein; sie hat aber nur wenig Informationen über die Rolle der Werbeträger in unserer Kultur zutage gefördert. Gerade dieses Thema ist jedoch – nicht nur wissenschaftlich, sondern auch praktisch und kommerziell – von außerordentlichem Interesse.

Von diesem Interesse geleitet, haben wir versucht, dem Problem von einer anderen Seite näherzukommen, um durch interpretative Forschung den endlosen Zirkel der Statistik zu druchbrechen und die Rolle zu entdecken, die ein bestimmter Werbeträger spielt. Wir beginnen unsere Forschungsarbeit unter der Voraussetzung, daß es ein bestimmtes Universum gibt, in dem Werbeträger und Publikum

(Leser, Zuschauer und Hörer) zueinander in Beziehung stehen. Wir versuchen, Methoden anzuwenden und Tests zu entwickeln, die uns helfen werden, das Wesen dieses Universums zu defininieren.

Unsere Forschungsarbeit wird durch folgende Aspekte bestimmt:

Einzigartigkeit: Jeder Werbeträger – ob Publikumszeitschrift, Zeitung, Rundfunk- oder Fernsehsender – existiert, weil er eine ganz bestimmte Funktion erfüllt. Diese Funktion ist einzigartig, wird im allgemeinen von keinem anderen Werbeträger gleichzeitig erfüllt oder sollte zumindest von keinem anderen erfüllt werden. Wir wissen, daß der »Stern« sich von der »Bunten« unterscheidet und anders ist als der »Spiegel« oder das »Handelsblatt.« Wenn auch alle Westernfilme in gewissen Wesenszügen einander ähnlich sind, so unterscheiden sie sich doch in anderer Hinsicht und sind gewiß von Quiz-Sendungen im Fernsehen außerordentlich verschieden. Das Fernsehen hat Eigenarten, die der Rundfunk nicht aufweist, und Zeitungen und Zeitschriften haben wiederum andere Funktionen.

Eben diese Differenzierung – einmal der verschiedenen Werbeträger-Typen, zum anderen der verschiedenen Zeitschriften, Zeitungen, Rundfunk- und Fernsehsender untereinander – ermöglicht den Fortbestand des einzelnen Werbeträgers. Wenn solche einzigartigen Eigenschaften abhanden kommen oder nicht durchdringen, läßt sich das Ende des Werbeträgers voraussagen. Unsere Forschung sucht deshalb die jeweilige Einzigartigkeit eines Werbeträgers aufzuspüren und herauszuarbeiten. Ein von uns zur Feststellung der Einzigartigkeit von Medien verwendeter Test wird »Tür-Test« genannt. In diesem Test geben die Befragten an, welche Sparten einer bestimmten Zeitschrift sie am stärksten interessieren. Es handelt sich dabei um folgendes: Der Interviewte bekommt einen Text, der etwa so lautet:

»Sie gehen den Korridor in einem Zeitschriften-Verlagshaus entlang. Sie gehen an den Türen vorbei, die unten aufgezeichnet sind. Sie möchten alle diese Abteilungen besuchen, haben dazu aber keine Zeit. Deshalb stellen Sie eine Liste auf, in welcher Reihenfolge Sie diese Besuche machen wollen.

Um die Liste aufzustellen, numerieren Sie alle Türen von 1 bis 10. Die Abteilung, die Sie am liebsten besuchen möchten, bekommt die Nummer 1; die, für die Sie sich am wenigsten interessieren, die Nummer 10. Stecken Sie die Nummern in die Türkästen, aber in jeden nur eine Nummer.«

Dann wird ihm eine solche Abbildung vorgelegt:

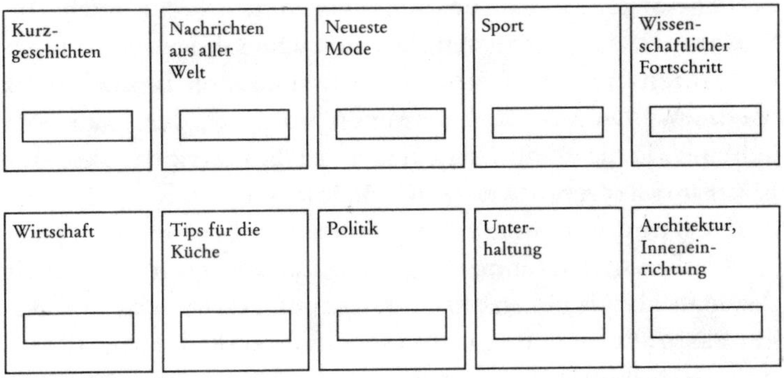

Bei Leuten, die einige bestimmte Zeitschriften bevorzugten, stellten wir fest, daß sie sich mehr für Personen als für Ressorts interessieren. Sie verlassen sich auf einzelne Experten, die ihnen die Geschehnisse aus eigener Sicht vermitteln. Dieser Wunsch nach individuellem Anstrich ist so ein »einzigartiger« Wesenszug.

Andere – zum Beispiel die Leute mit einer Vorliebe für »Stern« – bevorzugen eine Wiedergabe der Ereignisse ohne persönliche Zusätze. Es hat aber den Anschein, als ob diese Berichte das Gefühl hervorrufen könnten, es fände zwischen Leser und Herausgeber ein Dialog statt. Der Leser antwortet.

Jedes Medium ist eine Linse: Es gibt keine wirklich vorurteilsfreie Darstellung der Welt. Wenn es sie gäbe, könnten wir sie wahrscheinlich nicht verdauen. Jedes Medium hat seine eigene Art, die Welt darzustellen. Jedes von ihnen ist daher mit einer Linse vergleichbar, die die Wirklichkeit in ein bestimmtes Licht rückt und interpretiert. Ein bestimmtes Medium zieht diejenigen an, die die Welt von diesem bestimmten Blickpunkt aus betrachten wollen. Jedes Individuum sieht die Welt durch seine eigene Linse. Deshalb bevorzugt jeder das Medium, das seinen Interessen und der Art, wie er die Welt um sich herum betrachtet und empfindet, entspricht.

Wie wir in einer Studie für »Esquire« entdeckten, bemerkten die Leser jede Änderung in der Sehweise des Mediums. Die von uns Befragten waren in der Lage, den »alten« »Esquire« als eine Linse zu beschreiben, die eine unverantwortliche Art von Hedonismus zeigte: er war unflätig und sexy und vermittelte seinen Lesern eine anstößige Lebensanschauung. Die »neue« »Esquire«-Linse wurde dagegen als panchromatisch bezeichnet, da sie viel Unflätiges aussonderte und eine zu verantwortende Art von Hedonismus darbot: tiefes, emotional bedingtes Vergnügen am Intellekt, an grundsätzlichen menschlichen Problemen, am ästhetischen Wesen des Menschen. Wir kontrollierten die »Esquire«-Linse in mehreren Tests. In einem Test forderten wir die Befragten auf, aus einer Liste von Charaktereigenschaften diejenigen auszuwählen, die am besten auf »Esquire« paßten. Anschließend sollten aus derselben Liste diejenigen Charakterzüge zusammengestellt werden, von denen die Befragten wünschten, daß sie auf »Esquire« zuträfen. In beiden zeigte sich, daß die »Esquire«-Linse folgende Merkmale in den Brennpunkt rückte: gut gekleidet, männlich, weltaufgeschlossen, intelligent, ausgeglichen.

Der Trugschluß vom definierbaren Publikum: Wir sprechen ohne zu zögern vom »Stern«-Leser, vom »Esquire«-Leser, vom »Spiegel«-Leser. Ich würde gern glauben, daß es sie alle gibt, aber in Wirklichkeit gibt es sie nun einmal nicht. Selbst der kaum Gebildete unter uns steht einer Vielzahl von Massenkommunikationsmitteln gegenüber und soll auswählen. Wir sehen uns Zeitungen, Zeitschriften, dem Rundfunk und dem Fernsehen gegenüber, und die meisten von uns sind täglich einem halben Dutzend TV-Sendungen ausgesetzt, hören mehrere Rundfunkprogramme, lesen wenigstens zwei Zeitungen und genau so viele Zeitschriften.

In unserer Kultur ist es sinnlos, von einem »Spiegel«-Leser zu sprechen; bestenfalls können wir von jemandem sagen, daß er Zeitschriften »bevorzugt« oder »nicht bevorzugt«, und wir können seine Ansichten und Gründe ermitteln, weshalb er ein bestimmtes Medium bevorzugt oder nicht bevorzugt.

Das Reaktionsmuster ist aktiv: Unsere Mediaforschung beruht auf der Annahme, daß Reaktionsmuster auf alle Reize eher aktiv als passiv wirken. Wir glauben nicht, daß zum Beispiel ein Fernseh-Werbeprogramm ein Reiz ist, der von einem passiven Zuschauer registriert wird. Es gibt keine Möglichkeit – dessen sind wir sicher –, den Schädel zu öffnen, um zu sehen, wie tief die Furchen durch Einwirken des Reizes geworden sind. Wir nehmen vielmehr eine Beziehung zwischen Zuschauer und Stimulus an – wir nehmen an, daß der Konsument durch das Reaktionsmuster, das sich zwischen ihm und der Werbesendung entwickelt hat, beeinflußt wird, ein bestimmtes Produkt zu kaufen oder davon Abstand zu nehmen.

Stimmung: Was wir bei den Werbeträgern untersuchen können und sollten, ist die Stimmung, in die wir versetzt werden, wenn wir eine bestimmte Zeitschrift lesen, eine Fernsehsendung sehen oder einem Rundfunkprogramm zuhören. Wenn ich die »Bunte« lese, bin ich in einer

»Bunte«-Stimmung – aber was bedeutet das? Wir haben es uns in einer Reihe von Studien zur Aufgabe gemacht, diese »Stimmung« zu umreißen, und wir haben zu diesem Zweck eine Reihe von Tests entwickelt.

Da es eine der Funktionen der Kunst ist, eine Stimmung hervorzurufen, entschlossen wir uns, einen Test aufzubauen, bei dem unsere Befragten die Möglichkeit hatten, die Stimmung, die ein Bild hervorrief, mit der Stimmung, in die sie eine Zeitschrift versetzte, zu vergleichen. Der Test sah vor, daß die Befragten aus einer Gruppe abstrakter Gemälde dasjenige heraussuchen sollten, das der Zeitschrift »Bunte« gleich war. Wir stellten fest, daß die Mehrzahl der Befragten ein Bild auswählte, das komplex, gut aufgebaut, ordentlich, farbenfreudig und äußerst interessant war – alles Stimmungsfaktoren, die bei der »Bunten« vorhanden sind und von denjenigen, welche die »Bunte« bevorzugen, gewünscht werden.

Wechselbeziehung zwischen Media und Publikum: Daraus folgt, daß wir weniger daran interessiert sein sollten, wieviel Geld ein gedachter »Bunte«-Leser verdient, sondern wie er auf die von der »Bunten« hervorgerufene Stimmung reagiert. Es ist außerdem klar, daß – weil wir die Beziehung zwischen dem Individuum und einem Medium eher als eine aktive als eine passive Beziehung auffassen – die Kategorien, in die wir die Wechselbeziehung (interaction) aufteilen, dynamisch sein müssen. Es gilt, sie klar zu definieren, bevor wir versuchen können, sie zu messen, und wir werden sie mit Begriffen wie »Dialog«, »Kontroverse«, »Übereinstimmung« und »Widerspruch« definieren. Definiert man die Kategorien der Wechselwirkung (interaction) bei Medien auf diese Art, so wird deutlich, daß ihre Dynamik der zentrale Punkt ist. In unserer »Spiegel«-Studie stellten wir fest, daß ihre Fähigkeit, den Leser herauszufordern, Schwierigkeiten zu machen, Unzufriedenheit hervorzurufen, zur Herstellung der Leser-Loyalität ebenso wichtig war wie andere – scheinbar mehr positive – Eigenschaften. Starke Kategorien der Wechselbeziehung (interaction) riefen eine starke Reaktion hervor.

Man muß die historische Entwicklung verstehen: Zusätzlich zu der Art von Wechselbeziehung, die im Augenblick der Wahrnehmung eines Mediums hergestellt wird, müssen wir uns noch mit einem weiterreichenden Aspekt der Media-Forschung befassen: mit der wechselnden Rolle und Bedeutung der Medien in unserer Zivilisation. Vor ein paar Jahren glaubte man, das Radio sei ein sterbendes Medium. Heute würden dem wenige zustimmen. Solange wir uns jedoch so verhalten, als sei das Fernsehen irgendwie besser als das Radio oder umgekehrt, oder als seien Zeitungen besser als Zeitschriften, gehen wir in die Irre. Für alle Medien ist Platz, jedes kann Vorteile bieten, aber keines ist allumfassend. Sie nach ihrem Wert zu klassifizieren, ist fruchtlos. Sie im Verhältnis zueinander zu sehen, ist etwas anderes.

In einer vor kurzem abgeschlossenen Studie für die Radiostation KPRC in Houston, Texas, stellten wir fest, daß die Beziehung des Rundfunks zu anderen Medien sich wiederum verändert. Die Vorteile des Rundfunks müssen wieder einer neuen Zuhörerschaft nahegebracht werden. Das Radio ist heute Helfer und Verbündeter des einzelnen insofern, als es Informationen, Unterhaltung, emotionale Reize, Geselligkeit und Entspannung liefert. Es ist mehr auf die Gemeinschaft eingestellt, individueller und intellektueller als so manches, was vom Fernsehen geboten wird. Das Radio ist gleichzeitig zum intimsten Medium des Teenagers und zum anspruchsvollen Zufluchtsort des Intellektuellen geworden. Und für fast jeden ist es zur wichtigsten Nachrichtenquelle geworden, zum wichtigsten Lieferanten des Wetterberichtes und von Verkehrsinformationen. Seine Rolle hat sich mit unserer Kultur geändert, wie sich auch – in Beziehung zur zunehmenden Buchlektüre – die Rolle der Zeitschriften geändert hat.

Psychologische Funktion: Es ist offensichtlich, daß Medien, um ihre Einzigartigkeit und somit ihre Existenzberechtigung zu erhalten, sich in verstärktem Maße auf die Erfüllung der psychologischen Bedürfnisse ihres Publikums konzentrieren müssen. Daraus mag folgen, daß der Werbungstreibende in Zukunft gezwungen sein wird, sich die psychologische Funktion seiner in verschiedenen Medien veröffentlichten Werbung klarzumachen. Werbung wird bewußt für die verschiedenen Bedürfnisse des Fernsehens, des Radios und der Zeitschriften gestaltet werden müssen. Darüber hinaus wird man Anzeigen brauchen, die von Zeitschrift zu Zeitschrift variieren, die die Stimmung und Einzigartigkeit der jeweiligen Zeitschrift ergänzen und jeden Aspekt der Beziehung zwischen dem einzelnen und dem Medium, das er zu einer bestimmten Zeit bevorzugt, berücksichtigt.

Mehr noch: Es ist wichtig, zu erkennen, daß die Menschen auf die hinter einer Anzeige verborgenen Absicht ebenso reagieren wie auf die geschriebene Werbebotschaft. Wenn eine Anzeige nicht imstande ist, die lebenswichtige psychologische Funktion der klaren Kommunikation auszuüben, errichtet sie eine Barriere. Die Mediaforschung muß diese Barriere erkennen und überwinden und das Publikum direkt ansprechen.

Beteiligung des Publikums: Es ist möglich, daß die Zukunft von uns die Entwicklung einer neuen Art von Medium verlangen wird, dessen Hauptfunktion in der Beteiligung des Publikums bestehen mag. Die Ergebnisse unserer Forschung weisen darauf hin, daß Menschen Anregung, Begeisterung und Entspannung brauchen. Begriffe wie Ablenkung oder Unterhaltung sind zu ungenau, um noch etwas zu bedeuten. Die Menschen verlangen immer stärker nach dem Recht, an Entscheidungen teilzuhaben, Gefühle zu beherrschen, ihr Dasein zu bereichern.

Ziele müssen entwickelt werden: Eng verbunden mit dem

Bedürfnis teilzuhaben ist das Bedürfnis, an der Erreichung bestimmter Ziele mitzuarbeiten. Wir werden uns immer mehr der skeptischen Haltung des Bürgers aller Schichten bewußt. Unsere Medien neigen jedoch dazu, unsere nationalen Ziele eher zu verdunkeln als zu klären.

Gleichzeitig ignorieren sie Einzelziele oder setzen sie herab. In dem Maße, in dem sich das kulturelle Niveau der Nation hebt, wird es für die Medien wichtiger, Verständnis für die Lebensziele zu zeigen. Unsere führenden Medien sollten in dieser Richtung experimentieren, so daß die Kluft, die zwischen den Bedürfnissen des Volkes und der Fähigkeit unserer Medien, diese Bedürfnisse zu befriedigen, liegt, enger statt breiter wird.

Verpackungstests

Eine andere Anwendung findet die interpretative Forschung beim Verpackungstest. Dabei können wir nicht einfach den Versuchspersonen verschiedene Verpackungen vorlegen und fragen, ob sie eine der Verpackungen bevorzugen. In Wirklichkeit gibt es keine Verpackung, die an sich gut oder schlecht ist. Wichtig ist allein, ob die Verpackung ihren bestimmten Zweck im Regal erfüllt oder nicht. Eine Verpackung ist so etwas wie ein Verkäufer oder zumindest eine Verkaufshilfe.

Die Psychologie des Verpackungstests besteht in einer Reihe von Dingen. Zunächst einmal müssen wir herausfinden, wie die Position des Produktes ist, wie gut die Verpackung bekannt ist, und in welcher Richtung die Verpackung tatsächlich Verbesserung benötigt. Soll die Verpackung verjüngt werden, soll sie älter, würdevoller, weniger würdevoll und einfacher aussehen (was übrigens öfter vorkommt, als man annimmt)? Soll die Verpackung unverwechselbarer werden, soll sie so ähnlich wie andere Produkte aussehen? Alles dies hängt stark von der gesamten Konkurrenzsituation ab.

Beginnen wir mit der Frage, was die Verpackung eigentlich erreichen soll. Sie kann sehr gut eingeführt sein, einige ihrer Farben repräsentieren vielleicht einen sehr wichtigen Faktor, den aufzugeben sehr schwierig und gefährlich wäre. Ein gutes Beispiel dafür ist z. B. die gelbe Farbe der »Dr.-Scholl«-Fußpflegeprodukte. Die Frage, die sich hier ergab, war, ob die Verpackung wirklich Erneuerung brauchte oder nicht. In diesem Fall fanden wir, daß das Gelb ein wichtiger Bestandteil des Produkt-Images war und deshalb nicht aufgegeben werden sollte. Es gibt viele Industrien, bei denen ein häufiger Wechsel der grafischen Elemente der Verpackung fast eine Manie ist, ganz besonders in der kosmetischen Industrie. Man ist dort davon überzeugt, daß eine Verpackung alle zwei oder drei Jahre geändert werden müsse.

In unserem psychologischen Test stellen wir die Möglichkeiten und Erfordernisse der Verpackung auf einem Diagramm dar. Die Anforderungen an eine Verpackung stehen in der ersten Spalte dieser Aufstellung. In der zweiten Spalte stehen die Möglichkeiten, der Verpackung mehr Schwung zu geben, ohne eine radikale Änderung in der Gesamtwirkung zu erzielen. In der »Scholl«-Verpackung war das Problem, wie man die gelbe Farbe beibehält, aber trotzdem die Verpackung jünger macht. Der Gestalter kommt dann mit verschiedenen Skizzen, die Übersetzungen unserer Anforderungen darstellen. Dann gehen wir zum Publikum und lassen es frei assoziieren.

Wir machen durchschnittlich 200 bis 300 Interviews. Bei einem Experiment baten wir die Befragten, Seifenverpackungen so zu arrangieren, daß sie die am weiblichsten wirkenden auf die linke Seite stellen und die maskulinsten auf die rechte Seite. Wir können auf diese Weise natürlich beliebig viele Kriterien messen. Warm, kalt, dynamisch, sexy – all das sind wichtige Faktoren. Korrelationen mit dem Typ der Befragten sind auch möglich.

Eine andere Methode besteht darin, die Versuchspersonen dazu zu bringen, die Rolle der Packung selbst zu spielen. »Stellen Sie sich vor, Sie wären ein Waschmittel, würden Sie sich niederlegen oder stehen, wären Sie aggressiv? Würden Sie die Arme ausstrecken, würden Sie sich herumrollen?« Die Antworten geben uns dann Hinweise dafür, ob die Designs das Produkt richtig darstellen oder nicht.

Wir können auch die Befragten diejenigen Verpackungen auswählen lassen, die ihnen im psychologischen Sinne am nächsten sind. Wir können entweder befragen oder direkt beobachten, welche der Verpackungen als erste herausgeholt werden.

In einer Studie für »Life Buoy«-Seife hatten wir den starken Verdacht, daß der Name und die rosa Farbe einen starken Einfluß auf das Image hatten. Wir wandten uns deshalb an die Firma und baten sie, spezielle Verpackungen für uns herzustellen. Wir nahmen eine luxuriöse Seife wie »Lux« und machten eine Namensprägung mit dem Namen »Life Buoy«. Dann gaben wir noch dem »Lux«-Produkt eine rosa Farbe. Es war faszinierend zu beobachten, daß in den meisten Fällen die Menschen trotz des guten Duftes der »Lux«-Seife so reagierten, als ob es »Life-Buoy«-Seife wäre. Dann drehten wir die Geschichte um und prägten »Lux« auf die »Life-Buoy«-Seife, ließen aber den leicht karbolischen Geruch bestehen. In den meisten Fällen reagierten die Versuchspersonen auf die Verpackung, das Aussehen, die Farbe – und nicht auf die wirkliche Seife mit ihrem Geruch.

In einer Studie für Irish Whiskey tauschten wir die Flaschen aus. Wir nahmen guten Scotch und füllten damit Irish-Whiskey-Flaschen und umgekehrt. Der echte Scotch wurde zurückgewiesen und nur deshalb als schlecht schmekkend bezeichnet, weil die Versuchspersonen glaubten, daß sie irischen Whisky tränken. Dies zeigt einmal mehr, daß das Etikett, die Verpackung, das Design mehr Einfluß auf das Erlebnis hat als das Produkt selbst.

Bei Parfüms fanden wir ein ähnliches Problem. Billiges Parfüm wurde in sehr teure Flaschen verpackt und umgekehrt: dasselbe Resultat. Die teure Verpackung machte das billige Parfüm psychologisch wertvoller.

Nach Durchführung dieser Tests gehen wir meistens zu unseren Designern zurück und besprechen mit ihnen, welche Designs psychologisch richtig im Sinne des gewünschten Images funktioniert haben und welche nicht. Mit der daraus entwickelten Packung gehen wir dann noch einmal ins Feld und setzen unseren Test fort. Wir können nicht oft genug betonen, daß wir in der interpretativen Forschung nicht daran interessiert sind, ob die Leute eine Verpackung vorziehen oder nicht, sondern ob die neue Verpackung die psychologischen Voraussetzungen erfüllt. Macht die neue Verpackung tatsächlich das neue Produkt jünger, eleganter oder was immer unsere Absicht war? Aus diesem End-Test entwickelt sich dann eine akzeptable Verpackung, die dann natürlich noch in realistischen Marktsituationen getestet werden muß.

10. Kapitel
BEISPIELHAFTE ANSATZPUNKTE FÜR DIE SUCHE

Motivforschung ist eine Profession, die dem sogenannten »ältesten Gewerbe« wahrscheinlich noch einige tausend Jahre vorausgeht. Ohne Motivation ist das Leben ein sinnloses, tödlich langweiliges Ineinanderfließen von Stunden und Tagen. »Tödlich« ist wirklich der treffendste Ausdruck. Sensible Naturen sehen Leben auch in den uns umgebenden Dingen: Pflanzen reagieren auf Emotionen; Berge sind düster oder drohend, Linden einladend. Ein Maler sieht in einem Stilleben Ruhe, ein Fotograf kann in einem Gebäude, einer Fassade eine Seele entdecken.

Die Liste von Berufen, die sich mit Motiven beschäftigen, könnte Kataloge füllen. Der Religionsstifter, Prophet, Historiker, Romancier, Schauspieler, Landwirt, Pferdezüchter, Geistliche, Arzt und Leichenbestatter. Alle, alle sind Motivforscher. Der Werbemann, der Propagandist, der Lehrer, Politiker, Städteplaner und Student, Eltern und Kinder – alle gehören dazu.

Es gibt eigentlich wenige Gebiete, in denen wir nicht auf unserer Motiv-Safari beim Verfolgen oft sehr seichter, halbverwehter Spuren Blitz-Einsichten in das menschliche Verhalten erhalten.

Die Riten eines primitiven Stammes sind Anhaltspunkte, die uns unsere zivilisierten Riten klarer machen. Wenn wir erraten, warum Menschen in Neuguinea durch Zierat den Kopf und die Stirne höher erscheinen lassen wollen, dann verstehen wir bereits die Psychologie der königlichen

Krone, den Ursprung des Zylinders, des Indianer-Federschmuckes und die brillantenbesetzte Tiara der Prinzessin Grace. Die Kopfverzierungen aus Löwenhaaren bei den Watussis sind adoptierte Löwenmähnen, und die langen Haare unserer Hippies, die sie sich dauernd aus der Stirne streichen, sind damit motivlich verwandt; ebenso wie die pechschwarzen langen Pferdeschwänze der Royal Guard der englischen Königin.

Motivforscher und -jäger sind schamlos und müssen es sein. Nichts ist ihnen wirklich heilig in dem Sinne, daß es nicht Gegenstand des Nachdenkens, der Neugierde und als Revier oder Laboratorium des Lebens seziert werden dürfe.

Ich sehe immer mehr Menschen mit ihren Hunden promenieren. Weil sie Hunde lieben? Ja! Aber warum lieben sie denn Hunde? Ein Hund verleiht Status, er ist ein Trabant, gehorcht, erwidert Liebe für eine verhältnismäßig niedrige Investition. Man ist ein »Herr« – ohne sich als chauvinistisch einstufen lassen zu müssen.

Ein guter Schlüssel, eine Landkarte für die Motiv-Safari oder das Durchleuchten von beobachteten, oft verwirrenden Verhaltensweisen der menschlichen Gattung ist, sich so oft wie möglich die Frage zu stellen: »Wozu kann dieses Verhalten gut sein? Wer hat etwas davon?« Warum liest man Bücher? Weshalb kommt ein Tourist nach Österreich? Warum kauft jemand etwas per Versand, anstatt direkt im Laden? Warum geben die Japaner nicht mehr Geld aus für den Einkauf ihrer eigenen Produkte, sondern exportieren sie? Wie kann man einen Angestellten motivieren, mehr Zeit oder Material zu sparen? Was motiviert ihn, dies eben nicht zu tun? Die Antworten auf das »Warum« machen erst die Lösung des »Wie« möglich.

Durch Vergleiche mit tierischem Verhalten, mit einfachen Kulturen, durch Zurückgehen auf den Ursprung vieler Handlungsweisen kommen uns plötzliche Erkenntnisse und Ideen für neue Produkte.

Schon Pygmäen-Kinder erfinden Schaukeln, es wird auch getanzt, und man schminkt sich, allerdings nicht, wie Helena Rubinstein es empfiehlt, aber auch nicht allzu weit davon entfernt.

Im folgenden zähle ich stichpunktartig einige Gebiete auf, die für uns interessant sind oder es werden könnten.

Biologie mit Gesundheit, Fortpflanzung, Schutz, natürlich Sex, Wachstum, Alter und Tod. – Alles Quellen für Motivverständnis mit dem Resultat: neue Produkte.

Kultur und Zivilisation, menschliche Beziehungen wie Haß und Liebe, Nationalismus, dumme und grausame Kriege, die bereits im Urwald zwischen Berg- und Talbewohnern ihren Ursprung haben, Bewohnern, die das Sprechen einer anderen Sprache als Grund zum Massenmord ansehen. Wenig hat sich geändert.

Studium von Trends hilft weiter zum Verständnis. Oft kehren wir spiralenartig zum Früheren zurück. These, Antithese, Synthese. Wir waren Individualisten, wurden Massenmenschen und entdecken nun unsere Eigenheit wieder. Wichtig, um voraussagen zu können, wie Motive sich ändern werden, wohl nicht fundamental, sondern in ihren Manifestationen.

Technologie: Es gibt eine dauernde Wechselbeziehung zwischen neuen Erfindungen, Computern, Miniaturisierung, dem Vordringen in das Weltall und den neuen Möglichkeiten, die sich dadurch in der Beherrschung der Umwelt und unseres täglichen Lebens ergeben. Das Fragen, ob es denn nicht anders, besser, schneller ginge, führt zu neuen Anstößen, die wiederum dauernd neue Horizonte eröffnen. Motivforschung muß auch dort neues Verständnis als Beute herausholen.

Philosophie und Wertsysteme sind das weiteste und ergiebigste Land, in dem besseres Verständnis für unsere Handlungen entdeckt werden kann. Aufopferung, Inspiration, Nächstenliebe, Abbau von Privilegien und das Suchen nach dem tieferen Sinn des Lebens. Unzufriedenheit, die oft eintritt, wenn Hunger und Durst gestillt sind und Überleben gewährleistet ist, sind Quelle vieler Motive. Das sind die Quellengebiete, wo wir Anhaltspunkte für Motive und deren Erklärung finden können. Wenn wir sie in aktive Motivationen übersetzen wollen, dann können wir in der Kommunikation, ob sie nun Werbung, Journalismus oder Literatur und Dichtung ist, folgende Prinzipien einsetzen:

12 Prinzipien, die die Kombination zwischen den unbefriedigten Bedürfnissen und deren Übersetzung in neue Produkte erleichtern

1. Symbolismus
Bevor es moderne Sprachen gab, haben wir verbale oder bildliche Symbolik verwendet, um uns zu verständigen und Motive zu erklären und zu beeinflussen. In der modernen Werbung, Propaganda, Produkt-Entwicklung haben sich Symbole wirksamer erwiesen als bloße Anpreisung oder Beschreibung. Der »Tiger im Tank« ist ein solches Beispiel. Er war in der ganzen Welt wirksam. Verglichen mit einer Feststellung, daß das ESSO-Benzin viel Kraft hat, zeigt sich deutlich der Unterschied in der Ausstrahlung der Aussage.

Vom Kreuz bis zum Hakenkreuz ist Symbolik im Spiel. Die rote Fahne, Hammer und Sichel, Markennamen, die die ganze Tierwelt und Mythologie einbezogen haben, Geldsymbole. Die Liste ist endlos. Symbolik überbrückt Kultur und Bildungsniveaus.

2. Transponieren – Vergleichen!
Wie erklärt man das Motiv, den Wunsch nach glatter Haut – Jugend, der durch Hautcreme befriedigt werden soll? Indem man menschliches Verhalten dadurch zu ergründen versucht, daß man einem vergleichbaren, aber auf einem anderen Gebiet liegenden Phänomen nachspürt, kann man Motive besser verstehen.

Haut und deren Berührung ist Kontaktmöglichkeit. Glätte ist ungefährlich. Rauheit kann vieles verbergen. Es muß sich nicht bloß um die Oberfläche des menschlichen Körpers handeln: Holz, Stein, alles, was in der Natur vorkommt, unterliegt demselben Gesetz. Streicheln ist eine Sprache. Rauheit macht diese Verständigung schwieriger.

Um den Automechaniker dazu zu kriegen, eine Reparaturanleitung zu lesen, haben wir das Handbuch ein »Werkzeug« genannt und es ihm auch so nähergebracht. Mit Schraubenziehern geht er täglich um, weniger mit Büchern. Wir haben die Motivation transponiert, ein neues Produkt entwickelt.

Chirurgen haben wir besser verstanden, indem wir Schneider befragt haben. Bei beiden gibt es Gewebe, Schneiden, Öffnen und Vernähen, Schneiderwerkzeuge und Zwirne, obgleich mit anderen Namen.

3. Beobachtung

Nur zu oft verwenden wir unsere Sinne nicht optimal. Wir schauen, aber wir sind blind. Wir übersehen Dinge, die uns vieles lehren können.

Wir konnten eine neue Direkt-Mail-Kampagne entwikkeln durch Beobachten, wie Menschen sich beim Empfang einer bestellten Sendung benehmen. Es handelte sich um einen kleinen elektrischen Grill, um »Hamburgers« zu braten. Wir verzeichneten auf Band und Videotape alle Reaktionen und lernten dadurch, ganz neue Versprechungen in die Versandliteratur einzubauen: Die Aufregung beim Auspacken, das Drama der ersten Verwendung des Ofens und die erste Mahlzeit der frischgebratenen Hamburger. Das alles verhalf zu einer viel lebendigeren Motivierung der zukünftigen Käufer.

4. Semantik

Echtes Verständnis für die wirkliche Bedeutung und den

Ursprung von Begriffen wie »light« und »fresh« wurden für ein Haarmittel eingesetzt. Das Wort »light« (im Gegensatz zu »heavy«) wurde von den Lesern zunächst als weniger wirksam verstanden. Eine weitere Bedeutung von »light« ist aber auch Licht und Sonne. Darin lag die Lösung. Im TV-Spot wurden jetzt Sonnenstrahlen gezeigt, die das Haar durchspielten. »Light« hatte dadurch eine neue Bedeutung gewonnen.

Warum heißt eine Sparkasse noch immer eine Sparkasse, obgleich man längst nicht mehr spart, um im Alter versorgt zu sein? Der Wohlfahrtsstaat hat diese Aufgabe übernommen.

Semantische Bedeutungsfragen zu stellen, kann zu neuen Produkten und Service-Leistungen führen.

5. Fruchtbare Momente suchen

Was wollen die Menschen wirklich beim Reisen? Was verursacht Unbehagen? Das Tragen des Handgepäcks – neue Produktidee: ein zusammenklappbarer Gepäckträger mit Rollen. Er ersetzt den im Aussterben begriffenen lebendigen Träger. Keine Gewichtsgrenzen!

6. Das Aha-Erlebnis

Emotionen: Mein erstes Auto, meistens gebraucht gekauft, alte Schuhe, echtes Material, Holz, Leder, Stein – alles dies hat zu neuen Produkten geführt. Man will das Echte erleben, sagen können: »Ja, das ist es! Aha, ich erkenne mich selbst.« Quarzuhren, Digitalzifferblätter zeigen auch nur die Uhrzeit, aber zeigen dem Käufer gleichzeitig, daß der Erzeuger seinen Spieltrieb erkannt hat.

7. Tiefen-Prinzip

Was steckt wirklich hinter dem unbefriedigten Bedürfnis? Der elektronische Minirechner ist eine Bewältigung des Mysteriums der Mathematik. Ich werde Herrscher durch ein paar kleine Knöpfe. Ein neuer Lippenstift, der Feuchtigkeit vortäuscht, signalisiert unbewußt Jugend und auch Begierde.

8. Sensualismus
Wir beginnen erst jetzt wieder, unsere fünf Sinne zu entdekken. Die Geruchswelt im besonderen war ein Stiefkind. Warum nicht einen Aufweck-Geruch, Beruhigen, Aufpeitschen, die »weite Welt«? Produkte, die unverwechselbar riechen. Tiefkühlkost, die frisch riecht. Man kann durch Akustik ein Warenhaus in Boutiquen unterteilen. Gibt es neue Produkte, die an die Sinne appellieren? Hautcremes, die stimulieren etc.?

9. Die Seele des Produkts
Wenn wir versuchen zu verstehen, was eine Schraube wirklich ist, was ein Ventil für eine »Seele« hat, das Drama eines Bonbons, dann haben wir einen weiteren Schlüssel für Neudenken und Neuentwicklung von Produkten und ein besseres Verständnis für unsere Motive.

10. Image
Was ist die Ausstrahlung einer Person, eines Produktes? Kann man eine solche Ausstrahlung in ein neues konkretes Angebot umwandeln? Bettwäsche, die durch neue Gestaltung inspiriert, weil sie mehr als bloß eine praktische Funktion erfüllt. Papiertaschentücher, die eine Persönlichkeit haben. Porzellangeschirr, das fast wichtiger ist als die Nahrung, die darauf serviert wird. Markenzeichen, die sichtbar sind bei Kleidungsstücken, Porzellan, Schuhen.

11. Suche nach Geborgenheit
Ein Wollpullover hält nicht nur warm, sondern schützt psychologisch. Kann man ihn noch »wärmer« machen und damit ein neues Produkt?

Ein Diktiergerät gibt fast so etwas wie Unsterblichkeit, wenigstens der Stimme. Wenn man weiter diktiert, ohne zu entdecken, daß die Zeit abgelaufen ist, wird man an seine Fehlbarkeit und die des Produktes erinnert. Technische Schutzmaßnahmen führen auch hier zu Verbesserungen und neuen Produkten.

12. Freude anstatt Pflicht

Wenn man darüber nachdenkt, ob »Energiesparen« oder »allgemeines Wohl« eher als positives Ziel für Motivierung verwendet werden könnte, dann kann man oft viel rascher richtiger motivieren und konkrete Formen der Befriedigung eines Wunsches erzeugen.

Das Abgewöhnen vom Rauchen oder der Verkauf von Filtern, gute Ernährung, vorbeugende Medizin sind Basis für viele neue Industrien, aber nur dann, wenn psychologisches Wachstum, Freude am Leben und Bewältigung der Furcht vor der Zukunft damit verbunden sind.

Diese 12 Methoden haben wir in den letzten 40 Jahren auf den meisten Gebieten der menschlichen Bedürfnisse – wie Nahrung, Bekleidung, Kosmetik, Gesundheit, Spiel, Erziehung – erfolgreich angewendet.

Obzwar diese über 6500 Studien oft den Zweck hatten, unsere Auftraggeber zu größeren Gewinnen zu verhelfen, sind die Resultate in ihrer Gesamtheit eine umfassende kulturelle Anthropologie unserer Zeit geworden. Im folgenden will ich einige von diesen Arbeitsergebnissen mitteilen.

11. Kapitel
GOURMET-KANNIBALEN

Vor langen, langen Zeiten, da aßen wir bloß, wenn wir hungrig waren oder wenn es gerade Nahrung gab. Die sogenannte dritte Welt ist noch immer in einer ähnlichen Weise motiviert, speziell in ländlichen Gebieten.

Zwei Drittel der Bevölkerung in der Welt hingegen sind nicht mehr nur damit zufrieden, ihre Bäuche zu füllen; sie wollen eine Menge psychologische Zugaben. Viele unserer Studien beschäftigen sich eben mit diesen Zutaten – sei es nun das Dekor und die Qualität des Porzellangeschirrs, auf dem das Essen serviert wird, oder die Kerzen und die Tafelmusik. Wir sind in der Zwischenzeit längst in der einen oder anderen Form Gourmets geworden.

Trotz alledem zeigen viele unserer Studien auf dem Nahrungsmittelgebiet, daß viele unserer archaischen Einstellungen immer noch eine große Rolle spielen. Wir essen Steaks und ganz besonders »Steak tartare«, da wir damit die Illusion verbinden, daß wir uns die Kraft des Bullen dadurch einverleiben. In vielen Westernfilmen werden Schafe und deren Zucht als eine Tätigkeit hingestellt, die nicht für wirkliche Männer taugt. Wenn man Lammfleisch verkaufen will, wie das bei der »Sheep Producers Association« der Fall ist, muß man diese Urmotivation dahin ändern, daß das Schaf als ein interessantes Tier dargestellt wird. Ein Bulle ist kampfbereit; ein Schaf ist eben ein Schaf – es ist dumm, es gehorcht und hat keinen Unternehmungsgeist.

Wir müssen also bei allem, was mit Nahrung zu tun hat,

aufpassen, daß wir nicht bloß an Kalorien und den Nährwert denken, sondern daß viele zusätzliche Motive eine Rolle spielen. Wir essen oft aus Prestigegründen. Der Ernährungssnob ißt oft nicht für sich selbst, sondern um Eindruck auf andere zu machen. Wenn jemand Kaviar bestellt, dann ist er oft darauf bedacht, daß alle anderen um ihn herum das auch richtig hören. Es gibt sogar eine Art von Rangordnung im Statuswert von Nahrungsmitteln.

In den Vereinigten Staaten werden zum Leidwesen der Fleischproduzenten Innereien zum großen Teil zurückgewiesen, obwohl ihr Nährwert außerordentlich hoch ist; aber ihr Prestigewert ist eben ganz unten auf der Skala. Das ging so weit, daß Leber jahrzehntelang weggeworfen oder als Hundefutter verwendet wurde. Der heutige Nahrungsmittelspezialist weiß, daß der Hund besser dabei wegkommt.

Bier ist ein proletarisches Getränk, reich an Nährwert und Vitaminen und dem Champagner, den wir als Symbol des Luxus und Reichtums so sehr verehren, darin weit überlegen. Kaviar kann sich ebenso kaum mit einem Ei vergleichen in bezug auf wirkliche Nährwerte.

Wenn wir die Bedeutung der Nahrungsmittel erforschen wollen, dann tun wir oft gut daran, in die Geschichte zurückzugehen. Das Ei ist in vielen Religionen ein Symbol der Auferstehung, des Frühlings. Es bedeutet seit Tausenden von Jahren ein Mysterium für uns. Im Ei ist ein ganzes, neues Leben enthalten, mit allen späteren Details, ob es sich jetzt um das Hühnerei oder das menschliche Ei handelt. Das Retortenbaby macht dies alles noch dramatischer. Vielleicht hat auch der Kaviar in Wirklichkeit seine Wirkung bezüglich der Virilität nur deswegen zugeschrieben bekommen, weil er ja der Rogen vom Stör ist.

Um 1807 war der Störreichtum in Gegenden wie Hamburg und Lübeck so groß, daß man verbieten mußte, mehr als zweimal in der Woche Stör an die Bediensteten zu verfüttern. Durch die Umweltverschmutzung, die schon damals begann, wurde dann in den letzten 200 Jahren Stör immer knapper.

Brot stellt ein weiteres Nahrungsmittel dar, dessen Bedeutung weit über seinen guten Geschmack hinausgeht. Die Geschichte des Brotes begann vor einigen tausend Jahren. Schon die Ägypter und Babylonier kannten Brot. Der Hefegärungsprozeß war 2500 v. Chr. bekannt. Dichter wie Homer begeisterten sich für das Brot, das als Gottesgabe galt. Der Bäcker wurde dementsprechend auch oft fast als Heiliger behandelt. In unseren Studien in den letzten Jahrzehnten fanden wir, daß die Art von Brot, die jemand vorzieht, ein Sozialindikator ist. Während es zum Stolz der Aristokratie gehörte, nur weißes Brot zu verzehren, ist in der Zwischenzeit das Bauernbrot, das Graubrot, das »echte« Brot zum Statussymbol geworden. In den Staaten wird das maschinell hergestellte Weißbrot oft mit den Minoritätsgruppen wie den Schwarzen oder Puerto-Ricanern assoziiert.

Der Bauer, von den feudalen Herren bezahlt oder versklavt, wurde oft durch die Besitzer daran gehindert, das weiße Brot, das für seine Junker reserviert war, zu essen. Dunkles Brot wurde deshalb ein Zeichen der Armut. Unsere Brotstudien der letzten Jahre zeigen, daß Brot mit großem Anteil an Ballaststoffen wie Vollkornbrot als besonders gesund betrachtet wird. In einer Analyse, die wir vor kurzem für einen Hersteller durchgeführt haben – er bot hauptsächlich Hamburgers und Hot dogs an –, entdeckten wir eine sehr dramatische Wendung:

Tacos und Enchiladas, mexikanische Brotsorten, steigen rasch in der Popularität an! Auch in der McDonalds-Kultur will man mehr hochwertige Nahrung und nicht eigentliches »Fast Food«.

Wenn wir die Psychologie der Nahrungsmittel untersuchen, dann beginnen wir mit der geschichtlichen Entwicklung, aber gleichzeitig müssen wir auch die gesamte Gestalt und den Rahmen, in den dieses Nahrungsmittel heute hineingehört, studieren. Einer der Tests, den wir im Zusammenhang mit Brot durchgeführt haben, ist, den Versuchspersonen den Auftrag zu geben, ein Stück Brot auf den Boden zu werfen und darauf herumzutreten. Die meisten von uns zögern. Irgendwo in unserer oft unbewußten Einstellung den Nahrungsmitteln gegenüber haben wir das Gefühl, daß so etwas fast einer Sünde gleichkommt.

Der Gefangene, der am trockenen Brot knabbern muß, ist jedoch ein Gleichnis der Armut und des Verlassenseins. Damit sind wir sofort bei einem besseren Verständnis des Brotaufstrichs angelangt.

In einer Studie für einen Konfitüren-Hersteller in Deutschland wurde uns die Bedeutung eines solchen Fruchtbelags und die Bedeutung der Butter als Bereicherung des trockenen Brotes klarer. Im allgemeinen finden wir, daß alles, was süß schmeckt, irgendwie mit einem Ausdruck von Liebe zusammenhängt. Man spricht ja auch von einem »süßen Mädchen«; man muß in einen »sauren Apfel beißen«. Wenn wir die Mundbewegungen, die mit der süßen Empfindung und mit der sauren und bitteren Empfindung zusammenhängen, studieren, dann entdecken wir sehr bald, daß der süße Geschmack zu einer einladenden Mundbewegung hindeutet, während saure, bittere und schlecht schmeckende Dinge im allgemeinen ein Ausspuken, ein Loswerden symbolisieren.

Mit Süßigkeit ist auch der Mensch nach Überfluß verbunden. Wenn wir an eine gute werbliche Darstellung von Kindern und Konfitüre denken, dann ist sie dann am besten, wenn der Kindermund verschmiert ist. Eiscreme, finden wir immer, ist dann am besten illustriert, wenn sie fast über den Behältern hinausläuft und auch beim Essen das Gefühl der Fülle und des Reichtums gibt.

»Hot dogs« für Ihre Hoheit

Die Verbindung zwischen Nahrung und Prestige, die wir vorher als Motive besprochen haben, hat tiefe Wurzeln. Wir können sogar von »demokratischen« und »aristokratischen« Nahrungsmitteln sprechen. In den Staaten sind die sogenannten »Frankfurter«, auch als »hot dogs« bekannt, ein Symbol des demokratischen Amerika geworden. Als sie vor vielen Jahren während eines Besuches des englischen Königspaares serviert wurden, gab es große Aufregung. Viele Menschen fanden, daß das nicht richtig war – dies sei keine Nahrung für Majestäten. Gleichzeitig gab es aber auch die Überzeugung, daß eben diese Würstchen ein Symbol der amerikanischen Demokratie seien.

Malinowski konstatiert in seinem Buch »Das Sexualleben der Wilden«, daß unter primitiven Menschen Essen sehr oft ein Mittel der sozialen Trennung und Diskriminierung darstellt. Bei einem Besuch im sogenannten klassenlosen kommunistischen tschechoslowakischen Staat wurde mir diese Funktion der Nahrung und Nahrungseinnahme klargemacht. Als ich in einer vielleicht zu demokratischen, amerikanischen Weise dem Chauffeur, der uns zur Verfügung gestellt worden war und uns in einer staatlichen Limousine herumfuhr, zusammen mit unserem Gastgeber zum Essen einladen wollte, wurde mir von ihnen ziemlich rasch klargemacht, daß das nicht der Landessitte dieses Staates entsprach.

Natürlich kann Nahrung die Menschen zusammenbringen und tut es auch. In einer Arbeit für eine deutsche Porzellanfabrik machten wir uns Gedanken darüber, wie die Tischnachbarn von morgen eigentlich aussehen würden. Das Resultat dieser Überlegungen war, daß der Tisch vielleicht in den nächsten 10 oder 20 Jahren noch mehr an Bedeutung gewinnen wird. Wir werden vielleicht nicht nur in der Zubereitung der Speisen unsere Gourmetfähigkeiten entwickeln, sondern in vielen Dingen auf die Sitten der

Römer und Griechen zurückgreifen, die es schon damals verstanden, aus einer Mahlzeit ein Fest zu machen. Wir spekulieren, daß es in der Zukunft vielleicht Eßgeschirr geben wird, das auf individuelle und psychologische Unterschiede eingestellt sein wird, daß das Dekor mit den Speisen, die darauf serviert werden, in Verbindung gebracht werden wird.

Die Japaner wissen schon lange, daß zum wirklichen Genießen auch das Aussehen der Speisen gehört. Anstatt der barbarisch großen Portionen, die wir im Westen meistens vorgesetzt bekommen, besteht eine echte japanische Mahlzeit aus 15 bis 20 kleinen Gängen, wobei das Eßgeschirr dementsprechend variiert ist.

In einer anderen rituellen Kultur, in China, wird schon seit Jahrtausenden der Unterschied zwischen Medizin und Nahrung verwischt. Dort ist man überzeugt: was gut ist für den Körper, ist gleichzeitig Medizin und Nahrung.

Chinesische Medikamente werden oft als eine Art Suppe oder Brühe serviert und werden buchstäblich »Suppe« genannt. Diese Suppe wird auf dieselbe Weise wie normale Suppe zubereitet, hingegen mit gebührendem Respekt vor der Mischung von Geschmack und Ingredienzien. Lin Yu Tang spricht darüber bereits 1937 in seinem Buch »The Importance of living«.

Auch in Kliniken erkennt man heute zunehmend die Bedeutung von Diät-Nahrung. Leider sind aber immer noch zu wenig Ärzte sich dessen bewußt, daß durch die richtige Nahrung nicht nur viele Krankheiten verhindert, sondern auch geheilt werden können.

Bei allem, was mit Nahrung zu tun hat, handelt es sich um sehr alte, menschliche Motive. Bereits die Klassiker schrieben verschiedenen Früchten und Gemüsen symbolische Werte zu. So war zum Beispiel der Spargel schon im Altertum ein phallisches Symbol; wie naheliegend! Er wächst rasch und kann schon von daher als Symbol der männlichen Erektion angesehen werden. Während der Spargel männlich ist, sind Getreide und Getreideprodukte im allgemeinen weiblich. In den USA sind letztere – die »cereals« – besonders populär. Der Name selbst stammt ja von Ceres, der Göttin der Fruchtbarkeit, ab.

Eine unserer Studien beschäftigte sich mit Milchzusätzen anstelle von Kondensmilch oder Kaffeesahne im Kaffee. Dabei fanden wir, daß Kaffee als männlich gilt, während Milch vorwiegend weiblich ist. Milch selbst hat natürlich noch zusätzliche Eigenschaften, die über das Feminine hinausgehen. Wenn wir uns vor Augen halten, daß die Massai, ein afrikanischer Stamm, als Hauptnahrung eine Mischung aus Kuhmilch und Kuhblut, das aus der Schlagader abgezapft wird, zu sich nehmen, dann sehen wir die Sonderstellung der Milch ganz deutlich.

Besonders in den unterprivilegierten Schichten sind Ernährungsgewohnheiten immer noch stark mit Tabus gekoppelt. Eine meiner ersten Studien nach meiner Ankunft in den Staaten war, den Konsum von Rindfleisch zu erhöhen. Wir stellten fest, daß Rindfleisch in einer getrockneten, eingesalzenen Form, ähnlich dem Bündner Fleisch, in USA nie große Popularität erlangen könnte, weil ihm die virile Qualität im psychologischen Sinn fehlt – die das Steak dagegen sehr stark hat. Steak muß saftig sein; es soll ein wenig Widerstand leisten, aber mit Hilfe eines scharfen Messers bewältigt werden können. Vielleicht ist diese Bewältigung als solche noch wichtiger als der gute Geschmack des Fleisches.

Gemüse dagegen wird immer noch von vielen Menschen, hauptsächlich von Männern, als weiblich und verweichlichend angesehen, Fleisch und Kartoffeln: das ist echte Männernahrung. Oft beruht die symbolische Bedeutung eines Nahrungsmittels natürlich auf ökonomischen und soziologischen Faktoren. Die Irländer sind dafür bekannt, daß sie besonders Kartoffeln lieben. Nun zählt die Kartoffel aus naheliegenden Gründen in so armen Ländern wie Irland immer noch zu den Hauptnahrungsmitteln, denn sie läßt sich leicht anbauen und füllt schnell den Magen. Als es um das Ende des 19. Jahrhunderts herum nicht mehr genügend Kartoffeln in Irland gab, begann die erste große Auswanderungswelle nach den Vereinigten Staaten. Der Grund war die sogenannte »Potato-famine«, die Kartoffelhungersnot. Kein Wunder, daß die ausgewanderten Iren sich auf die plötzlich erhältlichen Kartoffeln stürzten.

Gemüse wird nicht nur als weiblich, sondern oft sogar als minderwertig angesehen, was seinen »Wert« betrifft. Damit ist nicht unbedingt sein Nährwert gemeint. Im Vergleich mit Fleisch, Mehlspeisen, Süßwaren und ganz besonders mit Cocktails und Alkohol rangiert es jedoch deutlich tiefer. Eine Torte, wenngleich sie dick macht, wird dennoch in den meisten Fällen als abschließender Höhepunkt einer Mahlzeit angesehen.

Vor allem Fleisch wird in den meisten westlichen Ländern überbewertet. Vielleicht ist dies ein Relikt aus den Zeiten, als der Jäger, der also das Fleisch für die Sippe sicherte, der Stärkste und Wichtigste in der Familie war. Er hatte nicht nur die Körperkraft, sondern auch das Sozialprestige. Diese Überbewertung ist möglicherweise heute noch in einer gewissen Jagd-Ideologie zu erkennen.

Auch hier zeigen sich die Chinesen wieder einmal intelligenter. Bei ihnen ist das Fleisch knapp, zusätzlich haben die Chinesen keinen besonderen Ruhm als Jäger. Pflanzliche Nahrung herrscht deshalb vor. Die Chinesen haben anscheinen gelernt, Nahrung aufgrund ihres wirklichen Wertes einzuschätzen.

Wenn wir uns als Motivforscher mit dem Thema »Nahrung« befassen, dürfen wir auf keinen Fall die Phantasien über das Essen aus dem Auge verlieren. Diese emotionsgeladenen Phantasien beruhen in den meisten Fällen auf Kindheitserlebnissen. Als wir klein waren, hatten wir wenig

Freiheit zu wählen, wann, wie und was wir essen wollten. Unsere besorgten Eltern schrieben uns vor, was für uns gut war. Es war Spinat und Milch. Süßigkeiten, Limonade, Würstchen und dergleichen wurden uns für besondere Gelegenheiten vorbehalten und galten oft als Belohnung für Wohlverhalten. Nun, wir haben inzwischen gelernt, daß Spinat gar nicht soviel wertvoller ist als andere Gemüse, daß vielmehr die Kinder, die Spinat verabscheuen, in Wirklichkeit recht haben. Die Tatsache aber, daß bestimmte Nahrungsmittel verboten waren oder nur für besondere Gelegenheiten reserviert waren, hat möglicherweise bewirkt, daß wir später im Leben immer von diesen sündhaften Produkten träumen. Sicherlich hängt der Erfolg der McDonalds und Burger Kings auch damit zusammen.

Auf der anderen Seite jedoch sehen wir gerade in den letzten Jahren eine Rückkehr zum natürlichen Nahrungsmittel, dem sogenannten biologisch-dynamisch gedüngten. Wer weiß, ob nicht auch dies eine bloße Mode ist? Vor einigen Jahrzehnten war man der Überzeugung, daß jeder Bissen mindestens zwanzigmal gekaut werden müßte. Diese Mode wurde in USA, als »Fletcherismus« bezeichnet. Natürlich ist etwas Wahres daran ... Vegetarier mit ihrer fast religiösen Einstellung zu Nahrungsmitteln liefern wieder eine andere Illustration. Auch von ihnen kann man sagen, daß sie teilweise recht haben.

Die Verbraucherbewegung der letzten Jahre wollte die Konsumenten zu einem kritischeren Bewußtsein ihrer Nahrung gegenüber erziehen. Wir sehen zwar, daß die moderne Hausfrau sehr stolz auf ihre neue Einstellung ist, daß sie aber dennoch in vielen Fällen gar nicht liest, was auf der Verpackung steht.

Ein recht irrationaler Zug fällt auch bei der Diskussion um die Vitamine auf. »Vitamine« sind ja inzwischen eine Industrie geworden, die mehrere Milliarden DM umfaßt. Dabei sagen die Ärzte immer wieder, daß wir bei normaler

Auswahl unserer Kost automatisch genügend Vitamine bekommen. Dieses Interesse an Vitaminen und Spurenelementen hat unserer Meinung nach sehr viel mit dem neuen Trend des »Antifatalismus« zu tun, den wir mehr und mehr als wichtiges Motiv unserer Zeit entdecken: wir wollen nicht alt werden; wir wollen keine Falten bekommen, und wir wollen ganz bestimmt nicht krank werden. Vitamine geben uns die Illusion, daß wir Lebenskraft und Jugend aus diesen magischen Mitteln ziehen können.

Nahrungsfetischismus

Bei einigen Primitiven herrscht der Glaube, daß man mit dem Herz eines Löwen sich dessen Mut einverleiben könne. Desgleichen bedeutete das Essen von Hasen- oder Kaninchenfleisch, daß man ein Hasenfuß wurde. Wie wir bereits angedeutet haben, finden wir auch heute bei modernen Menschen eine ganze Reihe von Formen des Aberglaubens.

Blutrotes Fleisch verleiht Kraft. Dagegen verabscheuen manche Menschen rote Rüben. Als wir diese Einstellung weiter untersuchten, zeigte sich, daß dieses Gemüse durch die rote Farbe ganz unbewußt mit Blut assoziiert und daher abgelehnt wurde.

Ein anderes Mal beschäftigten wir uns mit Frühstücksgewohnheiten und fanden dabei, daß das Frühstück oft eine Vorbereitung auf den »Kampf des Lebens« darstellt. Wir wollen uns für alle möglichen Widerwärtigkeiten der nächsten 10 bis 12 Stunden stark machen. Das Frühstück dient zum Aufladen der Batterie. Interessant ist in diesem Zusammenhang, daß primitive Völker meistens überhaupt nicht frühstücken, sondern erst dann am Tage essen, wenn sie hungrig sind.

Unsere Studie für einen Erzeuger von Cornflakes zeigte, daß wir bei dieser Art von Nahrung mit unseren Zähnen einen leichten Widerstand überwinden wollen. Folgerichtig sprachen wir daraufhin in unserer Werbung von den Frühstücks-»Cereals«, die man »leicht bewältigen kann«. Die Cornflakes dürfen unter keinen Umständen schlabberig sein; sie müssen knusprig oder heiß sein, um eben als eine Art Exerzierplatz für den Tageskampf fungieren zu können.

Auch in bezug auf Farben gibt es interessante Beispiele von Fetischismus. Während die New Yorker weiße Eier vorziehen, lieben Engländer und die Einwohner von Boston braune Eier. Die Farbe hat natürlich nichts mit Qualitätsunterschieden zu tun, sie ist einfach davon abhängig, von welcher Art von Hühnern die Eier stammen.

Die äußere Form der Nahrung ist ebenfalls besonders wichtig. So sind wir im allgemeinen nicht sehr begeistert, wenn die ursprüngliche Form eines Tieres noch erkennbar ist. Natürlich gibt es Ausnahmen, so etwa wenn ein Ferkel zu Weihnachten mit einem Apfel in der Schnauze als gebratene Delikatesse auf den Tisch gesetzt wird.

Der Geruch der Nahrung hat auch eine interessante, fast mystische Funktion. Es gibt Menschen, die jede Nahrung zuerst beschnuppern, bevor sie sie in den Mund nehmen. Vielleicht eine Art von Versicherung, daß die Nahrung nicht verdorben oder gar vergiftet ist? Die Natur hat ja vorgesehen, daß die Dinge, die gut für uns sind, auch meistens gut riechen, während die unverträglichen Stoffe uns dies bereits durch einen schlechten Geruch signalisieren.

Es gibt aber auch Nahrungsmittel, die zunächst nicht besonders gut riechen und an die wir uns dann doch gewöhnen. Hier spielt natürlich die Erziehung und die Kultur eine große Rolle. Harzer Käse, »Handkäs mit Musik« oder Limburger sind eben nicht jedermanns Sache.

In einer Studie für ein österreichisches Unternehmen haben wir aus dem Geruch eines Käses etwas Interessantes gemacht, anstatt ihn zu leugnen. Wir nannten ihn »rassig«. Wir hatten uns eben entschieden, über den Geruch zu reden, statt ihn zu verdrängen. Ganz abgesehen davon, daß ein Leugnen nicht gut möglich war.

Man könnte sogar so weit gehen, aufgrund von Nahrungsmittelpräferenzen die Persönlichkeit eines Menschen analysieren zu wollen. Viele Menschen lehnen beispielsweise Nahrung ab, die von Soße bedeckt ist: sie wollen die Bestandteile klar, rein und unverfälscht sehen. Der amerikanische Präsident Roosevelt zum Beispiel hatte eine Vorliebe für das Versteckspiel, er liebte beim Essen alles, was irgendwie eingehüllt war. Man könnte also spekulieren, daß er keine Angst vor Überraschungen hatte. Menschen, die bereit sind, ungewöhnliche Kost zu verzehren, neue Kombinationen zu probieren, haben möglicherweise mehr Originalität und Mut als diejenigen, die greifbare Sicherheit bei den Speisen vorziehen.

Das Image ganzer Länder wird mitunter zum Großteil mit ihrer Küche identifiziert. Paradebeispiel Frankreich: seine Kultur ist untrennbar mit seiner »Cuisine« verbunden. Wenn man fragt, warum jemand Frankreich oder speziell Paris liebt, bekommt man oft mehr über französische Weine, Käse und Küche als über wirkliche französische Kultur zu hören.

Essen ist eines der ältesten Beruhigungsmittel. Das beginnt schon mit dem Saugen an der Mutterbrust. Das Kauen von Kaugummi und sogar das Rauchen kann als Simulation von Essen angesehen werden. Alles dies verleiht uns das Gefühl der Sättigung und des »mit sich selbst in Frieden sein«. Ohne Nahrung werden wir nervös und reizbar, das ist leicht festzustellen, wenn Leute längere Zeit fasten. Das Baby jedoch, das gerade gefüttert wurde und deshalb zufrieden ist, hört auf zu weinen und schläft wieder ein. Es it glücklich.

So wird Nahrungsaufnahme von vielen Menschen unbewußt als ein Gegenmittel gegen Streß verwendet. Und daraus resultiert häufig Übergewicht.

In einer besonderen Studie untersuchten wir ältere Menschen, eine Gruppe, die sich zwar bewußt ernährte, die sich aber andererseits auch als Feinschmecker verstand. Sie waren wirkliche Genießer, die oft dem Gefühl Ausdruck verliehen: »Es ist später, als du denkst.« Offenbar wird man mit zunehmendem Alter mehr und mehr Gourmet. Für den Gourmet ist die Appetitanregung, der Kitzel, wichtiger als das Stillen des Hungers.

Interessant ist in diesem Zusammenhang das französische Wort für Vorspeise, »Hors d'œuvres«, was wörtlich bedeutet: »außerhalb der Arbeit«. Bevor wir also den Hauptteil der Mahlzeit in Angriff nehmen, kitzeln wir unseren Magen, um unsere endokrinen Säfte und unsere Geschmacksdrüsen zu stimulieren. Dies ist in mancher Weise dem sexuellen Vorspiel vergleichbar.

Vielleicht werden in Zukunft sogar die drei täglichen Mahlzeiten, die wir in der westlichen Welt alle gewohnt sind, verschwinden. Vielleicht werden wir mehr der Logik unseres Körpers folgen und dann essen, wenn wir hungrig sind, ohne uns der Uhr unterzuordnen. Möglicherweise werden wir in unseren Wohnungen permanent ein heißes Büffet zur Verfügung haben und uns, je nach Lust und Laune, mit kleinen Mahlzeiten versorgen. »Fast food restaurants« wie McDonalds sind bereits auf dem Wege dazu; sie sind ja, besonders in den Staaten, 24 Stunden am Tag offen. Sie erfordern keinerlei Vorbereitung vom Kunden, er kann ganz informell dort essen, ohne sich besonders anziehen zu müssen.

In dieselbe Richtung geht die Entwicklung der Tiefkühlkost. Wir werden uns mehr und mehr an sie gewöhnen, aber ich glaube, Tiefkühlkost muß interessanter »verpackt« werden. Wir haben einmal einen Versuch mit einer originellen Verpackung durchgeführt, bei dem wir eine Art Tabaks-Beutel erfanden, in den jemand hineinlangen muß, um ein Bonbon herauszufischen. Dadurch haben wir ein Überraschungselement eingeführt. Über solche Ideen sollte man im Zusammenhang mit Tiefkühlkost einmal näher nachdenken. Einen anderen Einfall hatte der Leiter eines Restaurants, der Lesungen aus Büchern über Lautsprecher brachte, während die Gäste ihre Mahlzeit verzehrten. Wir alle kennen ja auch die lange Tradition der Tafelmusik, ob sie jetzt elektronisch oder durch ein physisch vorhandenes Orchester dargeboten wird.

Die Beziehung zwischen Stimmung und Nahrungsaufnahme funktioniert natürlich auch umgekehrt. Wenn wir schlechter Laune sind, entwickeln wir weniger Magensäfte, und die Nahrung wird schwerer verdaulich. Wir sollten in ruhiger und freundlicher Stimmung essen. Angst, Ärger, Unbehagen und Sorgen können ganz ernsthaft vitale Verdauungssekrete hemmen und dadurch beispielsweise auch die Funktion unserer Magenmuskulatur stören.

Verdauungsstörungen, Sodbrennen, Völlegefühl und andere, ähnliche Symptome, für die dann Produkte wie Alka-Seltzer angeboten werden, sind häufig das Resultat falschen Denkens und nicht falschen Essens. Leider haben die meisten Ärzte noch herzlich wenig Gefühl dafür. Dabei könnten gerade die Krankenhäuser ganz besonders aus diesem Zusammenhang zwischen Stimmung und Nahrung lernen.

Ich las einmal von einer Familie, die es sich zur Gewohnheit gemacht hatte, vor Beginn einer jeden Mahlzeit im Familienkreis einen guten Witz zu erzählen. Möglicherweise ist dies ein guter Ersatz für das Tischgebet, das leider heutzutage aus der Mode gekommen ist. Es ist traurig zu sehen, daß in manchen Familien gerade die Mahlzeiten in einer ganz und gar unangenehmen Atmosphäre stattfinden. Die Zeit der Mahlzeit ist oft die Zeit des Streitens. Es ist ja zu begrüßen, wenn der Herr des Hauses, der heute oft auch die Frau des Hauses ist, einmal seine Sorgen los wird, aber dies dem Partner während der Mahlzeit zuzumuten, ist unfair.

Der russische Wissenschaftler Pawlow hat dies schon vor

Jahrzehnten mit seinen Hundeexperimenten bewiesen. Wenn er bloß eine Katze in den Raum kommen ließ, in dem ein Hund fraß, konnte er tatsächlich die Verdauung des Hundes stören. Sie kehrte erst dann zu einer normalen Funktion zurück, wenn die Katze entfernt wurde.

Dieses Experiment ist sicherlich in mancher Hinsicht auf die Menschen übertragbar. Wir empfehlen den Erzeugern von Medikamenten für den Magen- und Verdauungstrakt, sich mehr um diese psychosomatischen Zusammenhänge zu kümmern.

Wenn wir uns mit der Vorbereitung von Mahlzeiten befassen, geht es uns meistens nur um die Nahrung selbst. Wir sollten jedoch auch daran denken, die Esser und nicht nur die Mahlzeit richtig vorzubereiten. Der englische Adel pflegt ja zum Beispiel auch heute noch die Sitte, sich für die Hauptmahlzeit elegant anzuziehen. Leider kommt das immer mehr aus der Mode. Dabei kann ein Wechsel der Kleidung, wie ihn beispielsweise auch die Japaner vornehmen, psychologische Wunder wirken.

Es wäre wirklich zu hoffen, daß wir die Eßkultur neu entdecken. In einer Untersuchung für einen sogenannten »officepark«, ein Bürogebäude in einer Parkanlage also, schlugen wir vor, daß sich die Teilnehmer und Manager anstelle der Cocktails vor der Mahlzeit in den hauseigenen Swimming-pool begeben sollten. Vielleicht ein Schritt in diese Richtung?

Die Sündenesser

In England gab es im Mittelalter die Sitte, bei einem Begräbnis Nahrungsmittel auf der Brust der Leiche anzuhäufen. Es gab Menschen, deren Hauptberuf es war, diese Nahrung zu verzehren. Dadurch befreiten sie – so die Überlieferung – die Verstorbenen von allen Sünden und halfen ihnen so, in den Himmel zu kommen. Diese Dorfbewohner, die als »Sündenesser« bezeichnet wurden, galten jedoch in der Gemeinde als verachtet. Sie lebten versteckt in den Wäldern und ernährten sich nur von gelegentlichen Almosen.

Die alteuropäische Sitte des Totenmahles hat wahrscheinlich ähnliche Hintergründe, wie sich ja überhaupt die Religionen sehr viel mit der Bedeutung der Mahlzeit und des Essens beschäftigt haben. Wir haben schon immer erkannt, daß diese Handlungen herzlich wenig mit bloßem Hungerstillen zu tun haben.

Gesetze, die gewisse Nahrungsmittel erlauben oder verbieten, gab es schon in biblischen Tagen. Juden, Mohammedaner und andere ethnische Gruppen kennen eine Reihe von solchen Verboten. Das Wort »koscher« bedeutet lediglich »rein« bei Nahrungsmitteln. In einem theokratischen Staat wie Israel hat dies eine starke Bedeutung. So ist in der Gesetzgebung des Landes festgelegt, daß Schweinefleisch und gewisse Meerestiere verboten sind. Ebenso sind alle Tiere, die nicht wiederkäuen und gespaltene Hufe haben, wie etwa das Kamel, tabu. (Beim Kamel ist das nicht weiter schlimm,denn Kamelfleisch ist ohnehin keine große Delikatesse.)

Von den Fischen gelangen nur diejenigen auf eine israelische Speisekarte, die Schuppen und Flossen haben. Hummer, Austern und ähnliche Köstlichkeiten sind nicht erlaubt. Milch- und Fleischprodukte müssen strikt voneinander getrennt gehalten und dürfen nicht zusammen bei einer Mahlzeit gegessen werden.

Obgleich viele dieser Tabus ihre ursprüngliche Bedeutung aus dem hygienischen Bereich verloren haben, ist es faszinierend festzustellen, wie sie ethnische Gruppen zusammenhalten.

In vielen unserer Studien geht es darum herauszufinden, wie man am geschicktesten durch TV-Spots und Anzeigen Appetit anregen kann. Es ist für uns immer wieder überraschend, wie wenige der Kreativen sich wirklich mit dem

Phänomen des Appetits beschäftigt haben. In vielen Spots sieht man immer wieder eine Grimasse, die – begleitet von einem »mmmh mmmh« – angeblich signalisieren soll, daß das angepriesene Produkt wunderbar schmeckt.

Appetit und Liebe

Wenn man Appetit als Werbeappell gebraucht, muß man sich davor hüten, einen bloß intellektuellen Weg zu wählen. Oberflächliche Worte wie »Geschmack« oder »das schmeckt gut« sollte man meiden. Appetit gedeiht in einer Atmosphäre von Liebe, Wärme, Vertrauen und Sicherheit. Wenn wir so konkrete Worte wie »guter Geschmack« streichen, können wir uns auf indirekte Wege, Appetit zu erregen, konzentrieren.

Es gibt eine Reihe von guten Gründen für eine solche intellektuelle Abstinenz. Wer von uns erinnert sich nicht daran, wie wir als Kinder gezwungen wurden, Speisen zu verzehren, die wir nicht mochten oder die uns in diesem Moment nicht lagen? Werbung spielt oft auf indirekte Weise die Rolle der Eltern. Wenn wir also zu direkt aufgefordert werden, dieses Brot, diesen Kaffee, diese Makkaroni oder was auch immer zu genießen, dann reagieren wir häufig – trotz aller geschickten Werbeversuche – gegenteilig. Hier spielt die ganze Thematik der unterschwelligen Werbung herein. Es ist einfach appetitanregender, wenn man zum Beispiel in einem Werbespot einem Menschen zusieht, der ganz offensichtlich Vergnügen an seiner Mahlzeit hat, als wenn man sich zu direkt verbal an den Zuschauer wendet und ihn auffordert, doch auch mitzuhalten.

In einer Gesellschaft, in der Hunger und das Füllen des Magens nicht mehr primäre Motive sind, in der statt dessen mehr die Gourmet-Erlebnisse zählen, kommt es mehr auf das emotionale Umfeld des Appetits an. »Liebe geht durch den Magen«, sagt ein altes Sprichwort. Das führt eher zum

Erfolg, als wenn man den Kunden auf Biegen und Brechen von der besseren Qualität einer Nahrung oder eines Produktes überzeugen will.

Appetit und Kommunikation

Das Anbieten von Nahrung ist ein Akt der Kommunikation. Die alten Kulturvölker und selbst die Naturvölker haben das schon immer verstanden. In Studien zu Hundefutter fanden wir, daß sogar ein Hund oft Dinge wie Oliven, Äpfel oder Erdnüsse frißt, sobald sie ihm vom Familientisch gegeben werden, und ihm damit das Gefühl vermittelt wird, daß er eben dazugehört.

Mit dem Essen kann auch ein Wunsch nach interkultureller Kommunikation verwirklicht werden. Auch damit werden nationale Barrieren durchbrochen, wenn die Menschen in zunehmendem Maße daran interessiert sind, andere Länder, Sitten – und ihre Speisen kennenzulernen. Wenn wir reisen, lassen wir uns normalerweise auch auf eine andere Kost ein. Für die Werbung bedeutet das, daß wir beispielsweise italienische oder chinesische Speisen mit der Entdekkung anderer, neuer und fremder Kulturwerte assoziieren.

Die Kommunikationsfunktion des Essens kann auch einem Wunsch nach intimem persönlichen Kontakt Ausdruck verleihen. »Komm, ich kauf dir einen Drink« oder »Essen wir doch zusammen«, sagen sich Menschen, die einander näherkommen wollen. Jemanden zu sich ins Haus zum Essen einzuladen, ist ein Zeichen des Wunsches nach intimerem Kontakt.

Appetit und Aussehen

Eine unserer Studien beschäftigte sich mit einer ausgezeichneten Brotmarke, die sehr leicht mit den anderen hätte konkurrieren können. Dennoch war sie ein Mißerfolg. Es galt, die Gründe dafür herauszufinden. Wir kamen bald dahinter: die Brotlaibe waren viereckig. Sie gaben dem Käufer unbewußt das Gefühl, daß sie alle maschinell hergestellt waren.

Brot ist ein Symbol des Lebens. Wir assoziieren also natürliche, organische Prozesse, die durch das Backen in Lebenskraft umgesetzt werden. Folglich empfahlen wir, die Form dieser Brote runder zu machen, und der Verkauf stieg wieder an. Gleichzeitig wurde ein neuer Backprozeß eingeführt, der dem Käufer das Gefühl suggerierte, daß diese Brote in Ziegelöfen hergestellt wurden.

Auch die Verpackung von Nahrungsmitteln hat einen großen Einfluß auf den Appetitappell. Nur zu oft werden Produkte wie Brot in einer harten, zu grell gefärbten Verpackung auf den Markt gebracht. Man macht dabei den Fehler, mit allen möglichen Mitteln Aufmerksamkeit erregen zu wollen, und ignoriert dabei die Seele des Produktes.

Werbefachleute gehen oft davon aus, daß der Käufer eine unbewußte Angst vor Unordnung und Durcheinander hat. Dabei verfallen sie aber leider in andere Extreme und schaffen ein Image, dem alles Leben genommen wird. Nahrungsmittel müssen vital aussehen, um zum Essen einzuladen.

Strategien der Appetitweckung sind ein Bestandteil unserer Zivilisation. Primitive Völker haben kein Bedürfnis nach Gourmet-Erlebnissen. Um herauszufinden, daß Menschen immer dann essen, wenn sie hungrig sind, braucht man keine Motivforschung. In unserer modernen Welt müssen wir jedoch anders vorgehen.

Unsere Studien haben gezeigt, daß in den seltensten Fällen Nahrung bloßes Sattwerden bedeutet. Das Gegenteil ist richtig: Das Abnehmen ist ein Hauptthema unserer Zeit. Ebenso sind die Erkrankungen der Herzkranzgefäße ein großes Problem.

Wir hören immer wieder, daß in Ländern wie Japan bis vor kurzem Herzkrankheiten selten auftraten, weil man sich hauptsächlich von Reis und Fisch ernährte. Seit Japan sich mehr an westliche Eßgewohnheiten anlehnt, nehmen angeblich auch Herzbeschwerden zu. Jedem von uns ist bekannt, daß die moderne Medizin gegen zuviel Fett, zuviel Cholesterin und ein Übermaß an Kalorien wettert. Da ist es eine lohnende Aufgabe für den Motivforscher, die Menschen auf den richtigen Ernährungsweg zu bringen. Dabei müssen wir auf die in diesem Kapitel angedeuteten Motive zurückgehen.

Noch immer herrscht in bestimmten ethnischen Gruppen, wie bei den Italienern oder den Juden, die Einstellung: Je korpulenter der Mensch ist, desto gesünder ist er, oder: Je besser die italienische Mama ihre Kinder füttert, desto vollkommener erfüllt sie ihre Rolle. Vielleicht spielt dabei die sehr tief verankerte Motivation eine Rolle, daß wir alle noch immer Angst vor dem Verhungern haben. Wir können nur hoffen, daß wir allmählich diese anachronistische Motivation überwinden.

12. Kapitel
WIR LIEBEN UNSER AUSSEHEN NICHT

In Jahrmillionen hat sich der Affe schrittweise zu einem »nackten Affen« entwickelt. Er blieb aber nicht lange nackt.

Der Wunsch, unser Aussehen zu verändern, stand am Anfang einer Industrie, die heute Milliarden Deutsche Mark umfaßt und nahezu auf der ganzen Welt existiert. Der menschlichen Phantasie scheinen keine Grenzen gesetzt, wann immer es neue und wechselnde Formen auszuklügeln gilt, den menschlichen Körper zu bedecken. Mode ist ein Thema von anhaltendem Interesse. Wie man sich anzieht, wie man mit Uniformen und anderen Kleidungsverordnungen die unterschiedlichsten gesellschaftlichen Sachverhalte ausdrückt, das war schon oft der Grund von Streit, Zwietracht und mitunter sogar von Kriegen.

Für den Motivforscher werden bereits solche Fragen interessant wie die, warum bis vor einigen Jahrzehnten nur die Männer Hosen trugen und die Frauen meistens Röcke. Woher kommen Bügelfalten? Was macht Jeans so populär? Gerade in unserer Wissenschaft bieten Modeschauen ungeahnte Einsichten in den Charakter eines Landes oder auch in den Zustand der gesamten heutigen Welt. Jeans zum Beispiel sind unabhängig von der Politik und fast auf der ganzen Welt populär.

Wenn man der Bibel Glauben schenken will, dann begann alles bereits mit Eva und dem Feigenblatt. War es bloße Langeweile im Paradies, die Eva zu dem Feigenblatt verleitete, weckte sie Neugier und heiße Wünsche in ihrem einsamen Partner? Das Feigenblatt ist das durchgängige Motiv der weiblichen Mode. Es spricht nichts dagegen, die sogenannte Bekleidungsindustrie als »Entkleidungsindustrie« zu bezeichnen.

Vor einiger Zeit untersuchten wir die Bedeutung von Abendkleidern. Sie sind ja meistens in irgendeiner Weise dekolletiert. Sie sind entweder vorn oder hinten ausgeschnitten oder an der Seite geschlitzt. Das Ganze unterliegt Regeln, die für Männer nicht ganz einsichtig sind, die aber offenbar ein Ritual darstellen, das permanent zu erotischen Übergriffen einlädt.

Die ursprüngliche Funktion der Bekleidung bestand höchstwahrscheinlich darin, gegen die Rauheit der Natur zu schützen. Sie entstand, als wir uns nicht mehr auf unseren natürlichen Körperhaarwuchs verlassen konnten. Bald wurde dieser schlichte und rationale Zweck der Bekleidung von verspielten Einfällen verdeckt. Die Menschen begannen, sich mit Tierfellen, Federn und den verschiedensten Trophäen zu dekorieren. Vom Kopf bis zu den Zehen gibt es kaum einen Teil des Körpers, der nicht irgendwann und irgendwo dekoriert worden ist, mit allen nur erdenklichen Formen, Farben, Zeichnungen und Objekten. Mitunter ist die Grenzlinie zwischen Dekoration und Verunstaltung schwer zu ziehen.

Es ist noch nicht lange her, daß die Japaner es als schön empfanden, ihre Fingernägel zu einer unglaublichen Länge wachsen zu lassen. Stämme in Afrika und Neuguinea dehnen die Unterlippe dadurch aus, daß sie tellerförmige Dekorationen – wenn man sie so nennen kann – in die Unterlippe einzwängen. Diese Ausdehnung, die wahrscheinlich Schwierigkeiten beim Küssen verursacht, wird nichtsdestotrotz als Beweis von Schönheit angesehen. Immerhin helfen uns diese Phänomene bei der Analyse, wenn wir für kosmetische Firmen Produkte wie Lippenstifte, Mascara, Rouge, falsche Wimpern und ähnliches untersuchen.

Über Kosmetik wollen wir uns jedoch in einem späteren Kapitel unterhalten. Hier beschäftigen wir uns mit den verschiedenen Bedeutungen von Kleidungsstücken. Die Modeindustrie stellt dem Motivforscher oft die Frage, wie die Trends aussehen, wie die Menschen sich etwa um die Jahrtausendwende herum kleiden werden.

Wenn wir die bisherige Entwicklung studieren, können wir mit einiger Sicherheit voraussagen, daß es informeller zugehen wird. Die Männermode etwa scheint von scharfen Bügelfalten abzugehen und eine lockere, bauschige, ja oft sackartige Mode vorzuziehen. Hier können wir darauf hinweisen, daß bereits die Griechen und Römer in ihrer Bekleidung viel freiere Bewegungen als wir in unserer sogenannten modernen Welt erlaubten. In Kostüm-Museen läßt sich leicht erkennen, daß eine Wandlung stattgefunden hat: von einengenden, bloß dekorativen und oft klassenmäßig bedingten Kleidungsstücken zu mehr demokratischen, klassenlosen Tendenzen.

Wie steht es zum Beispiel mit Hüten? In einer meiner Studien untersuchte ich die Frage, warum Männer heute viel weniger Hüte tragen als früher – noch viel weniger als Frauen beispielsweise. Eine der ursprünglichen Bedeutungen des Hutes war es, die Persönlichkeit gewissermaßen abzuschließen. Wenn wir in einer wichtigen Verhandlung sind und andeuten wollen, daß wir fertig sind, daß nichts mehr zu sagen ist, nehmen wir den Hut. Der Abschluß wird damit symbolisch ausgedrückt. Heute aber leben wir in einer offenen Gesellschaft.

Für die New Yorker Politikerin Bella Abzug haben Hüte möglicherweise das Ende ihrer Karriere herbeigeführt. Sie hatte immer große, schlappige Hüte getragen, die fast zu ihrem Markenzeichen geworden waren. Als Meinungsforscher ihr dann sagten, daß diese Hüte nicht immer positiv bewertet wurden, begann sie – verunsichert –, sich ohne Hut zu zeigen. Sie glaubte, dadurch ihr Image zu verbessern. Ihre Umgebung mußte sich also an ein neues Image gewöhnen. Da sie jedoch nicht besonders hübsch ist, erzielte dieser politisch gemeinte Schachzug jedoch eine gegenteilige Wirkung.

Wenn wir als Mann grüßend den Hut ziehen, entblößen wir uns. Das ist, als wenn wir sagen: »Ich fürchte mich nicht vor dir. Wir können Freunde sein. Ich exponiere meinen Kopf für eine mögliche Attacke oder für einen freundlichen Kontakt.«

Da Frauen weniger kriegerisch veranlagt sind oder zumindest es bislang waren, gibt es dieses Ritual bei ihnen nicht. Dagegen gab und gibt es bei ihnen die unbeschreiblichsten Arten von Dekorationen: wie Vogelnester, Spieldosen, ganze architektonische Kunstwerke. Ein weites Feld für den Motivforscher . . .

Was bedeuten diese Damenhüte? Offensichtlich dienen sie nicht nur dem Vergnügen der Trägerin. Vielmehr gelten sie als Attraktion, als Anziehungsmerkmal und zur Unterscheidung für das andere Geschlecht. Das ganze stellt einen Aspekt der Partnersuche dar, ganz ähnlich wie bei den Tieren.

Warum trägt der »Marlboro-Mann« einen Texas-Hut mit einer breiten Krempe? Die Größe des Hutrandes hat etwas mit der Unnahbarkeit des Trägers zu tun. Der »Marlboro-Mann« symbolisiert mit seinem Western-Hut seine Freiheit, seine Unabhängigkeit, er ist sich selbst genug. Daß er dabei gleichzeitig eine Marlboro braucht, ist – nach Aussagen der Firma Philip Morris, für die wir diese Studie durchführten – eines der wichtigsten Erfolgskriterien für diese Zigarette.

In all den Filmen, wenn die Heldin endlich nach mehr oder weniger Zureden bereit war, in die Wohnung des jungen Mannes zu kommen, bestand der erste Akt des Stripteases oft darin, daß sie die lange Nadel aus ihrem Hut herauszog, den Hut abnahm und ihr Haar lose über die Schultern fallen ließ. Im Englischen gibt es den Ausdruck »letting down your hair«. Er bedeutet, daß man sein wahres Selbst zeigt. Hüte sind also Bedeckungen, Klappen, die man auf- oder zumachen kann, mit dem ganzen dazugehörigen psychologischen Umfeld. Hohe Hüte wie Zylinder, die Bowler der Engländer oder Bischofsmützen haben eine einleuchtende symbolische Funktion: die Erhöhung des Trägers. Wenn wir in Demut den Hut abnehmen, unser Haupt beugen, so ist das die Geste des Untertans, der darauf wartet, daß der Herrscher ihm buchstäblich auf den Kopf oder auf die Schulter steigt.

Man mag über den wissenschaftlichen Wert dieser Art von Motivforschung denken, wie man will. Aber überlegen wir uns doch einmal, was geschehen würde, wenn alle Armeen dieser Welt die gleichen Uniformen tragen würden oder gar überhaupt keine. Vielleicht wären damit viele Kriege vermieden worden – oder in Zukunft zu vermeiden. Jeans haben möglicherweise mehr zur klassenlosen Gesellschaft beigetragen als alle Schriften von Marx und Lenin zusammen.

Für die Firma Hoechst (Marke »Trevira«) haben wir hier in den Staaten die Psychologie von Hosen untersucht. Wir fanden, daß sie eigentlich Stiefkinder der Mode waren.

Wir fanden heraus, daß Männer im allgemeinen lieber Hosen tragen, die ihnen Aktivität und Freiheit erlauben. Das ist einer der Gründe, weshalb Jeans so beliebt sind. Im Anzug müssen sie dauernd aufpassen, daß sie die Bügelfalten nicht verdrücken, keine Flecken machen und sich überhaupt wie brave Buben benehmen. Viele Männer, so stellten wir fest, sind im Grunde Rebellen. Die Mütter haben ihnen oft unter Zwang beigebracht, auf ihre Kleider aufzupassen.

In einer Studie für einen deutschen Hersteller von Kinderkleidern haben wir Kindern die Erlaubnis gegeben, ihre Kleidung selbst auszusuchen. Gleichzeitig waren die Mütter beauftragt, unabhängig von den Kindern Kleidungsstücke für sie auszuwählen. Während die Mütter immer noch den

Unterschied zwischen Sonntags- und Alltagskleidern machten, wurde dieser von den Kindern längst nicht mehr empfunden. Kleidung hat immer noch den Aspekt einer zweiten Haut. Das vergessen oft die Hersteller von Herrenoberbekleidung. Im Unterschied zu Damenkleidern etwa liegt die Innenseite der Herrenhose meist direkt auf der nackten Haut.

Scharfe Bügelfalten haben eine interessante Geschichte. Vermutlich sind sie ein Symbol für Mut. Scharfe Bügelfalten sind das Gegenteil einer losen, verdrückten Haltung. Strammstehen ist die Pose des Mutes. Der Feigling hat einen gebückten Rücken, atmet nicht richtig und sucht, sowenig Angriffsfläche wie möglich zu bieten. Die meisten Armeen bestehen immer noch auf scharfen Bügelfalten und auf Hosen und Uniformen, die eng sitzen. Die einzige Ausnahme ist vielleicht die russische Armee.

Auch Hosentaschen spielen eine wichtige psychologische Rolle. Sie geben dem Mann das Gefühl von Sicherheit. Daran kann man einen ungeübten Redner erkennen: er steckt die Hände in die Hosentaschen, um damit Kontakt mit sich selbst herzustellen und sich sicherer zu fühlen.

Man kann geradezu die Art, wie ein Mann seine Hosen behandelt, zu einem Persönlichkeitstest stilisieren. Männer, die dauernd an ihren Hosen herumziehen, weil sie meinen, daß sie nicht richtig sitzen, sind möglicherweise Menschen, die in bezug auf andere Situationen auch an sich »herumziehen« – im symbolischen Sinn. Hosen sind natürlich mittlerweile ein wichtiges Kleidungsstück auch für Frauen geworden. Die französische Dichterin George Sand war eine der ersten Frauen, die lange Hosen trug und damit einige Skandale verursachte. Die Männer befürchteten, daß dies bloß der Anfang einer Bedrohung durch die Gleichstellung der Frauen sei. Nicht zu Unrecht haben wir ja heute den Ausdruck: »Wer hat denn eigentlich in dieser Familie die Hosen an?«

Wenn wir bei unseren Untersuchungen demographische Angaben erheben, so begnügen wir uns ja nicht mit der Feststellung, ob jemand verheiratet ist oder nicht, sondern wir fragen, *wie* er verheiratet ist, das heißt, wer die Hosen an hat. Natürlich können wir nicht direkt danach fragen, denn welcher Mann würde ohne Zögern zugeben, daß er ein Waschlappen ist?

Frauen haben im allgemeinen mehr Gelegenheit, ihre körperlichen Schätze zu zeigen: den Busen, die Beine, die Hüften. Die Männer dagegen haben viel weniger zu zeigen oder zu bieten. Zu einem virilen Auftreten gehört es, ein bis auf den Nabel geöffnetes Hemd zu tragen und eine haarige, breite Brust zu zeigen, die vielleicht noch zusätzlich mit Ketten geschmückt ist. Bei den Rockstars etwa, angefangen bei Elvis Presley, ist es üblich, mit Frauen auf diesem Terrain zu konkurrieren. Das Ausstopfen der Genitalgegend, um damit imposante Dimensionen vorzutäuschen, war noch vor wenigen Jahrzehnten populär, ist aber in der Zwischenzeit wieder aus der Mode gekommen. Es ist jedoch gut möglich, daß wir in Zukunft wieder auf solche Hilfsmittel zurückgreifen werden.

Gürtel spielen ebenfalls eine wichtige Rolle in der Männerkleidung. Ganz besonders die Schnalle kann männliche Stärke bedeuten. Der Gürtel kann in vieler Hinsicht von praktischem Nutzen sein, z. B. kann man seine Pistole daran anhängen. Im Gürtel trug man früher auch Geld. Vielleicht ist der Gürtel auch deshalb bedeutsam, weil er den Körper zusammenhält. Man schnallt den Gürtel enger, wenn es einem schlecht geht. Die Weite des Gürtels hat also mit Fülle und Wohlstand zu tun.

Ein deutscher Unternehmer, für den wir eine Analyse durchführten, hat diese symbolische Bedeutung des ansonsten bloß praktischen Kleidungsstückes soweit für sich ausgenutzt, daß er mit der Erzeugung von Gürteln einen großen Teil seiner Produktion auslasten konnte.

Was für Motive spielten zum Beispiel bei einer Bluse eine Rolle? Wir fanden, daß dieses Kleidungsstück oft einer Stimmung Ausdruck geben kann, weil es leicht gewechselt werden kann und im allgemeinen nicht besonders teuer ist. Eine Bluse kann man mit einem neutralen Rock kombinieren und so entweder einen informellen oder einen eleganten Eindruck erwecken. Eine schlichte Bluse mit einem langen Samtrock getragen, kann eine königliche Erscheinung geben. Mit einer steifen, hochgeschlossenen Bluse assoziieren wir das Image einer altmodischen Lehrerin. Dieser Eindruck kann aber durch das Material der Bluse vollkommen geändert werden.

Gleichzeitig kann eine Bluse das Gefühl vermitteln, daß sie leicht ist, wenig Pflege braucht und eher zu einer Person paßt, die leicht erforschbar ist. Die tief ausgeschnittene Bluse war früher einmal die Handelsmarke der »femme fatale«. Heute ist ein solches Kleidungsstück weniger aufsehenerregend, und man kann nicht nur ein tiefes Dekolleté sehen, sondern sogar einen Teil des Busens.

Die Bluse bietet, ebenso wie der BH, die Möglichkeit, den Oberkörper zu formen, in demonstrativer oder in bescheidener Weise, je nach der Natur der Trägerin. Noch ausdrucksvoller ist der Pullover. Die Bluse verhüllt mehr und ist – von der Frau aus gesehen – mehr auf ihr eigenes Körpergefühl gerichtet, während der Pullover exhibitionistischer ist. Die Bluse ist mehr Verkleidung oder Korrektur.

Männer tragen heute Hosen, Frauen Röcke. Aber war das schon immer so? Die Römer und Griechen machten keine Unterschiede zwischen Kleidungsstücken der beiden Geschlechter. Beide trugen eine Art von lose hängender Toga. Vielleicht wurden Hosen deshalb entwickelt, weil sie dem Krieger mehr Freiheit gaben. Vermutlich sind sie entstanden aus der strumpfartigen Unterkleidung, die unter der Toga getragen wurde. Die Frauenbekleidung dagegen besteht seit alters her aus lose herunterhängenden Röcken, die je nach Mode mehr oder weniger Bein zeigten. Erst in den letzten Jahrzehnten ist die Hose auch für Frauen im Vormarsch, vielleicht, weil mehr Frauen berufstätig sind und in einigen Ländern sogar Soldaten werden können.

Eigentlich ist der Rock der Frau gemäßer. Er entspricht mehr ihrer biologischen Rolle. Sie ist sexuell zugänglicher, sie kann ihre persönlichen Bedürfnisse leichter im Rock verrichten. Auf der sexuellen Attraktion von Röcken beruht wahrscheinlich die älteste Form des Stripteases. Noch heute gibt es in Varieté-Shows das Cancan-Kleid oder das Flamenco-Kostüm. Sie alle stellen eine Einladung dar, unter den Rock zu sehen. Die erotische Natur des Rockes mit dem Vorwand der Unnahbarkeit wird sehr gut demonstriert bei den Vorschriften für sehr züchtige Frauen, die mitunter vier bis fünf Unterröcke tragen müssen.

Je enger geschnürt die Frau war, desto unzugänglicher und verschlossener war sie. Wir sprechen in diesem Zusammenhang auch von »loser Moral«. Bei primitiven Völkern, die im allgemeinen ihren Körper ohne viel Scheu zeigen, sind dennoch meistens die Sexualorgane des Mannes bedeckt, und sei es nur durch einen Mini-Schurz. Bei den Frauen ist man oft nicht so streng. Vielleicht ist die Erklärung die, daß die weiblichen Organe für nicht besonders schön gehalten wurden.

Das gegenteilige Phänomen finden wir beispielsweise beim Reifrock. Seine ausladende Fülle spielte nicht nur eine modische Prestigerolle, es konnten sich auch Kinder unter dem großen Rock verstecken. Der Reifrock hat also auch eine »Gluckenfunktion«.

Die Motivforschung muß häufig auf die ursprünglich biologische Bedeutung von Kleidungsstücken zurückgehen. Bekleidung hat ja sehr viel mit Entkleidung zu tun. In den verschiedenen historischen Phasen wurde auf dem Gebiet der Mode immer mit dem Grad der Entkleidung experimentiert. Fast jedes anatomische Detail des männlichen und weiblichen Körpers war irgendwann einmal Symbol der Attraktion für das andere Geschlecht oder der Dramatisierung des Körpers. Wenn wir uns bei unseren Analysen lediglich auf direkte Befragung stützen, erhalten wir – wie erwähnt – meistens nur oberflächliche Erklärungen. Man trägt einen Pelz angeblich, weil er warm hält. Man trägt einen kurzen Rock, weil das schicker ist oder weil er mehr Bewegungsfreiheit erlaubt. Das alles führt uns offenbar nicht sehr weit.

Viele unserer heutigen Kleidungsstücke scheinen überhaupt nicht mehr ins moderne Leben zu passen. Wir fanden u. a., daß Taschen, besonders die inneren Taschen bei einem Herrenanzug, eigentlich keine Funktion mehr haben. Auf Reisen zum Beispiel trägt man oft den Reisepaß oder Tickets im Jackett. Wie oft kommt es vor, daß diese Dokumente herausfallen und verloren gehen, wenn man das Jakkett auszieht. Logischerweise wurde also ein Reiseanzug entwickelt. In der Werbung zeigten wir einen Mann, der auf dem Kopf stand, ohne daß etwas aus seinen Taschen herausfiel. Alle wichtigen Taschen hatten ganz einfach Reißverschlüsse. Zusätzlich waren auf der Innenseite des Sakkos Etiketten eingenäht, auf denen man wichtige Adressen und Telefonnummern verzeichnen konnte. Dieser Anzug wurde mit großem Erfolg verkauft, unter anderem auch in Deutschland von C & A.

Manchmal wird ein Kleidungsstück im Bewußtsein der Käufer so unwichtig, daß der Verkauf stockt. Das war der Fall bei Männersocken. Wir wurden von der Firma Dupont beauftragt, Socken wieder interessanter zu machen. Mit Hilfe von Tiefeninterviews, Gruppeninterviews und Psychodrama untersuchten wir die Rolle der Socken beim Manne und im Verhältnis zwischen Männern und Frauen.

Es zeigte sich, daß Frauen im allgemeinen die behaarten Beine der Männer nicht besonders attraktiv fanden. Gleichzeitig wurden die Socken als Teil der Unterwäsche angesehen. Auf der anderen Seite aber galten gerade Socken als Symbol der Fürsorge einer Frau für ihren Mann. Wenn der Ehemann entdeckt, daß in seiner Schublade keine Socken mehr sind oder daß sie Löcher haben, und die Frau dieses Unheil nicht vermieden hat, so empfindet er es oft als ein erstes Anzeichen von nachlassendem Interesse.

Der Tatsache, daß nackte Männerbeine als häßlich gelten, wurde mit der Produktion von langen, über die Waden gehenden Socken Rechnung getragen. Zusätzlich wurden neue Farben und Muster entwickelt und Kampagnen durchgeführt, die Krawatten und Socken miteinander in Beziehung brachten. Die Socken wurden also im psychologischen Sinn sichtbarer gemacht. Alles dies wurde dann in einer Broschüre zusammengefaßt, in der wir die neue »Soxologie« proklamierten. Nach einer Reihe von weiteren Publik-Relations-Maßnahmen in den USA und in Europa konnten wir einen erheblichen Zuwachs im Verkauf von Socken verzeichnen.

Ebenfalls für Dupont untersuchten wir Damenmiederwaren. Das eigentliche Mieder ist ja zum Großteil aus der Mode gekommen. Die Frauen wollen sich nicht mehr einschnüren lassen. Nun hat aber Dupont ein neues Material, »Lycra«, entwickelt, das leicht und schmiegsam ist und absolut nichts mehr mit den Walfischstäbchen und den Gummizügen der alten Mieder zu tun hat.

Dennoch schienen aber die alten Vorstellungen über Mieder noch vorzuherrschen. Besonders die Männer, die wir auch zur Untersuchung herbeizogen, beschwerten sich, daß für sie jede Art von Mieder eine Art Barriere darstellte. Sie sagten, daß man einer Frau, die einen Hüftgürtel trägt, nur schwer den Po tätscheln kann. Als wir daraufhin ein Mieder entwickelten, das die beiden Pobacken deutlich voneinander trennt oder sie zumindest sichtbar macht, taten wir damit den Männern anscheinend einen großen Gefallen und konnten auch die Frauen überzeugen, daß dieses neue Mieder ihrer Anziehungskraft keinen Abbruch tat. Selbst Sears Roebuck, das eher puritanische amerikanische Versandhaus, führte diese Neuerung mit großem Erfolg ein.

Etwas ganz Ähnliches scheint auch bei den Miniröcken eine Rolle zu spielen. Das bis zur Ankunft dieses Rockes versteckte Knie sah plötzlich Tageslicht. An und für sich ist die knochige Struktur auch des weiblichen Knies nicht besonders attraktiv oder gar sinnlich. Wir entdeckten aber, daß viele Männer das Abenteuer der Erforschung eines weiblichen Körpers damit beginnen, daß sie ihre schwere Hand auf den Knien des Mädchens ruhen lassen. Diese glatte, runde Kapsel bedeutet für sie vielleicht ein »Kap der Guten Hoffnung«, vergleichbar mit dem Po – obzwar natürlich weniger weich und einladend. Frauen erzählten uns, daß sie nicht besonders stolz auf ihre Knie waren. Trotzdem scheinen Knie, wenn sie sichtbar sind, einen Anziehungspunkt darzustellen. Knie können sehr expressiv sein. Man spricht von »schwachen Knien«, aber auch von starken, knochigen, runden oder hübsch skulpturierten Knien. Der Minirock war also nicht bloß eine modische Erscheinung, er erzeugte auch eine Umrangierung der weiblichen Reizsignale.

Umgekehrt kann man natürlich durch Verhüllen ebenso erogene Zonen erzeugen. Auf Hawaii ist das sogenannte Muu-Muu ein traditionelles Kleidungsstück für Frauen. Es ist geschnitten wie ein Sack und reicht vom Hals bis zu den Zehen hinunter. In arabischen Ländern tragen die Frauen die Djellabah, die den ganzen Körper bedeckt. Auch sie ist dazu angetan, eine Art Mysterienvorhang darzustellen, der zur Entdeckung einlädt und dadurch den ganzen Körper vom Kopf bis zu den Zehen erogen und attraktiv macht.

Die Oberflächenbeschaffenheit eines Stoffes kann auf unseren Tastsinn anregend oder erregend wirken. Denken wir doch an Seide, Nylon oder andere synthetische Materialien, die durch ihre Glattheit eine Liebkosung der Haut simulieren, sowohl beim Träger als auch für den Partner. Dieses weiche, glatte Gefühl läßt Jugend assoziieren – im Gegensatz zu Runzeln und Falten. In der Werbung geht es oft darum, diese Weichheit und Glattheit darzustellen und zu symbolisieren.

In einer anderen Arbeit für Dupont gelang es uns, Männer zu einer »Farbenrevolution«, wie wir sie nannten, zu bringen. Viele Männer wollten insgeheim schon lange weg vom grauen Flanellanzug und sich farbiger kleiden.

Der Grund, warum sie es nicht taten, war Unsicherheit. Farbe galt im Gegensatz zu den Realitäten der Tierwelt als eine weibliche Qualität. Der Mann mußte unauffällig sein, während den Frauen alle möglichen modischen Tricks erlaubt waren. Mit der zunehmenden Sicherheit konnte es sich nun auch die Männerwelt erlauben, weibliche oder verweichlichende Faktoren in ihre Kleidung einzubauen, ohne Angst haben zu müssen, daß sie ihr männliches Image damit riskierten.

Interessant ist in diesem Zusammenhang, daß das englische Wort für homosexuell »gay« ist, was wörtlich »fröhlich« bedeutet. Unsere moralischen Werthaltungen haben sich heute bereits soweit geändert, daß es keine Schande mehr ist, sich öffentlich als »gay« zu geben. Diese Freiheit wirkt sich auch auf den normalen Mann aus, so daß er sich kreativer anziehen kann.

Besonders für das Gebiet der Herrenhemden war diese Idee für Fabrikanten fruchtbar. Sie produzierten und verkauften Herrenhemden in allen Regenbogenfarben. Allerdings werden in letzter Zeit auch wieder gedämpfte Farben und sogar weiße Hemden gefragt.

Jeans, die ursprünglich als Demonstration von »Anti-Establishment« galten, haben selbst wiederum zu einem neuen Kult geführt. Jeans sind eine Art Unisex-Bekleidung, die die Schranken zwischen den Geschlechtern aufhebt und in einer neuen Weise erotisch wirkt. Das rührt daher, daß

Jeans auf eine eindeutige erotische Funktion verzichten und dem Körper selbst mehr Bedeutung geben. Er wirkt gewissermaßen durch sich selbst, ohne von den verschiedenen Tricks der Modegestalter Gebrauch machen zu müssen.

13. Kapitel
KOSMETISCHE MASKEN UND MASKERADEN

Wie wir bereits andeuteten, gibt es wohl keinen Teil des menschlichen Körpers, der nicht in irgendeiner Weise verändert oder geschmückt wurde. Von den Ohren bis zu den Zehen wurden alle möglichen Teile bemalt, durchstochen, vergrößert oder verkleinert. Es wurden Diamanten in den Nabel gesteckt, Ringe durch die Ohrläppchen gezogen und der Kopf mit Federn oder ganzen Tieren dekoriert. Warum und wozu?

Vielleicht liegt ein Hinweis in der Bedeutung des Wortes »Make-up«. Wir machen uns nie herunter – obwohl das auch vorkommen kann, zum Beispiel, wenn wir trauern und uns mit Sack und Asche bedecken. Die eigentliche Wurzel der Kosmetik ist jedoch Kreativität. Wir wollen uns wiedererschaffen, korrigieren, was der Schöpfer ungetan gelassen hat oder unserer Meinung nach nicht perfekt genug gemacht hat. Wir sind nicht zufrieden mit uns und wollen zusätzliche Rollen annehmen.

Kosmetik stellt somit eine Art von Schizophrenie dar. Kosmetische Produkte greifen in die Natur ein.

Eigentlich ist es ein Widerspruch, wenn wir von Naturkosmetik reden. Letztlich wollen wir »Lieber Gott« spielen.

Ein wichtiges Motiv in der Kosmetik – und wenn es auch noch so weit hergeholt erscheint – ist die Verleugnung des Todes. In einer Studie für einen französischen Lippenstiftproduzenten untersuchten wir die Motivation der Verwendung dieses Produktes.

Lippenstifte, die die Lippen feucht halten, werden bevorzugt gekauft. Feuchtigkeit und Frische sind Zeichen der Jugend. Mit dem Alter beginnen die Lippen zu vertrocknen, sie bekommen Runzeln und erscheinen weniger verführerisch. Es leuchtet ein, daß mit der Verwendung von Lippenstift Jugend vorgetäuscht werden soll. Die Anzeichen des Alters oder gar des Todes sollen vertuscht werden. Es gibt ja sogar einen ganzen Beruf, der sich darauf versteht, unsere Körper zu verschönern, wenn wir tatsächlich schon kalt und steif sind. Ihr Ziel ist es, den Leichnam so herzurichten, daß es aussieht, als ob die Person bloß schliefe. Die Werbetexter der Kosmetikindustrie sprechen von »lebendigen Farben«, ehrlicherweise müßten sie von »Anti-Tod-Farben« sprechen.

Ein anderes Motiv zur Verwendung von kosmetischen Produkten ist die Ausdehnung unserer Körperlichkeit; wenn wir Nagellack verwenden oder unsere Zehen dekorieren, so ist damit dieser Zweck beabsichtigt. Manchmal lassen Menschen ihre Fingernägel zentimeterlang wachsen, um so die Länge der Finger auszudehnen. Mit einer roten oder anderen lebendigen Farbe betonen sie dann diese Extremitäten. Das gleiche gilt für Ohrläppchen oder andere Organe.

Dieser Wunsch nach Ausdehnung unserer Körperteile hat möglicherweise ebenfalls einen biologischen Grund. Auf einer primitiveren Stufe der Existenz garantierten lange Fingernägel – oder besser gesagt: Krallen –, daß wir uns leichter verteidigen oder leichter angreifen konnten.

Hier wie anderswo ist der ursprüngliche biologische Zweck zu einer bloßen Dekoration geworden. Masken waren ursprünglich dazu da, dem Feigling oder schüchternen Menschen ein zorniges und aggressives Aussehen zu geben. Bei einigen Naturvölkern gibt es den interessanten Fall, daß weibliche Masken ein paar Zentimeter höher sind als die der Männer. Ein erstes Beispiel der Frauenemanzipation? Auch Haare haben natürlich eine tiefe psychologische Bedeutung. Wir kennen alle die biblische Geschichte von Samson und Dalilah. Langes Haar, das jetzt wieder so populär geworden ist, bedeutet Virilität und Stärke, bei Frauen Weiblichkeit und Fruchtbarkeit. In Frankreich wurde den Frauen, die mit den Nazis zusammengearbeitet hatten, von der Widerstandsbewegung die Haare geschoren.

Wir haben eine ganze Reihe von Studien auf dem Gebiet der Haarpflege durchgeführt. Ungewaschene Haare sind ein Symbol für generelle Ungepflegtheit. Besonders junge Mädchen waschen sich die Haare oft, bis zu zweimal am Tag. Sie verfolgen damit das Ziel, daß ihre Haare zum Streicheln einladen.

Jede Frau scheint stolz darauf zu sein, daß ihr Haar ganz individuell und verschieden von allen anderen ist – deshalb gibt es Shampoos für trockenes, normales und fettes Haar. Fettigkeit ist überhaupt ein interessantes Phänomen. Eigentlich sind fette Haare – wie auch fette Haut – im biologischen Sinn gesünder. In unseren Studien fanden wir, daß Neger und Negerinnen eine weit positivere Haltung gegenüber solchem »natürlichen« Fett hatten als die Weißen mit ihrem angelsächsischen Reinheitssinn, die Fett mit Schmutz gleichsetzen. So ist es auch nicht verwunderlich, daß ein Produkt wie »VO 5«, das letztlich nichts weiter als Brillantine ist, bei den Schwarzen – Männern wie Frauen – äußerst beliebt ist, weil es dem Haar einen fettigen Glanz gibt.

Augen können der Hauptkontaktpunkt zwischen zwei Menschen sein. Kinder, die noch nicht so gehemmt sind, haben meistens ihre Augen weit offen. Erwachsene reißen ihre Augen ebenfalls weit auf, wenn sie Angst haben, sehr lustig oder aufgeregt sind. In beiden Fällen gibt es einen guten biologischen Grund dafür. Wenn man die Augen weit öffnet, kann man eventuelle Gefahren besser sehen, besonders wenn sie von der Peripherie des Wahrnehmungsfeldes kommen. Auch wenn wir im positiven Sinn aufgeregt und glücklich sind, wollen wir soviel wie möglich von unserer Umgebung sehen.

Nehmen Sie diese biologische Tatsache und übersetzen Sie sie in kosmetische Produkte: So entstehen Lidschatten, Augenfeuer und Wimperntusche, Produkte, die allesamt die Augen größer, tiefer und interessanter erscheinen lassen. Die arabischen Hindu und die Frauen sind darin besonders geschickt und haben schon vor Jahrhunderten Mittel verwendet, die erst in den letzten Jahrzehnten in der westlichen Welt zu den populären kosmetischen Produkten gehören. Wir können annehmen, daß mit dem besseren Verstehen dieser biologischen Faktoren noch weitere Produkte dieser Art entwickelt werden.

Wir haben eine Reihe von interessanten Wertverschiebungen in bezug auf unsere Hautfarbe durchgemacht. Während vieler Perioden in unserer Geschichte war es ein Zeichen der Aristokratie, ein blasses Gesicht zu haben, also nicht von der brennenden Kraft der Sonne berührt worden zu sein. Es war der Arbeiter, der Proletarier, der Sklave, der dunkle Haut hatte: er war bei seiner Arbeit dauernd der Natur ausgesetzt.

In den letzten Jahrzehnten haben wir diese Maßstäbe geändert. Von der Sonne gebräunt zu sein, besonders im Winter, gilt jetzt als Statussymbol. Es beweist, daß man es sich leisten konnte, in ein sonniges Klima zu reisen. Die Kosmetikindustrie hat auch davon profitiert.

Vor kurzem aber hat man gefunden, daß eine zu tiefe Sonnenbräune nicht unbedingt gesund ist.

Unsere Haarfarbe hat eine ähnliche symbolische Bedeutung. Engel sind immer blond, während Teufel und Übeltäter dunkles Haar haben. Leidenschaft, Lebhaftigkeit und Naturverbundenheit hängt mit der Helle oder Dunkelheit des Haares zusammen. Blonde Zöpfe sind mit dem Image der Brunhilde verbunden, dabei leider nicht bloß mit teutonischer Treue, sondern auch mit den Schönheitsidealen des Dritten Reiches. Graues Haar wird allgemein als Zeichen des Alters abgelehnt. In seltenen Fällen werden graue Schläfen bei Männern als Zeichen einer Distinktion angesehen, aber im großen und ganzen doch eher als Beweis dafür, daß man nicht mehr ganz jung ist. Das Färben der Haare wird daher immer mehr akzeptiert werden.

In den englischen Gerichtssälen tragen die Richter immer noch weiße Perücken, um vielleicht größere Weisheit vorzutäuschen, die angeblich mit fortgeschrittenem Alter kommt.

Perücken haben eine interessante Geschichte. In vielen Religionen, z. B. bei den orthodoxen Juden, müssen sich die Frauen gleich nach ihrer Heirat die Haare abrasieren und eine Perücke tragen – eine Art von Keuschheitsgarantie. Das ist nicht nur eine Maskerade! Diese Dinge haben sich allerdings in den letzten Jahren geändert. Perücken symbolisieren einen Wechsel der Persönlichkeit, die man für hundert bis tausend DM kaufen kann.

Anläßlich einer Studie, die wir auf dem Gebiet der Herren-Perücken vorgenommen haben, unternahm ich selbst ein Experiment, indem ich mir eine Perücke machen ließ, die ich tagelang trug. Zu meinem Erstaunen merkte fast niemand, daß ich sie hatte. Meine Umwelt nahm anscheinend an, ich hätte einfach meinen Normalzustand – ohne die Halbglatze – wieder angenommen.

Wir haben diese Entdeckung dann in der Werbung verwendet, indem wir dem potentiellen Perückenträger versprachen, er würde eigentlich enttäuscht sein, denn niemand außer vielleicht seiner Frau oder Freundin würde den Unterschied bemerken. So war das Perückentragen nicht mehr mit der Angst verbunden, die die meisten Leute hatten, »unecht« auszusehen. Man ging vielmehr zur Natürlichkeit zurück.

Glücklicherweise beginnen wir jetzt, die Tatsache zu akzeptieren, daß natürliche Schönheit erstrebenswerter ist: Haare und Haut mit natürlichen kosmetischen Hilfen zu pflegen, erscheint besser als die Resultate des chemischen Laboratoriums.

In den letzten Jahren hat die kosmetische Industrie natürliche Produkte wiederentdeckt: Milch für die Haut, Bier für das Haar, es gibt sogar Gurkencremes und Avocado-Shampoos. Fast der ganze Gemüsegarten muß herhalten, um zur Schönheit beizutragen. Viele neue Produkte sind durch das Zurückgehen auf ursprüngliche Ideen erfolgreich.

Unser Aussehen durch Masken, Kostüme oder durch die Verwendung von Make-up ändern zu wollen, scheint fast ein angeborener Instinkt zu sein. In den Krankenhäusern weiß man: wenn bei einem Patienten der Wunsch aufkommt, sich herrichten zu wollen, ist er bereits auf dem Wege der Genesung.

In einigen Kulturen besteht die Sitte, daß die Sexualpartner bei der Liebe Masken tragen. Entweder wollen sie damit ihre wirklichen Gefühle verdecken, oder sie wollen dem Partner die Illusion von Jugend und Schönheit geben.

Eine ähnliche Motivation liegt der Anfertigung von Totenmasken zugrunde. Man will damit die letzte Erscheinung des Verstorbenen konservieren und die Illusion erhalten, daß er oder sie ewig weiter so aussehen wird.

Wir müssen annehmen, daß Maskeraden in der einen oder anderen Form wahrscheinlich ihren Ursprung in den ersten Tagen der Menschheit hatten. Die kosmetische Industrie hat, soweit wir dieser Geschichte nachgehen können, sogar während der Kriege, der Pest und in anderen Zeiten des Elends floriert. Sie scheint aber auch eine Handhabe gegen die »Langeweile im Paradies« in Zeiten des Wohlstandes zu sein.

In der Tierwelt bewirken Gerüche verschiedenster Art sexuelle Erregung. Der Mensch ist ungeduldig, er will nicht auf diese sinnliche Erregung warten, und daher verwenden wir – zumindest Frauen, aber seit kurzem auch Männer – Parfums vor der sexuellen Aktivität, um diese Erregung noch zu verstärken. Wir drehen also die Prozedur um; anstatt auf den Nachtisch zu warten, wollen wir diesen schon vor der Vorspeise genießen. Parfum, so schockierend es auch klingen mag, ist eine Art Vorschuß – es soll in Wirklichkeit das Resultat des Zeugungsaktes sein und nicht des Hors d'œuvre.

Vor einiger Zeit machten wir eine Untersuchung für die Johnson Wax Co., bei der wir das gesamte Gebiet der Gerüche untersuchten. Wir fanden, daß viele Menschen das Bedürfnis nach neuen Anwendungen für Gerüche hatten, die man durch Produkte befriedigen kann. Zum Beispiel entdeckten wir den Wunsch nach einem »Aufwach-Parfum«, einem Spray, mit dem man sich am frühen Morgen zur Arbeit oder auch zum Vergnügen bereitmacht.

Viele der Dinge, die uns umgeben – auch wenn sie nicht bedingt schlecht riechen –, sollten nach Meinung unserer Befragten verschiedenartige Gerüche haben. Ein stärkerer Individualismus ist ja doch ein wünschenswertes Phänomen. Wir möchten Gerüche haben, die zu unserer Persönlichkeit passen. Auch die therapeutische Anwendung von Parfums und Gerüchen steht noch ganz am Anfang. Wir fanden, daß die Möglichkeit existiert, nicht nur anregende Parfums zu erzeugen, sondern auch beruhigende, Parfums also, die durchaus mit einem Tranquilizer konkurrieren könnten.

Fast alle römischen Ruinen führen uns die Wichtigkeit von Bädern vor Augen. Schon in Tiberias gab es Dampfbäder, die auch jetzt noch nach 2000 Jahren benutzbar wären. Sie hatten damals schon angeblich heilende Qualitäten.

Das Image eines modernen Landes ist oft mit dem Grad der Reinlichkeit der Leute, die dort wohnen, verbunden. Hier finden wir jedoch in den Statistiken oft überraschende und schockierende Tatsachen. Bei einer Untersuchung für eine deutsche Wäscherei-Vereinigung fanden wir – die Zahlen haben sich seither wahrscheinlich geändert –, daß 58 Prozent aller Deutschen nur einmal in der Woche baden, 25 Prozent alle ein bis drei Tage und 37 Prozent nur jeden vierten oder sechsten Tag.

Die Amerikaner haben einen ausgezeichneten Ruf in Sachen Reinlichkeit, aber trotzdem fanden unsere Forscher an der Cornell University, daß die meisten amerikanischen Badezimmer schlecht geplant sind. Es ist fast, als ob die Architekten sich genierten, sich zu sehr mit diesem Raum der Wohnung oder des Hauses zu befassen. Sie waren mehr daran interessiert, die körperlichen Funktionen zu verdekken, als den Aufenthalt im Badezimmer so angenehm wie möglich zu machen. Erst in den letzten paar Jahren hat man angefangen, sich darüber Gedanken zu machen, wie auch das Badezimmer einschließlich des WC wohnlicher und vergnüglicher gestaltet werden könnte. Wer würde nicht, wenn er die Gelegenheit dazu hätte, dort auch lesen oder, speziell in wärmeren Gegenden, sonnenbaden? Wenn nur die Architekten die Tatsache akzeptieren würden, daß Baden und andere körperliche Verrichtungen eine wichtige Funktion in unserem Leben haben!

Die Popularität von Swimming-pools nimmt dauernd zu. Viele Hotels haben bereits Hallenbäder. Auch die Idee, anstelle der Garagen in Privathäusern ein Hallenbad zu bauen, scheint sehr logisch zu sein. Wir leiteten eine Untersuchung über Swimming-pools für die Firma »Esther Williams«, benannt nach dem berühmten Schwimm-Star. Schwimmen und Baden haben viele andere Funktionen als die der Sauberkeit – von der Taufe angefangen bis zum Ritualbad, in dem wir uns von unseren Sünden reinigen. Auch in unserer modernen Welt hatte das Bad am Samstagabend, bevor wir ausgingen, die Bedeutung eines neuen Anfangs. Wir wuschen die Sorgen der vergangenen Woche weg. Eine der letzten modischen Erscheinungen, wenn man es so nennen darf, sind die großen Holzbottiche, die mit heißem Wasser gefüllt werden und in dem die ganze Familie oder der Freundeskreis nackt sitzt, um sich gemeinsam zu entspannen. Die Sitte stammt ursprünglich aus Japan, ist aber jetzt von amerikanischen Erzeugern aufgegriffen worden und hat einen außerordentlich großen Erfolg.

Eine große Anzahl unserer Studien befaßt sich mit Seife. Seifen haben auch selbst eine Persönlichkeit – es gibt junge Seifen, alte Seifen, Seifen, die zu gewissen Personen passen und andere, die nicht zu ihnen passen.

Für das Unternehmen Armour Dial, das vor einigen Jahren eine Deodorant-Seife einführte, fanden wir heraus, daß der ursprüngliche Zweck der deodorisierenden Seife zum Großteil hinfällig geworden war. Statt dessen erfüllt die Seife jetzt viel mehr die Funktion, sich gründlich zu reinigen, einen neuen Anfang zu machen und neue Energie und Freude zu erleben. Hier zeigt sich wieder eine interessante Wandlung im kulturellen Lebensstil – während die Amerikaner Jahre hindurch Angst vor Körpergeruch hatten, sind sie jetzt viel mehr bereit, den angenehmen Geruch ihres eigenen Körpers zu akzeptieren und die Freude am Bad zu genießen, ohne auf den deodorisierenden Aspekt zu bestehen.

In dieser Studie fanden wir auch, daß es gewisse Persönlichkeitsunterschiede gibt, je nachdem, ob jemand Duschen oder Badewannen vorzieht. Man kann auch einen kleinen Persönlichkeitstest konzipieren, ausgehend davon, welchen Körperteil die Menschen zuerst einseifen: In den meisten Fällen ist es der Bauch; das wirkt anscheinend beruhigend.

Die Besprechung und Darstellung unterschiedlicher Badegewohnheiten wurde dann von Armour Dial im Radio gebracht und im Fernsehen gezeigt und so als eine neue Form von Public Relations für diese bestimmte Seife eingesetzt.

Im allgemeinen fanden wir, daß Seife generell eine psychologische Ausrede dafür bietet, sich selbst zu liebkosen. Normalerweise ist das ja in unseren etwas gehemmten westlichen Zivilisationen nicht erlaubt. In einer unserer Seifenstudien fanden wir auch, daß sich Frauen oft ganz mit Seifenschaum bedecken und dann mit der Dusche langsam den Schaum entfernen, sich gewissermaßen ausziehen. In Japan gibt es blinde Masseure, die als besondere Meister ihrer Kunst gelten – vielleicht eine neue Berufsmöglichkeit für blinde Menschen?

Kosmetik ist ein reiches Feld für die Motivforschung, weil die meisten kosmetischen Produkte so eng mit unseren biopsychologischen Bedürfnissen und Wünschen verbunden sind. Wir versuchen dauernd, mit Hilfe der Vielfalt der uns durch die Industrie zur Verfügung gestellten Produkte, unsere Persönlichkeit zu verändern – und das nicht nur vom visuellen, sondern auch olfaktorischen Standpunkt aus. Wir können mit Sicherheit annehmen, daß die kosmetische Industrie auch noch in der Zukunft wachsen wird. Für einen unserer Kunden in Deutschland, Merz & Co., haben wir eine neue Werbung entwickelt, in der wir das Bedürfnis nach Schönheit ansprachen. Die Firma Merz hat Dragees entwickelt, die Schönheit von innen heraus verleihen. Diese Pillen enthalten Vitamine und Gelatine, Stoffe, die beispielsweise die Fingernägel rascher wachsen lassen und gleichzeitig den Teint verbessern.

Das ist vielleicht bloß der Anfang von hormonalen und anderen Produkten, die auf unser Aussehen positive Wirkungen ausüben. Vielleicht werden wir in der Zukunft neue Enzyme entwickeln, die Falten entfernen und uns dem Traum vom Jungbrunnen näherbringen.

Männer träumen immer noch davon, daß es irgendwann einmal ein Mittel geben wird, das den Haarausfall stoppt oder sogar die Haare nachwachsen läßt. Gleichzeitig gibt es natürlich auch den Wandel von Schönheitsidealen, die wohl der Fernsehdetektiv Kojak bewiesen hat. Er hat mit seiner Total-Glatze eine neuartige Virilität popularisiert. Dies gilt auch für den Filmschauspieler Yul Brynner. Wir sehen also, daß die Menschen fähig sind, aus Mängeln neue Vorteile zu machen.

14. Kapitel
AUF DER SUCHE NACH VERGNÜGEN

Es gibt viele Produkte, die in dieser Rubrik oder unter diesem Motiv klassifiziert werden könnten. Wir betrinken uns, wir nehmen Drogen ein, wir machen bei allen möglichen Verrücktheiten ohne jeglichen praktischen Nutzen mit. Vieles ist nur dazu angetan, aus dem Leben etwas mehr Spaß herauszuholen. Zigaretten, Zigarren, Pfeifen, Kaugummi, Bonbons, Süßigkeiten der verschiedensten Arten, Kaffee, Tee – alles dies könnte unter der Rubrik der Vergnügungs- und Genußproduktion eingereiht werden.

Auf dem mehr intellektuellen Gebiet haben natürlich Musik, Tanz, Fernsehen, Kino, Theater, Bücher, Kunst zum großen Teil eine ähnliche Funktion. Wenn wir versuchen, die menschlichen Motive zu systematisieren, dann entdecken wir, daß wir eigentlich noch immer von der puritanischen Zweiteilung beherrscht sind, die schon von Freud erkannt wurde: Er unterschied zwischen dem Lustprinzip und dem Realitätsprinzip. Ist es noch immer nicht erlaubt, während der Arbeit zu pfeifen oder zu singen? In einem Interview mit dem französisch-schweizerischen Fernsehen beschäftigten wir uns mit diesem Thema: nämlich der Möglichkeit, Musik noch mehr als Begleitung unseres täglichen Lebens anzusehen.

Warum können nicht viel mehr Arbeiten durch Begleitmusik rhythmisiert werden? Warum kann man z. B. in einem riesigen Warenhaus die oft unmenschliche Größe nicht dadurch unterteilen, daß man »akustische Boutiquen«

einrichtet? Wir können uns durch Musik einer Gruppe anschließen oder uns auch von einer Gruppe – durch Kopfhörer – abschließen. Wir können mit Musik aus einer schlechten Stimmung herauskommen – eine Art von Meditation.

Auf dem Gebiet der Erziehung haben wir ganz spezielle Hemmungen, mehr Vergnügen und Spaß einzuführen. Unser Vorschlag, in einem modernen Schulsystem den Kindern zu erlauben, ihre Schularbeiten mit Begleitung von Musik zu machen, was sie zu Hause sowieso tun, stieß auf Widerstand. Trotzdem wird sich die Entwicklung zu einer noch hedonistischeren Gesellschaft nicht aufhalten lassen.

Das rasche Anwachsen der Fast-food-industry beruht hauptsächlich darauf, daß wir beim Essen auch mehr Spaß haben wollen, daß wir die allzu seriöse »Tafel« nicht akzeptieren, sondern eher in einer entspannten Atmosphäre unsere Mahlzeit einnehmen wollen.

Die Gleitzeit, die in vielen Unternehmen jetzt eingeführt wird, hat einen ähnlichen Grund. Wir wollen nicht mehr in die Zwangsjacke »von 8 bis 4« oder »von 9 bis 5« des sieben- oder achtstündigen Arbeitstags eingesperrt werden. Wir wollen kommen und gehen, wann wir wollen. In vielen Fällen zeigt es sich, daß wir viel eher geneigt sind, vier Tage in der Woche zu arbeiten und dadurch ein dreitägiges Wochenende zu erreichen.

Allerdings hat dies oft die Konsequenz, daß daneben »schwarz gearbeitet« wird. Das hat natürlich ökonomische Gründe, weil bei einer solchen Inflation die Menschen einfach nicht genügend verdienen und dieses »schwarz« erarbeitete Geld mehr oder weniger steuerfrei ist.

Die Entwicklung unserer Technologie wird in jedem Fall dazu führen, daß wir mehr Freizeit haben und weniger arbeiten. Wir kehren, ohne uns dessen bewußt zu sein, zum Lebensstil primitiver Kulturen zurück. Damals arbeiteten die Leute nur soviel, wie unbedingt notwendig war. Sie hatten keine Hemmungen, auch während des Tages zu schlafen und nichts zu tun.

Wann haben wir eigentlich diese Teilung zwischen Arbeit und Vergnügen in unser Leben eingeführt?

Der Konflikt zwischen der Quantität oder Dauer und der Qualität des Lebens ist sicher ein ewiger. In den letzten Jahren ist dieses Thema wieder mehr und mehr zur Sprache gekommen. Auf der einen Seite wollen wir Paläste errichten, Straßen bauen, Landwirtschaft und Wissenschaft vorantreiben und auf dem Mond landen. Alle diese Dinge erfordern Mühe, Energie und dauerndes Streben. Auf der anderen Seite träumen wir alle davon, auf einer paradiesischen Insel im Südpazifik zu leben, wo ewiger Frühling herrscht.

Was wir jedoch immer dabei vergessen: das Paradies ist auf die Dauer sterbenslangweilig. Wenn ich manchmal davon träume, mich in den Ruhestand zu begeben, muß ich mir sofort eingestehen, daß ich das eigentlich nie aushalten würde.

Vor kurzem wurde in den Staaten das Pensionsalter von 65 auf 70 Jahre erhöht. Die Konsequenzen dieser Verschiebung wurden in der Presse diskutiert. Auch hier haben wir einen Wandel, der auf einer Änderung in der Lebenseinstellung basiert und der sich in vieler Hinsicht in neue Produkte übersetzen lassen kann.

Die endgültige Lösung des Problems besteht wahrscheinlich darin, daß wir auch der Arbeit gegenüber eine schöpferische, entspannte Haltung annehmen werden.

In unseren Untersuchungen, die sich mit der Psychologie der Arbeitsplätze beschäftigen, zeigt sich dieser Wunsch ganz deutlich. Fabriken brauchen und sollen nicht mehr grau und langweilig sein. Sogar in Kohlebergwerken kann man Skulpturen aufstellen, Farbe einführen und das Leben im Dunkeln lebhafter und farbiger machen. Wir haben dies als Resultat einer Motivstudie empfohlen.

Wir erhielten einen Auftrag, für ein Skigebiet in den Colorado Rockies neue Ideen zu entwickeln. Dieses reine Wintersportziel sollte ein Urlaubsort für die ganze Familie werden.

In unserer Erhebung beschäftigten wir uns erst einmal damit herauszufinden, inwieweit der Urlauber von heute sich von dem von gestern unterscheidet. In vielen Fällen will er sich nämlich nicht bloß körperlich ausruhen, sondern seine Suche nach Vergnügen besteht darin, eine neue Persönlichkeit in sich zu entdecken.

Der Amerikaner, der bis jetzt eine gewisse Ehrfurcht vor allem Europäischen hatte, sollte durch eine Reihe von Maßnahmen dazu gebracht werden, Amerika als Urlaubsort zu entdecken. Ein wichtiger Grund ist natürlich auch die Schwäche des Dollars, die Teuerung in den meisten europäischen Ländern und die Entdeckung, daß Minderwertigkeitsgefühle bei einer ganzen Gruppe von Menschen, eben den Amerikanern, nicht mehr am Platz sind. Es hat sich ja auch in der Zwischenzeit eine Verschiebung von Werten ergeben. New York ist heute das Kulturzentrum der Welt, und die Metropolitan Opera kann sich mit den Opernhäusern und Theatern der ganzen Welt messen. Amerikanische Architektur steht so ziemlich an der Spitze; dies trifft auch auf Filme, Literatur und viele andere Dinge wie z. B. Tanz zu. Der Amerikaner entdeckte dies aber erst ziemlich spät.

Eine Untersuchung in einen größeren Rahmen zu stellen und dabei nicht nur die dynamische Entwicklung zu sehen, repräsentiert eine andere, ebenfalls sehr wichtige Denkart, die bei der konventionellen Marktforschung nicht richtig zum Tragen kommt.

Viele unserer Studien haben sich mit Alkohol und Alkoholgenuß befaßt. Weine, Schnäpse verschiedenster Art, Scotch und Apéritifs haben einen Imagewandel erfahren. Man trinkt heute in USA viel mehr Wein-Cocktails anstelle der berühmt-berüchtigten Martinis. Auch in Frankreich sind die härteren Getränke zum Großteil von der Jugend durch Wein ersetzt worden. Dies hat eine französische Firma, Martini und Rossi, dazu gebracht, in Amerika einen Wein-Cocktail einzuführen, allerdings mit der unglücklichen Idee, ihn »French Kiss« zu nennen, was für den noch immer puritanischen Amerikaner zu verpönten erotischen Assoziationen führte. Dieser Name wird jetzt geändert, aber die Wein-Cocktail-Idee beibehalten.

Im Verlaufe dieser Untersuchungen haben wir uns gefragt, warum Menschen sich eigentlich betrinken oder warum sie überhaupt trinken. Normalerweise sieht man Alkohol als eine Form der Flucht, des Davonlaufens an. Man betrinkt sich, um seine Sorgen zu vergessen. Aber wir haben es hier mit einem anderen, interessanteren Phänomen zu tun. Trinken als Flucht anzusehen, ist eine Analyse, die nicht tief genug geht. Beobachten wir, wie wir es getan haben, einmal tatsächlich Menschen, die halb oder ganz betrunken sind. In den meisten Fällen trinken sie sich Mut an; sie werden es dem Chef richtig sagen, sie werden ihre Ehe zu Ende bringen. Was sie also tun, ist nicht davonzulaufen, sondern sich mit der Realität zu beschäftigen, vor der sie im nüchternen Zustand Angst hatten.

Sobald sie wieder nüchtern waren, fielen sie wieder in die alte Routine und taten in den meisten Fällen nichts, was sie sich als die Lösung ihrer Schwierigkeiten vorgenommen hatten. Sich betrinken, bedeutet auch – wie in der Kosmetik –, daß man einen anderen Aspekt seiner Persönlichkeit entdeckt. »Bin ich das wirklich?« fragt man sich. Alkoholischer Genuß hat also eine andere Motivation, als wir normalerweise annehmen. Wenn man Alkoholismus bekämpfen will, eine Aufgabe, die man uns oft gestellt hat, muß man erst einmal diese tieferliegenden Gründe richtig verstanden haben.

Rauchen hat einen ähnlichen psychologischen Hintergrund. Die Wirkung des Nikotins wie des Alkohols ist wahrscheinlich wichtig, aber noch wichtiger ist z. B. beim Rauchen die Tatsache, daß man etwas Festes zwischen den Lippen hat und dadurch Sicherheit gewinnt, daß man durch das Saugen an einer Zigarette orale Befriedigung bekommt.

In einer Untersuchung gingen wir sogar soweit, daß wir Rauchen mit dem Saugen an der Mutterbrust verglichen, wobei die Mutterbrust die Außenwelt darstellt, zu der man mit Hilfe der Zigarette eine Verbindung schafft. Man saugt an ihr mit einer infantilen Begierde, um ein Gefühl der Geborgenheit, wie man es als Baby ursprünglich erlebt hat, wiederzuempfinden.

Rauchen ist auch eine Art, die Zeit zu messen. Bauern sind in manchen Ländern immer noch gewohnt, die Distanzen zwischen Dörfern in Maßstäben anzugeben, die nichts mit Metern oder Kilometern zu tun haben, sondern mit der Länge der Pfeife, die man zwischen dem einen und dem anderen Ort rauchen kann. Sie sagen: »Diese Stadt ist ca. 5 Pfeifen von hier entfernt.«

Auch in unserem modernen Büro- oder Geschäftsleben verwenden wir einen ähnlichen Zigaretten-Maßstab: »Wenn ich diese Zigarette zu Ende geraucht habe, dann bin ich mit meiner Arbeit fertig.«

Ein weiterer Aspekt des Rauchens, der sehr wichtig ist, sowohl in der Werbung, wenn das Rauchen forciert oder reduziert werden soll, ist die beruhigende Wirkung von Zigaretten. Das beruht nicht nur darauf, daß man etwas im Mund hat, an das man sich anklammern kann; Zigaretten zwingen uns dazu, in verhältnismäßig regelmäßigen Abständen zu inhalieren und zu exhalieren und bringen uns dadurch zum regelmäßigen Atmen. Es scheint also so zu sein, daß die sogenannten Genußmittel – wenn man die Motive für ihre Verwendung ernsthaft analysiert –, mehr mit Versicherung und Sicherheit im psychologischen Sinn zu tun haben als mit Flucht aus dem Alltag.

Wir Menschen fühlen uns eigentlich schon mit unserer Geburt ausgesetzt, nicht nur den Elementen gegenüber, sondern auch dem Schicksal, den übergroß erscheinenden Eltern und Erwachsenen. Wir saugen an unserem Schnuller, wir saugen an unserem Daumen, wir verstecken uns unter der Decke – all dies ist in irgendeiner Weise dazu angetan, Schutz zu finden. Ein moderner Kindergarten hat tatsächlich diese Erkenntnis umgesetzt und für die ersten Wochen, wenn die Kinder sich noch isoliert und einsam fühlen – gewissermaßen dem Mutterschoß entrissen –, kleine Nischen zur Verfügung gestellt, in denen sich die Kinder verstecken und sicher fühlen können.

»Fads«, verrückte, ausgefallene Produkte der verschiedensten Arten werden dauernd erfunden und auf den Markt gebracht. Wir haben selbstverständlich ebenfalls an solchen Problemen gearbeitet und Motivstudien durchgeführt. Schon das Wort »fad« hat einen interessanten Ursprung; es ist eigentlich eine Abkürzung des Wortes »Fanatizismus«. Wenn man sich auf irgendeine für den normalen Menschen verrückte Geschichte festlegt und fanatisch daran glaubt, kann man dadurch wiederum im oberflächlichen Sinn Genuß erleben, im tieferen Sinn dem Alltag entrinnen. Eine Firma z. B. erzeugt einen Sessel, der für ca. 1000 $ verkauft wird und der ausschließlich aus Volkswagenteilen besteht. Eine andere Firma hat sich darauf verlegt, Gebrauchtwagen zu vermieten – aber nicht normale Gebrauchtwagen, sondern total zerschlagene Wagen, die jedoch noch immer funktionsfähig sind.

Eine Zeitlang hatte ich in meinem Büro riesige, drei Meter große, aus Teppich ausgeschnittene Füße, die ich von einer Erzeugerfirma als Geschenk bekam. Sie waren ein guter Ausgangspunkt für eine Konversation, hatten aber keinerlei praktische Bedeutung. Diese Teppichfüße wurden »pussy foot« genannt, was im Englischen ein Diminutiv und – in Anbetracht ihrer gigantischen Größe – ein ausgesprochener Gag ist. 100 000 dieser »Riesenfüße« wurden verkauft.

Spielzeuge für Erwachsene wie Bolzen, die man lediglich auf- und zuschrauben kann (ich habe welche auf meinem Schreibtisch), sind ähnliche »fads«. Man beschäftigt seine Hände damit, während man mit jemandem spricht und hat dadurch ein Gefühl der Sicherheit.

Videospiele waren eine Zeitlang ein Verkaufshit. Man kann durch das bloße Drücken von Tasten ein Konkurrenzspiel – Tennis, Fußball und ähnliches – auf seinem Fernsehschirm simulieren. Aber überlegen wir uns doch, was eigentlich dahinter steckt? Viele dieser Spiele sind nicht weit von Lotterie und Roulett entfernt. Wir entdecken meistens früh im Leben, daß wir vom Schicksal abhängig sind; wenn wir aber Bakkarat oder etwas Ähnliches spielen, dann können wir wenigstens zeitweilig die Illusion haben, allmächtig und dem Schicksal überlegen zu sein.

Daß in Wirklichkeit immer nur der Besitzer des Kasinos derjenige ist, der gewinnt, wissen wir zwar, aber wir können es emotionell nicht akzeptieren.

Die Suche nach Vergnügen spielt in vielen unserer täglichen Produkte eine große Rolle, aber auch im Management. Einige unserer Untersuchungen hatten die Frage als Aufgabe, wie man die Arbeitsproduktivität steigern kann. Dies ist eine der besten und wichtigsten Methoden zur Inflationsbekämpfung. Trotzdem haben wir bisher noch keine endgültigen Wege dahin gefunden. Wir sind zunächst einmal darauf aus, Patriotismus, Arbeitsstolz und ähnliche hübsche Dinge zu mobilisieren. Unsere Untersuchungen hingegen zeigen, daß in den meisten Fällen die Lösung darin liegt, die Arbeiter dazu zu bringen – ob sie nun in einem Büro oder in einer Fabrik tätig sind –, mehr Vergnügen an der Arbeit zu haben. Wenn die Arbeiter glücklicher und zufriedener sind, sind sie meistens auch bessere Arbeiter: also produktiver.

Im Verlauf solcher Untersuchungen, ob sie jetzt für Bergarbeiter oder für Büropersonal, Sekretärinnen oder Manager gelten, stellten wir uns immer wieder die Frage, warum viele der Dinge in unserer Arbeitsumgebung eigentlich so gestaltet sind, wie sie sind. Müssen Schreibtische immer viereckig und so überaus würdig sein? Fast wie eine Barrikade, hinter der wir uns verstecken können! Dürfen sie nicht auch beweglich und verstellbar sein, aus Glas oder Plastik?

Sessel sollten doch beweglich sein, in allen möglichen Richtungen; sie sollten auch nach rückwärts klappbar sein, so daß wir z. B. in entspannter Haltung diktieren oder telefonieren können.

Viele der Gegenstände, die wir am Schreibtisch verwenden, wie Bleistifte, Füllfedern, Mappen usw., könnten versenkbar sein, so daß die Oberfläche des Schreibtisches leer bleibt. Die meisten Büros wirken leblos – das fängt schon bei den Gängen in einem Büro an – oder Fabrikgebäude, die eher an Türen von Gefängniszellen erinnern. Bei einigen Firmen hatten wir mit unseren Ideen sogar Erfolg; das Columbia Broadcasting System in New York hat jede Tür anders bemalt und dekoriert, und jedes Büro sieht individuell aus.

Den Arbeitern die Erlaubnis zu geben, ihre Individualität an ihrem Arbeitsplatz auszudrücken, trägt auch zur Produktivität bei, macht uns aber noch Angst.

Viele Menschen lieben Pflanzen. Warum also nicht aus dem Büro zumindest teilweise ein Gewächshaus machen? Wenn die Fenster nicht zu öffnen sind, wie das leider oft bei Wolkenkratzern und modernen Bürogebäuden der Fall ist: warum nicht Blumenbehälter außerhalb des Fensters anbringen, die durch kleine Kupferröhren liebevoll von innen her bewässert werden können?

In einer neueren Studie auf dem »Fast-food«-Gebiet à la McDonalds fanden wir, daß die Menschen nicht mehr so rasch essen wollen, sondern auch hier beim Verspeisen eines Hamburgers ein Erlebnis haben wollen. Dekoration von Gaststätten in verschiedenen Stilen wurde von uns vorgeschlagen und zum Großteil auch bereits durchgeführt.

Viele Firmen verlangen von uns, daß wir für sie philosophieren oder ihnen eine Art von Kredo geben, das sie dann für ihre Public Relations einsetzen können.

In einem solchen Fall müssen wir sogar soweit gehen, die Motive zu analysieren, die bei judäo-christlichen Religionen eine Rolle spielen. Wir finden, daß die meisten Religionen viel Wert auf Arbeit legen. Das Konzept der Erbsünde und die Notwendigkeit, daß der Mensch im Schweiße seines Angesichts arbeiten muß, findet sich in Varianten in den meisten Hauptreligionen der Menschheit. Marxisten würden sagen, daß dies alles im Dienst des Profits und des Kapitalismus steht. Wenn man aber Arbeiterparadiese im Osten besucht, dann entdeckt man, daß sie noch viel strikter sind in ihrer Betonung, daß die Menschen unentwegt Arbeit leisten – in diesem Fall um den Sozialismus zu fördern.

Natürlich gibt es keinen Zweifel, daß Arbeitserfüllung – etwas zu leisten, ein Ziel zu erreichen – an und für sich Vergnügen bereitet.

Diese Tatsache ist gleichzeitig auch ein Problem des Ruhestandes, des Urlaubs und der Freizeitgestaltung. Nachdem wir uns ein ganzes Leben lang darauf eingestellt haben, entweder freiwillig oder unter Zwang das Schaffen, etwas Erreichen als Hauptzweck des Lebens anzusehen, entdecken wir plötzlich, daß dieses Ziel von einem Tag auf den anderen nutzlos geworden ist – daß man uns sogar zwingt, nicht mehr weiterzuarbeiten.

Die Verschiebung des Pensionsalters von 65 auf 70 Jahre hat bereits zu Protesten geführt, man versperre dadurch jungen Arbeitern den Weg nach oben.

Das Problem ist, daß wir eigentlich nicht auf das Aufhören der Arbeit eingestimmt wurden. Wir müssen vielleicht in der Zukunft Schulen einrichten mit Trainingsprogrammen für den Ruhestand, vielleicht sogar in einem breiteren, philosophischen Sinn Menschen darauf einstellen, ihr Leben zu genießen und kreativ zu gestalten. In unserer Untersuchung für Freizeitgebiete haben wir ein solches Trainingsprogramm eingeführt.

Wahrscheinlich ist eine Hauptangst bei der zunehmenden Freizeit, daß wir keine Struktur und Organisation mehr haben. Solange wir arbeiten, ist ein Gefühl des Wachstums da – wir wollen weiterkommen –, sei es nun ein weiterer Titel vor unserem Namen oder nur ein erhöhtes Einkommen. Ein Tag, der ohne klare Unterabteilungen abläuft und nicht mehr von der Uhr dominiert wird, scheint auch die Mutigsten unter uns zu beängstigen. Vielleicht sollten wir mit nahendem Pensionsalter beginnen, wenigstens einmal im Monat einen vollkommenen unstrukturierten Tag zu erleben – einen »verlorenen Tag«.

Da Motivforschung sich natürlich auch mit soziologischen und ökonomischen Entwicklungen beschäftigen muß, können wir mit Sicherheit voraussagen, daß wir mit der weiteren Entwicklung der Technologie mehr Freizeit haben werden und daß wir deshalb auch nach neuen Ausdrücken des Vergnügens und der Unterhaltung suchen werden. Die Idee, ein Urlaubsgebiet aufzubauen, das der Familie das ganze Jahr hindurch Urlaubsmöglichkeiten bietet, liegt bestimmt im Gesamttrend.

Wir werden mehr Swimming-pools, Strände, Wasserspielmöglichkeiten etc. entwickeln. Vielleicht werden wir auch auf ehemals aristokratische Unterhaltungen zurückgreifen müssen. Golfspielen war früher einmal der Sport der privilegierten Klasse. In vielen Ländern ist er heute so populär geworden wie Fußballspielen. Tennisfarmen sind ebenfalls eine ganz neue Industrieentwicklung.

Viele der Produkte, die als würdevoll angesehen werden

und an die viele sich nicht so recht herantrauen, wie Bücher, elegante Porzellanservices, Antiquitäten oder Smokings, werden heute viel eher als »Spielmöglichkeiten« angesehen.

In einer Studie für eine Bibliothek haben wir vorgeschlagen, daß die Funktion einer öffentlichen Leihbibliothek über das Ausleihen von Büchern hinausgehen müßte: daß man dort auch Gemälde und Sportgeräte ausleihen können sollte, daß also das ehrwürdige Buch gewissermaßen entwürdigt werden sollte. Museen sind sehr oft angsterregend. Leute einzuladen, durch ein Museum zu gehen, nicht bloß um sich zu bilden, sondern um Spaß zu haben – vielleicht nur ein oder zwei Stunden dort zu bleiben –, ist eine weitere Idee in dieser Richtung.

Statuen, auf denen auch heute noch oft steht: »Bitte nicht berühren«, mit Schildern zu versehen, die das genaue Gegenteil sagen: »Bitte berühren« (Erfreut euch doch an den Kurven, die der Künstler geschaffen hat!), ist etwas Ähnliches. Das steht uns vielleicht in der nahen Zukunft zuvor. Es gibt bereits einige Museen, die genau das eingeführt haben, sogenannte »lebende« anstelle »toter« Museen.

Sich nicht zu ernst zu nehmen, über das Leben und unter Umständen auch über den Tod lachen zu können, ist in einigen Fällen bereits Thema einer Zeitschrift oder von Romanen und Filmen geworden. Der Film »Alexis Zorbas« hat eine Szene, die vielleicht für diesen Zeitgeist typisch ist. »Ich spucke auf den Tod, ich fürchte mich nicht vor dem Tod«, sagt Zorbas.

Eine Firma, die Ansichtskarten und Glückwunschkarten erzeugt, hat aus dieser neuen Tendenz ein zusätzliches Geschäft gemacht, indem man sich über verschiedene ernste Dinge – wenngleich noch nicht über den Tod – lustig macht. Anstatt jemandem eine Karte zu schicken, um ihm baldige Besserung zu wünschen, steht da: »Du schwindelst schon wieder – Dir fehlt ja gar nichts.«

Wir analysierten vor einiger Zeit für »Time Magazine«

den Grund seines Erfolges. Wir nannten es damals »einen Reißnagel auf den Sessel des Bischofs legen« – sogar ein Bischof oder der Papst springt auf, wenn ihm so etwas widerfährt. Mit anderen Worten: Wir sind dabei, dem Menschen die falsche Würde und das Pathos zu nehmen.

Das gleiche erleben wir auch bei den Statussymbolen, wie wir vielen unserer Erhebungen entnehmen. In den Staaten und auch in anderen Ländern hat das dazu geführt, daß man viel weniger Respekt vor der Obrigkeit hat, inklusive dem Staatsoberhaupt. Zeitschriften wie »Mad« sind auch deswegen so außerordentlich erfolgreich.

Diese Tendenz wird wahrscheinlich zunehmen, weil wir in einer Zeit dauernder Spannungen und ununterbrochener Krisen leben und täglich schlechte Nachrichten durch Radio und Fernsehen erhalten. Seit kurzem gibt es jetzt in den Staaten einen Nachrichtendienst, der nur optimistische, positive Nachrichten bringt.

In der gesamten Werbung, speziell wiederum in Amerika, ist deutlich ein Humor zu bemerken. Man macht Reklame für ein Produkt, aber nicht in einer bierernsten Art, sondern man geht sogar soweit, daß man sich über sein eigenes Produkt lustig macht. Oft ist diese Art der Werbung erfolgreicher als die, die nur drauflos hämmert und mit allen möglichen Tricks beweisen will, daß die eigene Marke wirklich besser ist.

Wir werden mehr und mehr Spielzeuge erfinden, auch solche, die nur für Erwachsene bestimmt sind. Eine Zeitlang gab es lebensgroße Puppen, die junge Leute zu sich ins Bett nahmen. Dabei war gar nichts Böses gemeint, sondern es war eine Art der spielerischen Bemutterung, des Schutzes und gleichzeitig auch der Kameraderie.

Nostalgie, ein weiterer Trend, der zu beobachten ist, hat wahrscheinlich auch mit dieser Sehnsucht nach sorgenloseren Tagen zu tun, die es angeblich in der Vergangenheit gab. Natürlich – wenn man die Tatsachen studiert, findet man, daß das gar nicht so war. »Fads« sind leider – oder glücklicherweise? – nicht sehr langlebig, aber sie können die Basis für sehr profitable Geschäfte sein.

Es gab einmal eine Firma, die wertlose Steine verkaufte – ohne die Kunden anzulügen. Der Witz lag eben darin, daß die Steine keinen Zweck oder mysteriöse Eigenschaften hatten – sie waren eben bloß Steine. Vielleicht rühren alle diese Finessen daher, daß das Leben, obwohl es uns so viele Schwierigkeiten bereitet, gleichzeitig im Hinblick auf die täglichen Probleme zu leicht geworden ist. Wir brauchen kein Holz für unseren Ofen zu spalten – wir stellen einfach den Thermostat auf den richtigen Grad ein und alles geht automatisch. Im Badezimmer und in der Küche gibt es fließendes Heiß- und Kaltwasser; wir kaufen immer mehr arbeitsersparende Problemlösungen. Dann wissen wir nicht, was wir mit der ersparten Arbeitszeit anfangen sollen. Das Resultat ist, daß wir uns nach neuen Möglichkeiten umsehen, um unsere Freizeit zu füllen.

Glücklicherweise wird Verspieltheit nicht mehr als sündhaft angesehen. Die Zeitungen, besonders in den Vororten der amerikanischen Städte, sind voll von Kursen, in denen man Töpfern lernen kann oder bunte Glasfenster herstellt. Die Strick- und Teppichknüpfindustrie hat auch sehr stark zugenommen. Wir untersuchten den Markt für eine griechische Firma, die griechische Wolle – die zwar nicht aus Griechenland stammte – in Amerika einführen wollte. Sie ist bereits in Deutschland und anderen Ländern sehr erfolgreich. Es gibt ganze Ketten von Spezialgeschäften, die auf dieser Heimkunst aufgebaut sind.

15. Kapitel
DEN ZAHMEN TIGER REITEN

Autos und Flugzeuge sind Ausdruck einer wichtigen menschlichen Motivation. Der Wunsch, Distanzen zu bewältigen, Sieben-Meilen-Stiefel anzuziehen, ist uralt.

In Studien, die sich mit der Rolle des Autos in verschiedenen Ländern beschäftigten, konnten wir feststellen, daß das Auto heute ein Sozialindikator ist. In unterentwickelten Ländern – oder hübscher gesagt: in Entwicklungsländern – hat es noch eine sehr große Bedeutung. Auch jeder Russe träumt davon, in den nächsten Jahren Autobesitzer zu werden. Im Gegensatz dazu gilt in Amerika und anderen westlichen Ländern das Auto fast nur als Transportmittel.

Man kann die Motive, die mit dem Transportwesen zusammenhängen, und deren unterschiedliche Gewichtung schon dadurch vergleichen, daß man sich ansieht, wieviel Liebe das Auto in einem Land erfährt. Das amerikanische Auto ist meistens schmutziger und spielt weniger die Rolle eines »Familienmitglieds«, wie das zum Beispiel noch in Deutschland oder England der Fall ist. Die Verehrung für das Auto sinkt mit dem industriellen Entwicklungsstand eines Landes. Um in einem stark entwickelten Land mit einem Auto Furore machen zu können, muß man zumindest einen Sportwagen besitzen, möglichst der Luxusklasse.

Obgleich ein Großteil der Menschheit noch nie ein Flugzeug bestiegen hat, ist das Fliegen für uns doch bereits zu einer Alltäglichkeit geworden. Einer der ersten gewesen zu sein, der zum Beispiel mit der Concorde geflogen ist, kann höchstens eine Zeitlang ein Gesprächsthema sein; bald wird auch dies kein Thema mehr sein. Die Mondlandung erregt schon längst nicht mehr die Gemüter. Die meisten von uns können sich überhaupt nicht mehr erinnern, wer es eigentlich war, der diesen kleinen Schritt – so groß für die Menschheit – gemacht hat.

Dennoch wird unsere Einstellung zu unseren modernen Fortbewegungsmitteln von tieferen Motiven bestimmt. Aufschluß darüber erhält man nicht – wie schon mehrfach erwähnt – durch bloßes Befragen. Sportwagenbesitzer antworten auf direkte Befragung, daß ihnen ihr Fahrzeug ein Gefühl von Jugendlichkeit und den Rausch der Geschwindigkeit vermittelt. Wir fragten also in unseren Studien die Testpersonen nicht offen, warum sie einen Sportwagen besitzen, sondern wir ließen sie frei assoziieren und in allen Details erzählen, wie die letzte Fahrt mit ihrem Sportwagen verlaufen ist. So entdeckten wir beispielsweise, daß der Lärm ungeheuer wichtig ist. Auch das Gefühl der Überlegenheit anderen gegenüber spielt eine große Rolle: Auf der Autobahn überlegen an anderen vorbeifahren zu können, ist ein starker Anreiz für den Kauf eines Sportwagens.

Solche Motive erkannt zu haben, bedeutet jedoch nicht, sie in der Werbung auch ansprechen zu dürfen. Anstatt die Beschleunigung herauszustellen, sollte man vielmehr von Sicherheit sprechen – es gibt Situationen auf der Autobahn, in denen man ganz schnell an jemandem vorbeifahren muß, um einer Gefahr zu begegnen.

In unseren Untersuchungen über die Funktion des Autos als Sozialindikator verwandten wir auch die Methode der neutralen unabhängigen Beobachtung. Wie verhalten sich die Menschen ihrem Auto gegenüber? Wie hoch oben steht es auf der Wunschliste? Wie viele Stunden pro Woche verwenden sie zum Beispiel auf die Reinigung? Und schließlich und endlich: Wie sieht das Auto aus? Selbst wenn die Befragten im offenen Gespräch immer wieder betonen, daß das Auto für sie verhältnismäßig unwichtig sei, strafen sie sich durch ihr Verhalten oft selbst Lügen.

In der Politik geht der erfahrene Interpret ja schon immer so vor, daß er sich nicht auf verbale Erklärungen verläßt. Wenn der Bundeskanzler verspricht, daß er die Währung ganz bestimmt nicht auf- oder abwerten wird, gleichzeitig aber Vorkehrungen trifft, die auf das Gegenteil hinweisen, ist der Spekulant gut beraten, der sich mehr auf die Handlungen als auf die Sprüche der betreffenden Person verläßt.

Die schnelle Überwindung von Distanzen war früher ein großes Problem beim Zusammenleben der Menschen. Heute ist daraus oft ein Sport und ein Vergnügen geworden. Das Skilaufen war lange Zeit eine notwendige Art der Fortbewegung für Menschen, die in schneereichen Gegenden wohnen. Heute ist das Skilaufen längst mehr als eine bloße Bewältigung eines Umweltproblemes. Skiläufer schwärmen von der traumhaften Stille und der Reinheit der Landschaft. In dieser Umgebung – noch deutlicher vielleicht bei Neuschnee ist das Hinterlassen einer Spur in dem jungfräulichen Schnee in einem psychoanalytischen Sinn fast mit einer Entjungferung vergleichbar. Je mehr Skiläufer es gibt, desto weniger funktioniert natürlich dieses Vergnügen.

Eine schwere Aufgabe war es für uns in diesem Zusammenhang, die Idee von Schneemobilen, eine Art motorbetriebenes Schneefahrzeug also, akzeptabel zu machen. Die Skiläufer und die Umweltschützer hatten mit Recht dagegen gekämpft, daß diese schöne, reine und ruhige Winterlandschaft von den lärmenden Eindringlingen zerstört würde. Wir empfahlen also, aus den Schneemobilen Verteidiger der Natur zu machen. Sie können zum Beispiel Wild, das im Winter irgendwo ohne Nahrung gestrandet ist, retten oder gefährdete Bäume schützen.

In gewisser Hinsicht stehen wir erst am Anfang der Entwicklung unserer Mobilität. »Mobile Homes«, wie sie so hübsch genannt werden, gibt es in USA schon seit geraumer Zeit. Sie ermöglichen es dem Bewohner, sein Haus wie eine Schnecke auf dem Rücken zu tragen.

Wir erforschen bereits die Möglichkeit, unsere Mobilität ins All zu verlegen – mit den Raumstationen. Durch entsprechende Filme werden wir immer neugieriger auf unsere Nachbarn im All. Immer wieder gibt es Leute, die felsenfest behaupten, daß sie UFOs gesehen haben. Das Interesse an der extraterrestischen Mobilität ist so groß geworden, daß es auf diesem Gebiet sogar Spielzeuge aller Art gibt.

Für den Motivforscher interessant ist die Bipolarität, die hinter solchen Phänomenen steckt: Auf der einen Seite entwickeln wir die Technik der Fortbewegung bis zu einem nie geahnten Punkt, wie zum Beispiel in der Raumschiffahrt und der Unterwasserforschung; auf der anderen Seite entsteht eine neue Wanderlust, die natürlich ihrerseits wieder ganze Industrien nach sich zieht. So gehören Abenteuer-Tours zu den neuesten Gelüsten unserer modernen Welt. Die Wildnis Alaskas zu erforschen, die höchsten Gipfel zu erstürmen, ja sogar den Atlantik im Ballon zu überqueren – dies alles sind schon keine Träume von Einzelgängern mehr.

In unseren Städten hat die Fußgängerzone ihren Siegeszug angetreten. Dies ist ein Ausdruck des Bedürfnisses, die Zentren unserer Städte wieder menschlicher zu machen. Die Stadtbewohner wollen im Extremfall sogar den Unterschied zwischen Stadt und Land zum Verschwinden bringen. Konsequenterweise haben wir einmal vorgeschlagen, an einzelnen Stellen einer amerikanischen Stadt Farmen zu errichten. Der Vorschlag stößt natürlich auf räumliche Probleme, aber man kann mit Hilfe modernster Anbaumethoden auch auf einer kleinen Fläche Gemüse und Blumen züchten.

Eine weitere Idee war es, aus den Wolkenkratzern, den

»skyscrapers«, »greenscrapers« zu machen – und zwar nicht nur durch Dachgärten, sondern durch Balkone und Pflanzschalen vor jedem Fenster.

In unserem Bestreben, mehr und mehr Raum zu erobern, stoßen wir an natürliche Grenzen. In San Francisco hat man den Autofahrern schlicht und einfach gesagt, daß keine Autobahnen mehr gebaut werden würden und daß sie sich eben mit dem neuen Massentransportmittel einzurichten hätten. Nach einem kurzen Aufbäumen wurde diese Grenze eines unkontrollierten Wachstums jedoch von den meisten Bewohnern akzeptiert.

16. Kapitel
HÖHLEN MIT SAMT AUSGEKLEIDET

Die Beschaffenheit unserer Behausung war schon immer ein wichtiges Element des sozialen Lebens. Je größer die Hütte, desto höher der Status. Daran hat sich auch in unserer modernen Gesellschaft nicht allzuviel geändert. Je größer die Wohnung oder der Garten, desto wichtiger ist unsere Stellung in der Gemeinde – oder desto wichtiger kommt sie uns vor. Vielleicht ist die zugrundeliegende Motivation in den territorialen Ansprüchen der Tiere zu sehen.

Wie dem auch sei, für den menschlichen Bereich läßt sich vieles aus diesem Themenkreis auf das Kernthema »Sicherheit« zurückführen. Je größer mein persönlicher Lebensraum ist, desto weiter bin ich von meinen möglichen Feinden entfernt. Je dicker der Teppich in meinem Zelt ist, desto mehr Distanz besteht zwischen mir und der rohen Erde. Schon der Höhlenmensch bedeckt die Erde mit Gras und Fellen. Je mehr er davon hat, desto reicher, das heißt: gesicherter vor Ungeziefer, Schlangen und dergleichen ist er.

In der Innenarchitektur finden wir das Sicherheitsmotiv auch in der Formung des Raumes wieder. Ein runder Raum vermittelt Sicherheit, denn in den Ecken können sich Feinde verstecken, oder es kann sich zumindest Schmutz dort ansammeln. Trotzdem ziehen westliche Kulturen viereckige Gemächer vor. Sie täuschen Ordnung und Kontrolle des Chaos vor. Moderne Hotels, besonders die für eine wohlhabendere Schicht, beginnen bereits, mit unregelmäßig geformten Zimmern zu experimentieren, so zum Beispiel auf Sardinien in den Hotels des Aga Khan.

Etwas ganz Ähnliches findet man in der Struktur von Moscheen. Es gibt in ihnen fast keine ebene und schmucklose Fläche. Besonders die Decken haben eine unmittelbar wirkende Dreidimensionalität. Ähnlich wie in einer Höhle die Stalaktiten, hängen in Moscheen oft kleinere und größere, gold und blau dekorierte Zapfen von der Deckenwölbung herunter. Der Mensch hat das Gefühl des Geschütztseins.

Während Türen in westlichen Behausungen funktional und einfach sind, gleichen sie bei den orientalischen Völkern wahren Wunderwerken. Die Tür wirkt magisch: anstatt einer gibt es deren drei oder vier; die größte hat oft bloß dekorativen Charakter, während die kleinste dann wirklich zu öffnen ist. Das Hinausgehen und Hereinkommen wird dabei zu einer dramatischen Inszenierung.

Oft werden wir gefragt, wie das Haus der Zukunft aussehen wird. Man könnte etwa die Hypothese aufstellen, daß es nur noch Warmlufttüren und -fenster geben wird. Gleichzeitig stellen wir aber bei den heutigen Menschen eine tiefe Sehnsucht nach Wärme und Nähe fest. Wir würden daher eher prognostizieren, daß alte oder neue dekorative Möglichkeiten entwickelt werden.

Gleichzeitig nimmt die Furcht vor der kalten Außenwelt ab. Studien zeigen, daß die Fenster immer größer werden und uns mehr Verbindung mit der Außenwelt gestatten. Das Innen und das Außen gehen fließend ineinander über. Die moderne Technik hat uns die Abkehr von den Butzenscheiben erlaubt.

An diesem Beispiel läßt sich die Theorie demonstrieren, die besagt, daß der geschichtliche Fortschritt spiralförmig verläuft. Einerseits bewegen wir uns vorwärts, andererseits kehren wir zu Dingen zurück, die längst aufgegeben waren. In den allermodernsten Häusern kehren wir zu den rohen

Materialien zurück: Steine, Ziegel, Holzbalken werden gezeigt, anstatt ängstlich verputzt zu werden.

Ein weiterer Trend geht wahrscheinlich dahin, daß wir zunehmend unsere Häuser, Wohnungen und Büros ohne Zwischenwände bauen. In der Geschäftswelt ist das Großraumbüro ja bereits gang und gäbe. Wir haben es nicht mehr nötig, unser Terrain – wie die Tiere – gegeneinander abzugrenzen.

Die Höhe eines Bauwerkes hat natürlich ebenfalls schon immer eine symbolische Bedeutung gehabt. Vom Schloßturm und vom Kirchturm herab konnte man den Feind schon von weitem sehen, lange bevor er das Tor erreichte. Wenn wir heute auf einem Hügel wohnen, geben wir vor, daß es um der schönen Aussicht willen sei, aber in Wirklichkeit handelt es sich dabei noch immer um ein unbewußtes Gefühl der Sicherheit und gleichzeitigen sozialen Überlegenheit. Das Penthouse hat eine ähnliche psychologische Funktion.

Das architektonische Konzept der alten Stadtmauern vermittelt dem Stadtbewohner das Gefühl von Schutz und Sicherheit, selbst Schutz vor Verbrechen und Überfällen, wie sie heute in amerikanischen Städten leider dauernd vorkommen. In einer Stadtsanierungsstudie für die US-Regierung schlugen wir demnach vor, mit modernen Mitteln die Stadtmauern nachzuahmen und die Wohnhäuser in den Städten um einen geschützten Hof herum zu bauen. Auch in Privathäusern werden Atriumbauten um einen inneren Hof herum wieder populär. Man zeigt dem Nachbarn zwar eine akzeptable Fassade, aber man versucht nicht mehr, ihn um jeden Preis zu beeindrucken. Man baut sein Haus, um zu allererst selbst daran Gefallen zu haben.

Lange Zeit galt es als selbstverständlich, daß die Möbel in unseren samtartigen Höhlen ewig halten würden. In einer Studie für eine Möbelfabrik hingegen entdeckten wir, daß der Hinweis auf die Solidität von Tischen, Sesseln und Betten usw. keineswegs der Idealvorstellung des Kunden entsprach. Die Käufer wollen vielmehr leicht umstellbare und auswechselbare Stücke haben. Wir sind eben mobiler geworden und wollen Abwechslung. Schließlich werden auch die Häuser viel öfter gewechselt als früher.

Die alte europäische Vorstellung, daß Wohnstätten einige Generationen lang stehenbleiben müssen, gilt mehr und mehr als überholt. Die meisten Häuser sind schon nach 20 oder 30 Jahren durch neue technologische Entwicklungen auf dem Gebiet der Heizung, der Baumaterialien, der Reinigungsmöglichkeiten veraltet und unökonomisch. Bei einem Auftrag von europäischen Bausparkassen hatten wir die Aufgabe, diese veraltete Einstellung zu ändern und den Sparern klarzumachen, daß auch auf dem Gebiet des Wohnens dynamische Sicherheit notwendig ist.

Die Gestaltung unserer Nachbarschaft muß nicht dem Zufall überlassen bleiben. Für eine große amerikanische Bauunternehmung untersuchten wir die Einstellung von Mietern zu ihrer Nachbarschaft. Um unsere Hypothesen zu testen, lebten wir in einer Art »Laborexperiment« selbst einige Zeit in einer Wohnanlage.

Wir stellten dabei beispielsweise den Wunsch nach freiwilliger Beteiligung an Gemeinschaftsaktivitäten fest. So wurde ein Gewächshaus angeboten, das der Gruppe gemeinschaftlich gehörte. Die einzelnen Stockwerke bildeten regelrechte Gruppen: Die Mütter beaufsichtigten wechselseitig Kinder oder kochten reihum für die ganze Gruppe. Durch derlei Maßnahmen kann man im modernen Wohnungsbau solche psychologischen Bedürfnisse wie Sicherheit und Freundschaft befriedigen.

Im Auftrag einer Zeitschrift stellten wir uns die Frage: Wie wird die moderne Wohnung aussehen? Zunächst zogen wir die Richtigkeit und Wichtigkeit der jetzt herrschenden Strukturen in unseren Wohnungen in Zweifel. Entsprechen sie noch dem modernen Lebensstil? Leben wir wirklich nur im Wohnzimmer, kochen wir nur in der Küche, schlafen wir nur im Schlafzimmer?

Unsere neuen Aktivitäten heißen doch ganz anders: Wir brauchen ein Unterhaltungszentrum; ein Lernzentrum, in dem man ungestört lesen oder sich weiterbilden kann. Das Badezimmer ist eher ein Gesundheits- und Fitnesscenter geworden. Wenn wir von der Arbeit nach Hause kommen, möchten wir vielleicht zunächst eine halbe Stunde allein sein. Wir brauchen einen Übergang, einen Dekompressionsraum.

Vielleicht sollten wir unsere Wohnungen und deren Einrichtungen vollkommen umgestalten. Die sogenannte »gute Stube« ist ja schon längst verschwunden, vielleicht wird aber auch das Eßzimmer ebenso unnötig werden. Wo steht geschrieben, daß wir immer in demselben Zimmer schlafen müssen oder wollen? Unsere Untersuchungen zeigen, daß auch für die Liebe keine speziellen Betten oder Räume notwendig sind, daß nicht einmal immer die Nacht dafür reserviert sein muß. In der Wohnung der Zukunft könnten sich ohne weiteres mehrere romantische Nischen befinden, ohne daß man sich dessen schämte. Die persischen und indischen Herrscher besaßen in diesen Dingen weit mehr Raffinesse als wir. Sie hatten ganze Räume für die Liebe reserviert und darin beispielsweise einen Spiegel so arrangiert, daß das Mondlicht das Gesicht der Geliebten beleuchtete.

Wir haben auch die Bedeutung von Wänden untersucht. Es gibt keinen Grund dafür, daß sie nicht flexibel gemacht werden; oder: Dias, die man an die Wände projiziert, können eine andere Atmosphäre im Zimmer schaffen – im Winter eine warme tropische Landschaft und im Sommer eine kühle Winter- oder Bergszene. In einer Arbeit für die Tapetenindustrie schlugen wir vor, auch Tapeten selbst auswechselbar zu gestalten. Teppiche können über den Fußboden hinweg auch an den Wänden hochklettern.

17. Kapitel
ANTIFATALISMUS

Unsere Hausapotheken sind voll mit Medikamenten, die uns aufmuntern, uns beruhigen, uns gegen Schwangerschaft schützen und jedwede Art von Schmerz und Unbehagen von Kopf bis Fuß fernhalten. Wir besitzen Gegenmittel gegen alles, und dennoch scheint die Pillenflut kein Ende zu nehmen. Und zusätzlich zu den sogenannten legalen Medikamenten gibt es eine Menge von illegalen: Trotz aller Bemühungen, diese Drogen zu kontrollieren, nimmt ihr Konsum in der westlichen Welt rapide zu.

Als Motivforscher bin ich daran interessiert zu entdekken, was hinter diesem starken Drogenkonsum steckt. Ich nenne diese Motivation »Antifatalismus«.

Wir haben in den westlichen Industriestaaten quasi das entgegengesetzte Extrem des mohammedanischen Fatalismus erreicht: anstatt ergeben das Schicksal, das uns Allah oder das Leben selbst zugedacht hat, hinzunehmen, wehren wir uns dagegen. Dieses Wehren gibt es nicht erst seit heute. Fast jeder primitive Stamm besitzt irgendwelche Zaubermittel, die Drogen und Heilmittel aus Pflanzen, Pilzen und Wurzeln enthalten. Viele unserer modernen Drogen kommen aus eben diesen halluzinatorischen Pflanzen und Pilzen. Ein Buch, das vor kurzem in den USA veröffentlicht wurde, behauptet sogar, daß die ganze komplexe Struktur des Christentums auf nichts anderem beruht als einer geheimen heiligen Pilzkultur.

In unseren Studien haben wir uns neben den Drogen

auch mit pharmazeutischen Produkten beschäftigt. Einmal versuchten wir zu ergründen, warum wir Schlafmittel nehmen.

In den Interviews zeigte sich, daß Schlaflosigkeit oft – zumindest im psychologischen Sinn – mit Angst zu tun hat. Wir fürchten uns davor, zu tief zu schlafen, so daß wir nicht mehr unserer Sinne mächtig sind, uns nicht rasch genug gegen mögliche Gefahren verteidigen können. Schlafmittelwerbung also, die in besonders suggestiver Weise vom Tiefschlaf spricht, ist deshalb oft unwirksam. Wer an Schlaflosigkeit leidet, wehrt sich ja gerade gegen die betäubende Wirkung des Schlafmittels. Daher ist das Resultat auch oft das Gegenteil: je mehr Schlafmittel, desto stärker die Schlaflosigkeit.

Wir rieten deshalb der pharmazeutischen Firma, ihre Werbung dahin umzustellen, daß sie den Konsumenten beruhigt: Trotz seines ruhigen Schlafes – erzeugt durch das Schlafmittel – würde er im Falle einer Gefahr sofort wieder munter sein.

Eine weitere Befürchtung, die dieses ambivalente Gefühl bei der Verwendung von Schlafmitteln ergibt, ist die, daß man in den meisten Fällen nach dem Aufwachen immer noch eine Zeitlang schläfrig ist. Daher betonen mittlerweile fast alle Werbeappelle weniger das ruhige Schlafen als das Erwachen mit einem Gefühl der Frische, die natürlich darauf beruht, daß wir die Nacht ruhig verbracht haben.

In einer Studie für ein kalifornisches Mineralwasser fand ich heraus, was mir übrigens auch vom Erzeuger zugegeben wurde, daß dieses Wasser keine besonderen Qualitäten hatte, außer, daß es ein wenig alkalisch war. Trotzdem hatte es einen Riesenverkaufserfolg. Eine Reihe von Kunden hatte die Tatsache entdeckt, daß dieses Wasser eben durch seine alkalische Wirkung die Folgen des Alkoholgenusses kompensieren konnte, obzwar dies nicht in der Werbung gesagt wurde und auch nicht als Hauptverkaufsargument herausgestellt wurde. Wir gaben diesem Mineralwasser das Image einer »Nachbehandlung«. Allmählich erhielt es dann den Ruf, daß es an und für sich beruhigend wirke.

Diesen Effekt hat übrigens jede Flüssigkeit, ob es sich nun um heiße Schokolade, lauwarmen Tee oder einfach Wasser handelt. Das Einnehmen von etwas, sei es eine Pille oder eine Flüssigkeit, gibt uns das Gefühl, ein Gegenmittel zu besitzen. Lange Zeit war es ja üblich, einem Ohnmächtigen zunächst einmal Wasser einzuflößen. Dabei lag die Gefahr des Erstickens auf der Hand, aber man sah sie nicht.

Vitamine gehören wahrscheinlich in eine ähnliche Kategorie. Sie sind in den letzten Jahren wieder populärer geworden, wie zum Beispiel das Vitamin C, das gegen Erkältungen schützen soll. Auch dem Vitamin E schreibt man alle möglichen magischen Kräfte zu: Es soll die Spannkraft erhöhen, Herzkrankheiten heilen und Herzanfälle verhindern.

Neue Medikamente, besonders solche gegen Krebs, entfesseln immer wieder eine gewaltige Diskussion. In Amerika gibt es neuerdings eine erfolgreiche Zeitschrift, die »Prevention« (Vorbeugung) heißt.

Während wir versuchen, mit Drogen und dergleichen unseren Alltag völlig in den Griff zu bekommen, werfen wir uns gleichzeitig auf andere Philosophien: Yoga und transzendentale Meditation machen den alten Religionen erfolgreich Konkurrenz. Möglicherweise gehören auch andere Arten von Entspannungstechniken wie Übungen im Tiefatmen bis hin zum Jogging hierher. Alle diese Kulte sind wohl am besten psychologisch dadurch zu erklären, daß sie uns das Gefühl geben, Meister unseres Schicksals zu sein. Heute entdecken wir ja auch, daß viele Teile unseres Körpers, die anscheinend unkontrollierbar waren, nun durch Willenskraft beeinflußt und reguliert werden können.

In Japan beispielsweise spielt der Alkoholkonsum eine große Rolle. Japanische Psychologen erklären dies damit, daß der Durchschnittsjapaner heute sein Leben total auf Arbeit eingestellt hat und daher Neurosen entwickelt, wenn er nicht seine Disziplin ab und zu durch Alkoholgenuß lokkern kann. Während wir nun im Westen Betrunkensein als negativ und auch als unmoralisch ansehen, scheint man das in Japan zu akzeptieren. Schnaps, Bier und Sake werden in japanischen Hauptstädten 24 Stunden lang an Automaten verkauft.

Für eine Zeitschrift untersuchten wir die Psychologie des Spielkasinos. Glücksspiele stellen die Verlockung in Aussicht, auf kürzestem Wege reich zu werden und den Willen Gottes oder des Schicksals zu überlisten. Wenn man den Leuten zeigt, wie es dem einen oder anderen gelungen ist, eine Million DM zu gewinnen, gibt man ihm das Gefühl, daß auch er »Lieber Gott« spielen kann.

In Gegenden, die sich touristisch entwickeln wollen, ist das Thema »Spielkasino« eine Zwickmühle. Auf der einen Seite wissen wir, daß ein Kasino den Tourismus beflügelt, auf der anderen Seite haben wir noch immer moralische Bedenken. In Filmen und Romanen wird der böse Kapitalist oft als Spielbankbesucher dargestellt, der sich nur von Kaviar und Champagner ernährt und enorme Zigarren raucht. Wir assoziieren mit Las Vegas oder Monte Carlo verruchte Szenen. Dabei haben wir alle miteinander Tendenzen in dieser Richtung. Es ist nichts anderes als eine Variante des Antifatalismus, wenn wir beim Roulett auf eine bestimmte Zahl setzen. Schließlich erleben wir auch in unserem beruflichen Alltag einen gewissen Kitzel, wenn etwas Unvorhergesehenes passiert; es darf nicht alles vorprogrammiert sein. Das ist zum Beispiel das Spannende beim Beruf des Landwirts: trotz allen wissenschaftlichen Fortschritts, unbeachtet aller Instruktionen, ist das Wetter doch nicht machbar. Eines schönen Tages regnet oder schneit es zuviel, oder die Sonne ruiniert die Ernte, und alles Planen war umsonst.

In einer Untersuchung für die Firma Geigy, in der es um Düngemittel und Unkrautvertilgungsmittel ging, konnten wir diese Erkenntnisse verwerten. Wir versuchten die »Spielkasino-Mentalität« des Landwirtes anzusprechen, indem wir weniger von wissenschaftlich kontrollierten Ergebnissen mit Hilfe der chemischen Erzeugnisse sprachen, sondern immer betonten, wie sehr die Erfolge in Landwirtschaft und Gartenbau immer wieder von unerwarteten Ereignissen abhängig sind. So erreichten wir mehr Sympathie auf Seiten des Landwirtes, als wenn wir ihm todsichere Ergebnisse vorausgesagt hätten.

Bei Arbeiten für Zeitschriften mußten wir einmal mehr feststellen, daß heutzutage keine erfolgreiche Zeitung mehr ohne eine Astrologie-Kolumne auskommen kann. Als aufgeklärte Leser geben wir natürlich vor, daß wir nicht daran glauben. Trotzdem sind wir immer neugierig, auch ich – ich bin ein Löwe: ich schaue nach, was für Ereignisse in der kommenden Woche auf mich zukommen mögen. Trotz unseres enorm gestiegenen Ausbildungsniveaus lassen wir uns doch noch beeinflussen.

Wer unter uns wagt es wirklich, unter einer Leiter durch zu gehen? Dabei ist der Ursprung so manchen Aberglaubens wahrscheinlich sehr realistisch. Man kann durchaus davon ausgehen, daß es mehr oder weniger gefährlich ist, unter einer Leiter durch zu gehen, denn es kann einem ja etwas auf den Kopf fallen.

Was gibt es auf diesem Gebiet nicht alles für absurde Erscheinungen! Wenn wir zwei Nonnen auf der Straße sehen, dann bedeutet das Glück, wenn wir drei treffen, Unglück. Läuft uns eine schwarze Katze über den Weg, egal ob wir zu Fuß sind oder im Auto fahren, bedeutet das Unglück. Man kann eine Prise Salz über die linke Schulter werfen, um das Übel abzuwenden. Viele orthodoxe Juden nageln an ihre Türpfosten eine metallene Rolle, die die 10 Gebote oder Teile der Thora in Miniaturform enthält.

Bevor sie das Haus betreten oder verlassen, küssen sie diesen kleinen Behälter. Etwas ganz Ähnliches sind die handgemalten Zeichen an den Türen mancher Moslems – meistens ist es die Abbildung einer Hand, die dazu dient, die bösen Geister abzuwehren.

Unsere unbewußte Bereitschaft, an Dämonen zu glauben, geht manchmal sogar soweit, daß wir komplizierten technischen Produkten eine Seele zuschreiben. Auf der anderen Seite ist das große Interesse an organisch gezüchteter Nahrung wahrscheinlich nur die Kehrseite dieses Glaubens an eine übergeordnete Macht. In der biologisch-dynamischen Landwirtschaft geht es mitunter sogar soweit, daß das Jäten als eine Einmischung in die Natur angesehen wird.

Dabei könnte man durchaus mutmaßen, daß dieser Glaube an Natürlichkeit und Reinheit schon selbst wiederum eine Art Aberglaube ist. In der Kosmetik, beim Wein, bei Shampoos wie bei Nahrungsmitteln hat die Bezeichnung »naturrein« geradezu magische Bedeutung. Dabei können die wenigsten Menschen wirklich beurteilen, inwieweit etwas vollkommen natürlich ist oder nicht. Außerdem bleibt immer noch die Frage, ob das Naturreine im Endeffekt besser ist als das Künstliche. Es gibt keinen echten Beweis dafür, daß ein Wein in einer zugekorkten Flasche sich besser hält oder besser schmeckt als derjenige, der mit einer bloßen Drehkappe verschlossen ist.

Eine Firma in Deutschland hat sich besonders auf »natürliches« Leder konzentriert. Natürlich klärt sie in ihrer Werbung ihre Kunden nicht darüber auf, daß auch ihr Leder beileibe nicht mehr »natürlich« ist, da es bereits gegerbt, geklopft, gefärbt und in allen möglichen Varianten bearbeitet wurde. Um jedoch die Natürlichkeit glaubhafter zu machen, wurden bei vielen Produkten wie Handtaschen, Brieftaschen, Gürteln bewußt Unregelmäßigkeiten eingebaut, damit »das Echte« sofort erkannt werden kann.

Diese merkwürdige Spannung zwischen dem Glauben an

das Schicksal, also Aberglauben oder Fatalismus, und Antifatalismus ist überall in unserem täglichen Leben zu beobachten. Ob es sich nun um Wetten, Kartenspiel oder um den Kauf neuer kosmetischer oder pharmazeutischer Präparate handelt – was häufig ja auch einem Vabanquespiel gleichkommt –, immer bilden wir uns ein, das Schicksal ein wenig unter Kontrolle zu bekommen. Der Wunsch, mächtig oder gar übermächtig zu sein, kommt in Erscheinungen wie Bodybuilding zum Ausdruck. Auch die Popularität von Figuren wie Superman oder Superwoman ist wohl letztlich auf diesen Grund zurückzuführen.

Dieser Wunsch, Umwelt und Schicksal zu beeinflussen, erzeugt aber gleichzeitig auch Furcht. Als die erste Atombombe fiel und das Wetter danach zufällig für einige Wochen schlecht war, war mehr als ein Taxifahrer davon überzeugt, daß diese beiden Erscheinungen miteinander in Verbindung standen. Bei der Einführung der Elektrizität gab es ähnliche Gerüchte und Befürchtungen. Je mehr wir mit der Entwicklung unserer Technologie tatsächlich alles um uns herum beherrschen, desto größer wird die Angst. Diese Mechanismen müssen wir bei der Entwicklung neuer Anwendungsgebiete des Computers beispielsweise berücksichtigen.

Wir schwanken dauernd zwischen demütiger Unterwerfung unter einen höheren Willen und unserer wachsenden Arroganz, wir seien die Herren aller Dinge. Mit dieser Arroganz stellt sich jedoch auch eine Art Selbstbestrafungsbedürfnis ein. So kann es zum Beispiel unbewußt durchaus begrüßenswert sein, wenn hochkomplizierte Apparaturen ab und zu einmal versagen. Mitunter macht der Techniker oder Installateur beim Aufstellen oder Bedienen einer hochkomplizierten Apparatur unbewußt Fehler, um sich und anderen zu beweisen, daß man zu ehrgeizig und fast sündhaft ist mit diesen verrückten neuen Ideen. Wenn man diese echten Motive versteht, wird man oft die Kritik am mangelhaften Funktionieren eines Gerätes nicht allzu ernst nehmen; auch sollte man in manchen Situationen vielleicht weniger die technischen Details verbessern, als vielmehr die Furcht des Käufers zu beeinflussen suchen.

18. Kapitel
MEHR ALS LIEBE

»Make love, not war.« Dieser Slogan ist um die ganze Welt gegangen. Er stellt eine wahrhaft ungewöhnliche Kombination zwischen einem politischen und einem religiösen Motiv und der Idee der sexuellen Freiheit dar.

Der Anthropologe oder Motivforscher sieht die Furcht eines Menschen, einen anderen ohne Kleider, also nackt zu sehen, mit etwas anderen Augen an als der Durchschnittsbürger. Angesichts der heute sich abzeichnenden sexuellen Freizügigkeit ist das nicht ganz einsichtig. Bei primitiven Völkern oder in vorbiblischen Zeiten war Nacktheit keineswegs unmoralisch. Viele orientalische Religionen, wie etwa der Buddhismus, umgaben die Sexualität mit Würde, ja fast mit Heiligkeit. Die Verehrung des Phallus war dominierend in Griechenland, in Rom und bei vielen anderen Völkern. Noch das Alte Testament ist voll von Beispielen, wie Väter mit ihren Töchtern schliefen und Brüder mit Schwestern kopulierten und Kinder zeugten.

Das frühe Christentum war möglicherweise eine Reaktion gegen die Libertinage in dem offenbar sehr dekadenten Rom der Spätzeit. Sexuelle Freiheit wurde bekämpft, und man begann, sich seines Körpers zu schämen.

Der Calvinismus und der Puritanismus, wie sie in einigen europäischen Ländern entstanden sind, waren Reaktionen auf die Freiheiten der Aristokratie am französischen Hofe, die ja beispielsweise völlig ungeniert »oben ohne« ging.

Wir haben den Kreis heute noch nicht ganz geschlossen.

Auf der einen Seite wird um Freiheit gekämpft, auf der anderen wehrt man sich erbittert gegen Pornographie und Obszönität. Die neue Freizügigkeit jedoch läßt sich nicht aufhalten. Sex-Shops an Flughäfen sind keine Seltenheit mehr, und hier und dort kann man sogar zwischen den Flügen ein Mädchen mieten. Beate Uhse war eine der ersten, die aus dem Verkauf von Aphrodisiaka und allen möglichen einfallsreichen sexuellen Hilfsmitteln einen großen materiellen Erfolg verbuchen konnte. Eros-Center als Investitionsobjekte können heute offen diskutiert werden, obwohl sie ja in Wirklichkeit nichts anderes sind als Freudenhäuser.

Für den Motivforscher ist die Beobachtung solcher Trends natürlich außerordentlich wichtig. Zwar gibt es Kritiker, die der Motivforschung ganz allgemein vorwerfen, sie verwende zu häufig sexuelle Erklärungen für das Verhalten der Menschen. Etwas ganz Ähnliches wird auch an der Werbung kritisiert. Manche behaupten, daß sogar die Eiswürfel in einem Whiskyglas vom Artdirektor bewußt so fotografiert werden, daß sie eine Art unterschwellige sexuelle Verführung darstellen. Wir sind der Überzeugung, daß es keinen Sinn hat, künstliche Grenzen zu ziehen, wenn man sich mit menschlicher Motivation beschäftigt.

Wenn man so will, sind viele harmlose Dinge bereits Sexsymbole, wie zum Beispiel Haare. Und wie ist es mit den Lippen? Da ist es doch schon ganz offenkundig. In der Werbung für Lippenstifte merkt man sehr bald, daß es keineswegs nur um das Aussehen des Lippenstiftes oder der Lippen geht, sondern daß das Heraus- und Hereindrehen des Lippenstiftes ohne große Schwierigkeit mit einer männlichen Erektion assoziiert werden kann.

Es ist auch gewiß kein Zufall, daß die meisten Autos in der Welt aggressive männliche Tiernamen haben. Einer der größten Mißerfolge von Ford war der mit dem Modell »Edsel«. Er ist bestimmt zum großen Teil darauf zurückzuführen, daß der Designer unglücklicherweise am Vorderteil der Motorhaube ein großes ovales Loch angebracht hatte. Unsere Studien, die leider erst einsetzten, als das Fiasko nicht mehr abzuwenden war, ergaben, daß wir es hier mit einem »kastrierten« Wagen zu tun hatten.

In vielen Ländern – meistens außerhalb der westlichen Zivilisation – gibt es wenig Scheu, den männlichen Penis oder die weiblichen Brüste zu zeigen. Was jedoch die Vagina anbetrifft, so bedeckt man sie auch bei den ansonsten weniger gehemmten Völkern zumindest durch einen Lendenschurz oder ein Grasröckchen. Das mag vielleicht mit dem psychologisch »verbotenen« Charakter des Uterus zu tun haben. Psychoanalytische Studien haben gezeigt, daß diese und andere »geheime« Öffnungen des Körpers mit der Mutter Erde verglichen werden. Das Sichtbarmachen oder das Eindringen haben furchterregende Komponenten. In vielen Fällen erscheinen dem Mann auch diese Körperteile als unangenehmer oder unappetitlicher als das männliche Gegenstück.

Menschliche Motive sind oft in einer Weise verflochten, die anscheinend gegenteilige Beweggründe gleichzeitig gelten läßt – Mütterlichkeit und Erotik zum Beispiel. In unseren Studien über Büstenhalter mußten wir uns notwendigerweise mit der Frage befassen, warum Brüste von vielen Männern so geliebt werden, warum sie etwa auf den Titelseiten der Zeitschriften als Hauptanziehungspunkte gelten. Unsere erste Antwort war, daß der Busen den Wunsch nach Sicherheit und Geborgenheit anspricht. Große Brüste sind das Symbol der starken Mutter, der Fähigkeit, das Kind ausreichend und lange zu ernähren. Der Mann schwelgt unbewußt in Kindheitserinnerungen, und der große Busen wird zur sexuellen Attraktion.

Twiggy – von der jetzt kein Mensch mehr spricht –, die fast keinen Busen hatte, weckte auch sexuelle Wünsche, jedoch repräsentierte sie möglicherweise eine Art von Homosexualität für gewisse Männer, die sich scheuten, wirklich mit anderen Männern sexuelle Beziehungen zu haben. Für Frauen hat dieser Typ vielleicht eher eine lesbische Ausstrahlung.

Nüchtern analysiert dienen die Brüste bei den Säugetieren nur der physiologischen Nahrung. Wenn die Männer jedoch wirklich Muttermilch bekämen, würden sie diese mit Abscheu zurückweisen. Brüste stillen daher eher einen psychologischen Hunger. Überhaupt muß der Motivforscher sich die Frage stellen, ob moderne Männer oder vielleicht Männer überhaupt nicht dauernd »hungrig« sind.

Der Wunsch, die Innenfläche unserer Hand zu füllen – sei es nun mit einer Türklinke, mit einem runden Popo oder einem weiblichen Busen –, existiert bei uns allen. Hier haben wir wieder ein psychologisches Phänomen vor uns, dessen Wurzeln in der physiologischen Entwicklung des Menschen zu suchen sind. Beim Embryo ist in den letzten zwei bis drei Monaten im Mutterleib der Daumen so gelagert, daß er die Innenfläche der Hand berührt. Dadurch entsteht eine erogene und sensible Zone. Das ist auch einer der Gründe dafür, daß Babys ganz kurz nach der Geburt schon nach Dingen greifen und sie zu umklammern versuchen. Alle Eltern kennen dieses Spiel: man reicht dem wenige Tage alten Baby einen Finger und testet, ob das Kind den Finger reflexartig umklammert. Nur die menschlichen Babys und einige der höheren Affenarten sind zu dieser Bewegung imstande.

Die Dinge »im Griff« haben zu wollen, ist ein essentieller Zug unserer Zivilisation. Wir wollen unsere Umgebung kontrollieren. In der Werbung beispielsweise für Erdnüsse, Rosinen oder Reis kann man dieses Thema berücksichtigen. Der Wunsch, ganze Hände voll von diesen Produkten zu haben, entspricht einem Wunsch nach Sicherheit. Wenigstens dieses Stückchen Welt haben wir voll in der Hand. Es gehört uns. Und noch einmal die Parallele zum weiblichen Busen: ein voll entwickelter Busen vermittelt ein Gefühl des

Reichtums, wir können Besitztum demonstrieren. Kleine, flache Brüste sind dagegen frustrierend, vergleichbar etwa mit einem abgenutzten Stück Seife oder dem Gefühl, bloß zwei Körnchen Reis in der hohlen Hand zu haben.

Diese physiologisch begründete »Handschmeichlerfunktion« machten wir zur Grundlage in einer Untersuchung für Lever Brothers, in der es um eine Seife ging. Wir legten Versuchspersonen verschieden geformte Seifen vor, flache und in verschiedenem Grade gerundete, die die Handfläche also mehr oder weniger ausfüllten. Den Versuchspersonen wurde weiter nichts mitgeteilt. Sie hatten lediglich freie Wahl. Mit einer Reihe von Tests konnten wir beweisen, daß tatsächlich die runden Seifen vorgezogen wurden. Daraufhin entwickelten wir eine Seife, die »dove« (Taube) genannt wurde und die gleichermaßen konkav und konvex war und dadurch immer das Innere der Hand ausfüllte.

Sex ist natürlich ein Dauerthema in der Werbung. Die Frauenbewegung beschwert sich – nicht einmal zu Unrecht – darüber, daß der weibliche Körper ebenso als ein Objekt behandelt wird wie die Produkte, die er verkaufen helfen soll. Aber der auch heute noch andauernde Erfolg solcher Publikationen wie »Playboy« und »Penthouse« läßt es als wenig wahrscheinlich erscheinen, daß diese Art von Sex demnächst aus unserer Welt verschwinden wird.

Vermutlich wird nur die phantasielose, brutale Zurschaustellung von Körperteilen weniger werden. Wir sind dabei, die Romantik, die Schönheit und die Poesie in der Liebe und im Sex wiederzuentdecken.

Vor einiger Zeit wurde ich gefragt, was man meiner Meinung nach in Zukunft noch alles auf der Titelseite der Zeitschrift »Penthouse« zeigen könne. Meine Antwort war, daß man vielleicht Teile des weiblichen Körpers wiederentdekken und es mit dem altmodischen Appell an die Romantik versuchen wird. In dem Augenblick, wo wir nicht mehr wie hungrige Wölfe über jedes Stück Fleisch herfallen, beginnen wir uns für Verfeinerungen zu interessieren. Das ist beim Essen so wie in der Liebe. Für die Werbung bedeutet das, daß wir hinfort nicht nur visuelle Reize verwenden, sondern das Reich aller Sinne ansprechen sollten. Bei Untersuchungen für die Kosmetikindustrie stellten wir so manches Mal fest, daß die Anwendung des Produktes etwa durch die Erregung der Haut mehr Vergnügen bereitet als das versprochene Endresultat einer makellosen Schönheit.

Eine andere Analyse hatte das Thema »Schönheit« zum Gegenstand. Es zeigte sich, daß frühere Schönheitsideale mehr oder weniger auf Perfektion und Symmetrie beruhten und daß wir heute mehr zu einer Art »dynamischen Schönheit« tendieren. Wir wollen ein schönes Objekt – sei es nun ein Kunstwerk oder ein lebender Körper – nicht bloß betrachten, sondern die Möglichkeit haben zu partizipieren. Wir wollen Schönheit in einer Weise erleben, die uns den Künstler oder den Schöpfer des Körpers oder des Gesichtes nachempfinden läßt. Bei einer perfekten Gestalt bleibt kein Raum für die Beteiligung des Betrachters.

Die Japaner hatten diese Einsichten schon vor Jahrhunderten. Die schönen Dinge in unserer Umgebung, speziell die Gebäude und Innenausstattungen von Wohnungen, müssen für den Menschen Platz geben. Erst durch ihn wird der Raum vollkommen. »Ihr Leute im Westen«, sagen sie, »stopft die Räume so voll mit Möbeln und anderem Zeugs, daß überhaupt kein Platz für den Menschen bleibt.«

Diese neue Auffassung von Schönheit hat Konsequenzen für viele Produktbereiche. In der Fotografie beispielsweise kann man sehen, daß die Benutzer von Sofortbildkameras dazu erzogen werden, richtig zu sehen. Sie erkennen in der Landschaft oder am Menschen diese dynamische Schönheit.

19. Kapitel
DIE SUCHE NACH SICHERHEIT

Nahezu alle menschlichen Motive kreisen um ein Hauptthema: die Suche nach Schutz und psychologischer Sicherheit.

Geld, Banken, Investitionen, Sparguthaben – alles dies symbolisiert den Knochen, den wir verscharren in Vorahnung einer möglichen Katastrophe. Nur der Mensch ist fähig, rational für die Zukunft zu planen, denn das Knochenverscharren des Hundes ist nichts als ein Reflex. Unsere Fähigkeit zur Vorausschau ist etwas, worauf wir sehr stolz sind; gleichzeitig ist es aber auch die Grundlage aller unserer Sorgen. Vorausplanen heißt eigentlich Vorraussorgen.

Wir haben in den westlichen Industrieländern einen hohen Grad von Sicherheit und Absicherung erreicht. Die uralten Geißeln der Menschheit haben wir fast vollständig abgewendet, und gleichzeitig entdecken wir, daß dieser Schutz vor allem Übel auch Langeweile mit sich bringt. Je mehr die äußere Sicherheit, die wir als fundamentale Motivation ansehen, gewährleistet ist, desto unsicherer werden wir im psychologischen Sinn.

Je höher wir auf der Karriereleiter steigen, desto weniger bedeutet uns Geld. Wir entdecken neue Motivationen. Wir wollen uns selbst finden, uns entfalten. In unserer täglichen Arbeit wird es uns allmählich wichtiger, etwas Wertvolles zu tun, als eine möglichst hohe Bezahlung zu erhandeln.

Von Sicherheit ist in der Werbung sehr oft die Rede. Das

beginnt bei Geldinstituten und endet bei Deodorants. Wir sollten uns jedoch überlegen, inwieweit die verschiedenen Paradiese – vom Standpunkt des Werbeträgers gesehen – wirklich erstrebenswert sind.

Geldinstitute, Bausparkassen etc. müssen dieser gewandelten Einstellung Rechnung tragen. Je mehr eine Bevölkerung von Staats wegen geschützt und abgesichert ist, desto weniger hat sie das Gefühl, daß privates Sparen notwendig ist. In Japan wird ungefähr doppelt so viel gespart wie in Deutschland oder Amerika. Der Grund dafür ist eben der, daß es dort weniger Wohlfahrts- und Schutzeinrichtungen für die Arbeiter gibt.

Die Menschen in unserem Lande wollen heute ihr Geld weniger zum Schutz vor Hunger und Elend im Alter verwenden, sondern sie wollen sich neue Freiheiten erkaufen: ein Hobby quasi berufsmäßig ausbauen; zwei Leben zu führen statt einem; sich früher zur Ruhe setzen zu können und einen neuen Anfang zu machen. Wir sparen heutzutage mehr für einen »Sonnentag« als für einen »Regentag«.

In der Motivationsforschung müssen wir zwischen statischer und dynamischer Sicherheit unterscheiden. Bislang hat man uns dauernd beigebracht, daß wir dann gesichert sind, wenn wir ein gewisses Niveau einmal erreicht haben. In einer Welt des schnellen Wandels, in den politischen Systemen mit Inflationen, mit Umwertungen der Werte ist tatsächliche Sicherheit unbefriedigend. Wir müssen sie durch dynamische Sicherheit ersetzen.

Die mittelalterliche Stadt war von festen Mauern umgeben, aber die Geschichte zeigt, daß dies kein dauerhafter Schutz gegen die Feinde war. Viele Privatbesitze, speziell in Europa, sind auch heute noch von hohen Zäunen umgeben, die Schutz bieten sollen vor Störungen und Eindringlingen. In Wahrheit wird damit nur eine Einengung der persönlichen Freiheit erreicht. Die Mauer hindert nicht nur Außenstehende am Hineinkommen, sondern im psychologischen

Sinn auch den Besitzer am Hinausgehen. Festungsmauern jeglicher Art – die Mauern von Jericho, die chinesische Mauer, die Hecke um einen afrikanischen Kral oder der Palisadenzaun im Wilden Westen – sind eher von anthropologischem Interesse – in einer Zeit jedoch, in der wir bereits sechsmal auf dem Mond waren, sind sie nicht mehr sehr sinnvoll.

Trotzdem versucht die Menschheit immer wieder, sich gegen wirkliche oder imaginäre Feinde zu verteidigen. Unser Denken ist in gewissem Sinn noch infantil; dies gilt sogar für die Vereinten Nationen. Wir vergleichen rein quantitativ die Kampffähigkeit der NATO mit der des Ostblocks. Wir fragen uns aber nicht, ob diese Art von Sicherheitsdenken nicht bereits überholt ist. Sicherheit in der modernen Welt ist viel eher durch Interessenverflechtungen auf kommerzieller Basis zu erreichen. Wenn die reichen Ölländer Land und Farmen in den Vereinigten Staaten kaufen, wenn deutsche Firmen sich mit amerikanischen verbinden, dann ist damit ein Anfang gemacht für eine dynamische Form der Sicherheit. Firmen, Banken, Versicherungsgesellschaften und nicht zuletzt die Politiker werden lernen müssen, daß ideologische Kräfte wichtiger sind für unsere Sicherheit als physische Tatsachen.

In unseren Managementstudien fanden wir immer wieder, daß der moderne Betrieb die Leistung seiner Mitarbeiter anders entlohnen muß als auf herkömmliche Weise, nämlich mit Geld und Status. Er muß so etwas wie konkrete Lebenshilfe anbieten: Entfaltung der Kreativität bei der Arbeit, geistiges Wachstum, also Fortbildung durch die Arbeit, kurz: wie man insgesamt mehr aus dem Leben machen kann, will der Mitarbeiter heute auch vom Betrieb erfahren. Wir hatten die Idee zu einem sogenannten »psychologischen Kalender« oder »Tagebuch«, in dem nicht nur Verabredungen, Termine, Inputs und Outputs registriert werden; es soll vielmehr der innere Fortschritt gemessen werden, das heißt also: interessante Menschen, die man kennengelernt hat, Bücher, die man gelesen hat, neue Einsichten ...

Sicherlich hat es eine innere Logik, daß gerade wir in dieser unserer Gesellschaft – die in vielem dem biblischen Paradies gleicht – von der Frucht der Erkenntnis essen und aus dem Paradiesgärtlein hinausstreben. Wir glauben zu erkennen, daß wirkliche Sicherheit jenseits des Paradieses liegt und Freiheit in Wirklichkeit »dynamische Sicherheit« bedeutet.

Bei Besuchen und Vortragsreisen in Ostblockländer sagten mir junge Studenten immer wieder, daß Unsicherheit etwas ist, das sie sehr vermissen. Das Leben ist für sie so perfekt arrangiert, daß sie eigentlich nie arbeitslos sein können. Anstatt aber nun mit dieser vollständigen Absicherung zufrieden zu sein, beklagten sie gerade das Fehlen von Unsicherheit oder, anders ausgedrückt: die Möglichkeit, das Schicksal selbst zu bestimmen.

Ivan Illich schreibt in seinem Buch über die schullose Gesellschaft, daß wir unser verkrampftes Schulwesen am besten gleich zerstören sollten. Dies geht wahrscheinlich zu weit, aber einige seiner Feststellungen klingen doch sehr sinnvoll – besonders die, daß unsere gesamte Ausbildung nicht mehr im Einklang mit dem modernen Leben steht.

Die Art des Unterrichts, die Anordnung im Klassenzimmer, die Sitzordnung, das Aufsteigen von einer Klasse zu einer höheren – all dies hat den Erwerb von statischer Sicherheit zum Ziel.

Meiner Meinung nach sollten die Schüler dauernd ihre Plätze wechseln. Die vorn sitzen, sollten in die hinteren Bänke versetzt werden und umgekehrt. Die Schüler sollten die Freiheit haben, ihre eigenen Lernstoffe zu wählen und ihr Lerntempo selbst zu bestimmen. Wir sollten sie lediglich mit Werkzeugen für das Lernen versorgen, der Lehrer sollte bloß Berater sein. Sie sollten selbst auf eine dynamische

Weise erkennen, wie schön es ist, etwas zu lernen und zu wissen.

Einen solchen Schulversuch schlugen wir in einer Studie für die Ford Foundation in Hartford vor. Wir untersuchten die Motivationen von Lehrern, Schülern und Eltern. Die direkte Befragung, die wir eingangs durchführten, ergab, daß fast alle Lehrer, Eltern und Schüler für die neue Methode waren. Unsere Tiefeninterviews zeigten hingegen, daß in Wirklichkeit besonders die Lehrer Angst davor hatten, ihre anerkannte Autorität zu verlieren. In einem solchen Experiment hätten die Schüler die Freiheit, ihre Lehrer zu kritisieren, wenn ihnen der Unterricht zu langweilig war, und sogar den Klassenraum zu verlassen und in einen anderen zu gehen, in dem dasselbe Thema gelehrt wurde, in dem der Lehrer aber unterhaltender und interessanter wäre. Im Anschluß an diese Studie mußten wir also Seminare halten, in denen wir den Lehrern klarmachten, daß es sehr viel Positives hat, wenn er einen Stoff nicht vielfach oft Jahrzehnte hindurch wiederholen muß. Er könne dann viel besser seine wirkliche Aufgabe – das Lehren, das Beraten – ausfüllen. So dreht es sich also nicht um den Verlust seiner Autorität, sondern er handelt sich eine andere, moderne, dynamischere Autorität ein.

Im modernen Management gibt es ähnliche Strukturen. Die meisten Organisationen sind hierarchisch aufgebaut, fast wie beim Militär. Diese Hierarchie sollte alle zwei bis drei Jahre bewußt zerstört werden, indem man die Rollen tauscht. Es gibt bereits Beispiele, »Management von unten«, bei dem die wahren Frontkämpfer – der Gemüseverkäufer, der Schalterbeamte, die Sekretärin – die Möglichkeit haben, eine Zeitlang Manager oder Direktor zu spielen. Mao Tsetung hat diesen Gedanken auf breiter Basis eingeführt. Es ist ein psychologisch richtiges Konzept.

Wir haben Widerstände dagegen, unsere Wohnung zu oft zu wechseln, unsere Kinder zu häufig von einer Schule in eine andere zu versetzen. Auch dies beruht auf Sicherheitsbedürfnis. Wir akzeptieren häufige Reisen für erwachsene Menschen; aber kaum jemand ist der Überzeugung, daß es auch für junge Menschen besser wäre, jedes Jahr oder ein paar Monate im Jahr in einem anderen Lande zu leben. Dabei könnte so etwas die falsche Philosophie der Sicherheit korrigieren.

Wie oft sind Kriege geführt worden, bloß weil eine Menschengruppe im Tal lebte und die anderen auf dem Berg zu Hause waren! Sie waren einander Fremde, sie konnten nicht verstehen, was für die jeweils anderen wichtig oder unwichtig war.

Aus Motiven wie unterschiedlichen Lebensgewohnheiten, Hautfarben, Ideologien werden noch heute jährlich Hunderttausende von Menschen getötet. Ich wurde einmal von den Vereinten Nationen für die Abteilung Friedensforschung konsultiert. Die Analyse ergab, daß die Angst vor dem Ungewohnten, Fremden eine ausschlaggebende Rolle spielt. Natürlich gehen diese tiefen Motivationen oft einher mit ökonomischen Faktoren oder der Unterdrückung einer Gruppe durch eine andere. Aber Kriege beginnen meist mit einem großen Gerede über die eigene Sicherheit. Sicherheitsstäbe werden gebildet und dergleichen mehr. Dabei wäre es viel sinnvoller, sich über die wirklichen Motive für Krieg und Frieden klarzuwerden und etwas mehr über dynamische Sicherheit nachzudenken.

Für die meisten Touristen ist es Teil des Rituals, Ruinen, Burgen mittelalterliche Stadtmauern, Statuen von Generälen zu besichtigen. Sie wissen nicht, daß dies alles letztlich Symbole des nutzlosen Suchens nach statischer Sicherheit sind.

Der Wunsch nach Autoritäten, nach Vaterfiguren ist ebenfalls tief in uns verwurzelt. Selbst in den modernen Demokratien wünschen wir einen starken Bundeskanzler oder Präsidenten. Bei unseren Untersuchungen für Banken stellten wir immer wieder fest, daß der Bankdirektor auch eine Vaterfigur darstellt.

Politikwissenschaftler stellen mitunter mit Bedauern fest: daß wir in den demokratisch regierten Ländern immer mehr Menschen in den wichtigsten Positionen haben, denen es an Charismata mangelt; daß wir mehr und mehr von Bürokraten anstatt von starken Männern und Frauen regiert werden.

Wir sollten jedoch lernen, diese Tatsache als Resultat einer sich dauernd verbessernden Demokratie zu akzeptieren. Ebensowenig wie der moderne Vater nicht mehr blinden Gehorsam verlangen oder einfach auf den Tisch hauen kann, ist es dem Lehrer, dem Bankdirektor, dem Generaldirektor bei einer Firma oder dem politischen Führer heute möglich, schlicht Autorität auszuüben. Im Kommunismus ist die Bezeichnung »gewähltes Staatsoberhaupt« ersetzt worden durch den Ausdruck »Volksbeauftragter«. Das kennzeichnet stärker die bürokratische Austauschbarkeit der Figuren.

Im Laufe meines Berufslebens bin ich immer wieder zu der Erkenntnis gekommen, daß das Streben nach Sicherheit tatsächlich eine der grundsätzlichsten Motivationen des Menschen ist. Gleichzeitig habe ich auch gesehen, daß die totale Sicherheit nicht das ist, was der Mensch will. In vielen unserer Arbeiten – ob sie sich mit politischen Wahlentscheidungen, mit dem Kauf von Produkten oder mit der richtigen Lebensplanung beschäftigen – müssen wir immer auf diese Ambivalenz hinweisen. Die einzige Sicherheit, nach der wir letztlich streben können, ist eben eine dynamische Sicherheit. Wir müssen lernen, uns mit dem Wind zu biegen, ohne zu brechen. Wir müssen die Dinge so akzeptieren, wie sie sind, und sie gleichzeitig in Bewegung halten.

Der bloße Erwerb von Besitztümern ist wertlos vom Standpunkt der dynamischen Sicherheit. Gleichzeitig ist es ein moralisches Problem, ob man die Menschen zum Kauf von Produkten bringen soll, die sie bloß als psychische Barrikaden verwenden. Materielle Wertgegenstände sollten eher dem eigenen Wachstum und der Weiterentwicklung dienen.

Die Mähne des Löwen und sein Brüllen haben den Zweck, dem Feind Angst zu machen. Wenn der Löwe aber nicht zugleich kampffähig und aggressiv ist, werden diese Verhaltensweisen zur oberflächlichen statischen Dekoration. Genauso sammeln wir Geld an, verschaffen uns Titel, leben in eleganteren Häusern, kaufen uns größere Autos, weil wir damit dem Feind, das heißt in diesem Fall unseren Nachbarn, Ehrfurcht und Respekt einflößen wollen. »Greif mich nicht an, du wirst den Kampf verlieren, denn du siehst schon von außen, wie stark und wichtig ich bin!« Der Kauf eines Autos ist dann moralisch zu rechtfertigen, wenn es nicht bloß die Nachbarn beeindrucken soll, sondern das eigene Leben dynamischer macht. Unmoralisch dagegen ist eine Ideologie, die dem Menschen einredet, er müsse nur oft genug beten, ein braver und anständiger Bürger bleiben, viel arbeiten und genügend Geld sparen – dann sei er ein guter Mensch.

Wir sollten alles daran setzen, diese psychologische Rentnerideologie abzubauen, die Mitmenschen aus ihrer bequemen Ruhe herauszureißen und ihnen wieder neue Ziele zu geben. Die Politiker sollen ihren Wählern nicht ein immer perfekteres Leben versprechen, sondern eher dazu auffordern, zusammen an einer dynamischen Weiterentwicklung des Landes oder unserer Welt mitzuarbeiten. Auch in die Werbung für Autos, Häuser, Kosmetika, Kleidung und in so gut wie alle menschlichen Wünsche sollte diese Analyse unserer Sicherheitsmotive einbezogen werden. Dabei sollte das Hauptgewicht aber auf dem Vergnügen dieses immerwährenden Strebens liegen – und nicht auf dem Erreichen des Zieles selbst.

20. Kapitel
DIE SUCHE NACH UNSTERBLICHKEIT

Der Tod hat viele Gesichter. Wenn man seinen Job verliert, so ist das auch eine Art Sterben: Man erfährt plötzlich, daß man nutzlos ist und nicht mehr gebraucht wird. Wir alle sterben auf diese oder andere Weise mehrfach in unserem Leben. Eine andere Form von Tod ist es, in den Ruhestand versetzt zu werden. Da gibt es nichts zu beschönigen.

Freud hat schon vor langer Zeit darüber nachgedacht, wie irrational wir sind, wenn wir mit dem Tod konfrontiert werden. Wir sind so irrational, daß wir eine rationale Erklärung brauchen. »Woran ist er eigentlich gestorben?« ist eine Frage, die immer sofort gestellt wird. Es scheint uns irgendwie zu beruhigen, wenn wir dann eine pseudorationale Erklärung bekommen. Eigentlich müßte die Antwort heißen: Er starb, weil wir alle sterben.

Die Motivforschung über unsere Suche nach Unsterblichkeit beschäftigt sich nicht nur mit Friedhöfen, Bestattungsunternehmen und religiösen Zeremonien im Zusammenhang mit Tod und Bestattung. Für den Psychologen sind auch der Taj Mahal, die Pyramiden und all die anderen Monumente bloß vergebliche Versuche, den Tod zu negieren. Wenn wir für einen wohltätigen Zweck Geld spenden, so heißt das wiederum, Unsterblichkeit zu kaufen – besonders, wenn unser Name dabei genannt wird. Wir schreiben Bücher, wir setzen Kinder in die Welt, wir werden Gesundheitsapostel oder wir schlucken kiloweise Vitamine – was dahintersteckt, ist die Angst vor dem Tod.

Begräbnisrituale haben überall letztlich den Zweck, den Tod als ein besiegbares Phänomen hinzustellen. Alle religiösen Lehren sagen uns, es ist eine Unmöglichkeit, den Tod kontrollieren zu wollen. Dagegen sind die festen Regeln beim Einbalsamieren, bei der Aufbewahrung und beim Begräbnis, selbst alle Gebete und Riten Versuche, dem Menschen die Kontrolle über den Tod vorzugaukeln.

In Kalifornien gibt es eine Bewegung, die Friedhöfe wahrhaft paradiesisch gestalten will. Die Friedhöfe werden zu öffentlichen Parks, und die Namen der Verstorbenen stehen nur noch auf kleinen Täfelchen, die im Rasen versenkt sind. Man kann im Park spazierengehen und Freiluftkonzerte hören. Die Friedhofkapellen werden auch für Hochzeiten benutzt – vielleicht aus dem Gefühl heraus, daß Tod und Hochzeit beides emotionale Ereignisse im Leben sind.

In den USA werden die meisten Leichen einbalsamiert und von Kosmetikern hergerichtet. In einer Motivstudie haben wir ein Mikrophon im Sarg versteckt, weil uns interessierte, wie die Angehörigen auf den Anblick des Verstorbenen reagierten. Fast jeder Beschauer bemerkte, daß der oder die Tote aussähe, als ob er oder sie bloß schlafe. Wiederum eine Verleugnung des Todes.

Wir haben bei unseren Untersuchungen aber auch andere hochinteressante Dinge entdeckt, die in keinem psychologischen Lehrbuch stehen. So ist es beispielsweise eine der größten Sorgen der trauernden Hinterbliebenen, daß die verstorbene Person wieder auferstehen könnte. Natürlich würden sie das nie in einer direkten Befragung zugeben, aber unsere Beobachtungen an der Aufbahrungsstätte und die Fragen an den Bestattungsunternehmer waren sehr aufschlußreich. Die Familienmitglieder wollen immer wieder die Versicherung haben, daß der Sargdeckel tatsächlich hermetisch verschlossen ist. Diese Fragen werden damit erklärt, daß man Sorge hat – was wiederum völlig irrational ist –, Wasser oder Würmer könnten vielleicht in den Sarg eindringen.

Bestattungsunternehmer sind meistens hervorragende Psychologen. Es gelingt ihnen zum Beispiel ziemlich häufig, einer trauernden Familie einen Sarg oder ein Begräbnisarrangement zu verkaufen, das sie sich eigentlich gar nicht leisten kann. Wenn die Familie solch immense Ausgaben dennoch auf sich nimmt, so ist dies auf ein verstecktes Schuldgefühl zurückzuführen: Wir haben den Toten im Leben nicht genügend geliebt. So ist das Wenige, was wir jetzt noch tun können, ihm ein anständiges Begräbnis zu geben.

In einer anderen Studie sollten wir herausfinden, wie man das Image von Leichenbestattern verbessern könnte. Diese Berufsgruppe hatte Nachwuchsprobleme, und man war zudem empört darüber, daß die Öffentlichkeit so oft witzelte und spöttelte.

Das ist überhaupt ein interessantes Phänomen: Es gibt eine Reihe von Berufen, darunter auch Ärzte, über die man sich häufig Witze erzählt. Der tiefere Kern dessen ist, daß einige Tätigkeiten für andere Außenstehende gefährlich wirken. Sie repräsentieren Macht. Der Leichenträger nimmt den Körper, der noch vor wenigen Stunden warm war, weg. Er beraubt demnach die Familie. Ebenso hat der Arzt Macht über Tod und Leben. Die Gesellschaft schützt sich, indem sie Witze erzählt. Hier handelt es sich um eine Art Gegenreaktion.

Scharfrichter trugen Masken. Dabei ist nicht ganz klar, ob sie dadurch die Gefühle der Verdammten oder die Zuschauer schonen wollten. Heute leben ganze Industrien davon, den Tod zu verleugnen. In einer Studie für Blumengärtnereien fanden wir, daß eine der hauptsächlichen Verwendungen von Blumen eben gerade Beerdigungen und das Schmücken von Gräbern war. Blumen auf einem Grab sind ein Symbol des Lebens. Verwelkte Blumen aber sind deprimierend, denn sie machen den Tod noch deutlicher, noch schmerzhafter. Mit dem alten Brauch des Leichenschmauses wird auf eine andere Art gesagt, daß das Leben weitergeht.

Ein Filmtitel fragte provozierend: »Gibt es Sex nach dem Tod?« Wir wissen es nicht. Aber bekannt ist die Tatsache, daß bei Männern in der letzten Sekunde vor dem Sterben – besonders wenn sie gehenkt werden – eine Ejakulation erfolgt, auch dies vielleicht eine Demonstration der Natur gegen den Tod: mit einem Akt der Fortpflanzung, die den Tod verleugnet.

Die Furcht vor dem Tode ist gewiß eine ebenso wichtige Motivation wie die Suche nach Sicherheit. Wir haben jedoch häufig gefunden, daß auch diese Furcht durch andere Motivationen überlagert werden kann. Als wir einmal die Furcht vor Fliegen studierten, fanden wir, daß die Todesgefahr dabei nicht das ausschlaggebende ist. Wir nannten das Gefühl, das wir entdeckten, die »Furcht vor der postumen Beschämung«. Auch heute noch sind in den meisten Ländern bis zu 70 Prozent der Bevölkerung noch nie in einem Flugzeug gewesen. Sie geben an, sie hätten Angst, abzustürzen. Aber wir forschten weiter, und es zeigte sich, daß der Tod durch einen Flugzeugunfall als frivoler angesehen wurde als z. B. der bei einem Autounfall. Unsere Befragten hatten in Wirklichkeit Angst davor, ihre Angehörigen könnten sie in irgendeiner Weise dafür kritisieren, daß sie in einer so ungeschickten Weise umkamen. Die anderen könnten sagen: »Das war ja nicht notwendig, es hätte sich vermeiden lassen!«

Auch auf dem Gebiet der Drogentherapie wird viel mit Todeswarnungen gearbeitet. Dieses Verfahren hat jedoch – wenn überhaupt – nur zweifelhafte Erfolge gezeigt. Anstatt die jungen Menschen von den Drogen wegzubringen, machte es sie um so faszinierender. Viele der Drogensüchtigen leiden an unbewußten Todeswünschen und selbstmörderischen Tendenzen – oder auch nur an innerer Leere und Langeweile. Sie mit Todesgefahren zu konfrontieren, kommt ihren tiefsten Bedürfnissen entgegen. Der Wunsch, mit Verstorbenen in Verbindung zu treten, ist ebenfalls eine Todesverneinung. Immer wieder tauchen Leute auf, die behaupten, diese Verbindung sogar mit wissenschaftlichen Mitteln herstellen zu können, und sie finden immer reichlich Gefolgschaft. Obwohl die Menschheit Tausende von Jahren Zeit hatte, sich an den Tod zu gewöhnen, wird immer noch eine geradezu unglaubliche Kreativität darauf verwendet, die Mauer zwischen Tod und Leben zu durchdringen.

Alle großen Religionen haben das Todesritual vereinnahmt, ebenso wie sie es mit anderen wichtigen, gefährlichen oder furchterregenden menschlichen Erfahrungen getan haben: Geburt, Taufe, Heirat. Angst führt zur Ritualisierung, und dies wird oft von organisierten Gruppen, wie Kirchen es sind, geleistet. Über die unendliche Vielfalt der Bestattungspraktiken sind unzählige Bücher geschrieben worden. Das fängt an bei den verschiedensten Formen der Einbalsamierung und endet bei dem Errichten riesenhafter Türme und Pyramiden. Die meisten Kulturen kennen auch Grabbeigaben, die dem Verstorbenen ungestörten Schlaf sichern oder ihm auf der anderen Seite mit Reichtümern zu einem angenehmen Leben verhelfen sollen. Alle diese Gebräuche haben den Zweck, den Übergang zwischen Leben und Tod glatter zu machen.

Die meisten Religionen erklären sich zum Garanten eines Lebens nach dem Tode, und dies, obgleich sie eigentlich wenig Beweise für ihre Qualifikation haben. Aber allmählich scheinen sich Veränderungen abzuzeichnen.

Schuldgefühl ist die Grundlage vieler Einstellungen dem Tod gegenüber. Während des zweiten Weltkrieges analysierte ich in einer Studie die Situation von Kriegswitwen. Es handelte sich um Frauen, die ihre jungen Männer ganz kurze Zeit nach der Heirat im Kriege verloren hatten. Wenn sie die Todesnachricht erhielten, waren sie erwartungsgemäß schockiert. Häufig aber übertrieben sie dieses Verhalten soweit, daß man es nur noch hysterisch nennen konnte. Unsere Tiefeninterviews zeigten, daß sie in Wahrheit Schuldgefühle entwickelt hatten, weil sie entdecken mußten, daß mit der Trauer zugleich ein Gefühl einer neuen Freiheit einherging. Dies ist ja auch gar nicht weiter verwunderlich, denn in der kurzen Zeit der Ehe hatte sich noch kein tieferes Verhältnis zwischen den beiden Partnern entwickeln können. Die jungen Frauen wollten sich dies jedoch nicht eingestehen und überkompensierten deshalb. Sie mußten sich und der Umwelt beweisen, wie sehr sie den jungen Ehemann geliebt hatten.

Themen, die zwangsläufig mit dem Tode in Verbindung gebracht werden, sind Krankheiten und alles, was damit zusammenhängt, also Krankenhäuser, Ärzte, medizinische Versorgung. In unseren Krankenhäusern ist ja, wie jeder weiß, alles, was an das Leben erinnern könnte, systematisch entfernt worden. Die einzige Ausnahme bilden vielleicht die Blumen, die von Verwandten und Besuchern gebracht werden. Andererseits sind aber gerade Blumen, wie wir bereits andeuteten, ein Symbol des Todes. In fortschrittlichen Krankenhäusern zeichnen sich bereits Veränderungen ab. Der Patient wird mehr und mehr als Individuum gesehen, seine Einzigartigkeit und Unabhängigkeit wird unterstützt. Man will ihm das Gefühl der infantilen Regression, das so oft in der Klinik entsteht, nehmen. In der Dritten Welt lebt der Kranke so sehr in der Familie, daß mitunter der ganze Clan anrückt, wenn ein Mitglied ins Krankenhaus muß. Dies ist zwar äußerst unbequem für die Krankenhausverwaltung, der Patient hingegen bekommt das Gefühl von Schutz und Geborgenheit und erlebt, daß das Leben weitergeht. Wir beginnen auch in westlichen Ländern mit ähnlichen Experimenten, bei denen der Ehepartner im selben

Raum bleibt und einige Funktionen der Krankenschwester übernehmen darf.

Die Rolle des Arztes, der ja buchstäblich dauernd mit Leben und Tod zu tun hat, weist ebenfalls interessante Aspekte auf. Wir haben z. B. Motivstudien zu der Frage durchgeführt, warum Patienten sich so oft über Ärzte lustig machen, ja sie manchmal sogar hassen. Genau wie der Totengräber hat der Arzt zumindest symbolisch Macht über Leben und Tod. Er kann sogar eine »biologische Erpressung« betreiben – so nannten wir es –, indem er die Höhe seiner Leistungen je nach der Schwere der Krankheit berechnet und nicht, wie es sonst überall üblich ist, seinen Honorarforderungen den Zeitaufwand zugrunde legt. Die ärztlichen Standesorganisationen stützen noch immer das Image des Arztes als Medizinmann, der einem unwissenden, ungebildeten, uninformierten Patienten gegenübersteht. Wenn der Patient widerspruchslos gehorcht und die Medizin schluckt, ist er »brav« und wird gelobt.

Eine ähnliche, nicht ganz so dramatische Rolle spielt der Apotheker. Anläßlich einer Studie für die American Pharmaceutical Association stellten wir fest, daß der Apotheker oft hervorragende Kenntnisse über die Wirkung von Medikamenten besitzt. Er konkurriert gewissermaßen mit dem Arzt, der oft überfordert ist oder einfach vergessen hat, sich zu erkundigen, welche anderen Medikamente der Patient bereits nimmt. Die bisher scharf beobachteten Abgrenzungen des Arztberufes weichen allmählich auf. Immer mehr Funktionen werden dem Apotheker, dem Krankenpfleger, dem Sanitäter, dem Homöopathen überlassen.

Wir wurden gefragt, warum Publikationen und Fernsehprogramme über Gesundheitsfragen so populär seien. Der Grund liegt darin, daß das Publikum gerne die geheimnisvolle Macht des Arztes brechen und sich seine Kenntnisse selbst aneignen möchte.

In unserem Bestreben, Krankheit und Tod zu beherrschen, verlassen wir uns nicht nur auf wissenschaftliche Erkenntnisse, sondern greifen auch zu allen möglichen folkloristischen Mitteln. Akupunktur ist ein Beispiel oder das Medikament H 3, das angeblich die Verjüngung der Zellen herbeiführt.

Vielleicht gehören gewisse okkulte Praktiken auch in diesen Zusammenhang. Satanismus und schwarze Messen erleben ungeahnte Aufschwünge. In der Bundesrepublik sind angeblich über drei Millionen Menschen in irgendeiner okkulten Gesellschaft. Vielleicht liegt dem eine gewisse Enttäuschung zugrunde: Da das Beten anscheinend nicht viel genutzt hat, versucht man es eben – wie Faust dazumal – mit dem Teufel, der möglicherweise mehr Macht hat. Sogar die Mode hat sich dieser Entwicklung angenommen. Es gibt bereits spezielle Kleidungsstücke, die man bei Séancen trägt und in magischen Boutiquen zu kaufen sind.

Der Motivforscher muß sich mit allen diesen abwegigen Formen des menschlichen Verhaltens beschäftigen. Er darf es sich nicht erlauben, nur darüber zu lächeln und festzustellen, daß der Herrgott eben einen großen Tiergarten hat. Wie alle wissenschaftlichen Arbeiter muß er zu erklären suchen, wie es zu diesen Formen des Verhaltens gekommen ist.

Eine mögliche Erklärung ist die der zunehmenden Komplexität unserer Welt. Alles wandelt sich so rasch, daß wir uns manchmal verloren fühlen. Wir suchen deshalb einen Halt und eine Führung. Wir wollen mit Macht die Illusion aufrechterhalten, daß wir Gewalt über unser eigenes Schicksal haben. Die wachsende Zahl von Selbsthilfebüchern und therapeutischen Selbsthilfegruppen kann diese These stützen.

In der Öffentlichkeit verdrängen wir das Thema »Tod« stärker als Sex. Wir haben es bereits als selbstverständlich akzeptiert, daß in den Schulen Sexualunterricht erteilt wird. Verpönt ist jedoch immer noch das Gespräch über den Tod.

Vielleicht könnten wir dieser Verleugnung begegnen, wenn wir bereits Kinder mit dem Tod bekanntmachen. Natürlich kennt jedes Kind Schießereien aus dem Fernsehen. Der Tod erscheint hier aber bloß als eine sekundenschnelle Lösung eines Problems. Der Bösewicht oder das Opfer fällt um, und alles ist vorbei. Die wahren Schmerzen und das echte Leid werden ausgespart.

21. Kapitel
WERDEN WIR GESCHEITER?

Eine Leihbibliothek kam mit Problemen zu uns: Wie können wir als Informationsquelle attraktiver werden? Gibt es Gruppen von Menschen, die wir bisher nicht erreicht haben? Welche sind das, und wie können wir für sie interessant werden und auf unsere Bibliothek aufmerksam machen? Welche Dienstleistungen erwartet das Publikum von einer modernen Bibliothek?

Wir näherten uns dem Problem, indem wir zwei Gruppen von Versuchspersonen bildeten. Die eine Gruppe war überzeugt, daß ihre Ausbildung und Erziehung bereits völlig abgeschlossen war, die andere meinte, daß sie sich ihr ganzes Leben lang weiterbilden sollte. Die erste Gruppe hatte automatisch eine negative Einstellung zur Bibliothek. Sie hatten keine Beziehung zu einer solchen Einrichtung, sie erwähnte, was das an Steuergeldern koste, und überhaupt könnten sie genauso glücklich ohne öffentliche Bibliotheken existieren.

Unsere Studie ergab, daß jede Form der Information oder Werbung bei dieser Gruppe vergeblich wäre. Wir empfahlen also, sich zunächst an die bildungshungrige Gruppe zu wenden. Gleichzeitig sollte versucht werden, mit speziellen Angeboten, die jedoch nicht als »Bildung« bezeichnet wurden, das Interesse der anderen Gruppe zu wecken. Auf diese Weise nahmen wir der Bibliothek das verstaubte und langweilige Image und betonten Spaß, Vergnügen und Aktualität. Unser Vorgehen, anstelle einer demographischen Analyse die Tiefenmotivation zu erforschen, war erfolgreich.

Wenn wir uns mit Erziehung und mit Bildung in der heutigen Welt befassen, müssen wir uns die Frage nach dem Inhalt stellen. Wir werden in Zukunft immer mehr auf das Ansammeln von Daten und Fakten in unseren Köpfen verzichten können und dieses alles der Datenverarbeitung überlassen. Lernen müssen wir jedoch Mittel und Wege zur Problemlösung.

Das Analphabetentum im Sinne der exakten Definition nimmt zusehends ab. Bestehen bleibt aber der große Unterschied zwischen denen, die sich bilden und lesen, weil sie es müssen, und denen, die es aus Interesse und Spaß an der Sache tun. Oft wird behauptet, daß vor dem Fernsehzeitalter viel mehr gelesen wurde. Das stimmt nicht. Mit der Entwicklung der modernen Massenmedien haben Bildung und Erziehung viel von ihrem Pflichtcharakter von ehemals verloren, und die Motivation zur Weiterbildung ist eine andere geworden.

Time-Life, eine Organisation, die Sachbücher in immensen Auflagen verkauft, wollte von uns wissen, was sie richtig und was sie falsch machte. Wir versuchten es mit einer Analogie: Wenn wir in der Konsumgüterwerbung dem Kunden die Vorteile der Ware – des Möbelstücks, der Biermarke, des Parfums – klarzumachen versuchen, warum nicht auch bei Büchern? Und so lautete unser Rat, daß dem Verbraucher, dem Leser, dem Schüler gesagt werden müsse, was für einen ganz persönlichen Profit er aus seiner Lektüre ziehen könne. Man sollte also z. B. dem Buchkäufer bereits auf dem Umschlag erklären, was für einen bleibenden Wert dieses Buch für ihn bedeuten könne.

Die Motive für das Lesen sind mannigfaltig. Wir lesen, weil wir Antworten auf unsere Lebensprobleme suchen. Wir brauchen Unterhaltung. In einer früheren Studie für Time-Magazine erhielten wir noch eine weitere Antwort. Wir verließen uns nicht auf die oberflächlichen Antworten, die man in einem normalen Fragebogen bekommt, und so erfuhren wir, daß die meisten Menschen das Gefühl haben, sie seien nach der Lektüre gescheiter als vorher. Der Time-Slogan lautete dann auch für die nächsten Jahre: »When you read Time you like yourself« (Wenn du Time liest, gefällst du dir).

Wir haben immer noch zuviel Ehrfurcht vor Büchern und Gelehrtheit. In einer Analyse für die amerikanische Verlegervereinigung schlugen wir eine unkonventionelle Lösung des Problems vor. Die Buchleser sollten aufgefordert werden, Kapitel für Kapitel aus einem Buch herauszureißen und dann zu lesen. Diese Anregung rief zunächst ziemliches Entsetzen hervor. Aber als wir dann argumentierten, daß in den meisten Fällen ein zweites Buch gekauft werde, um es in die Bibliothek zu stellen, trat wieder Beruhigung ein. Mit dem Herausreißen sollte nämlich bezweckt werden, daß dem Leser die Ehrfurcht oder Furcht vor dem Buch genommen würde.

Studien für Zeitungen wie »Expressen« in Schweden lieferten den Beweis, daß der moderne Mensch viel schneller liest als frühere Generationen. Wir müssen also kürzere Absätze machen und nicht so lange, ineinander geschachtelte Sätze verwenden. Das Fernsehen bringt uns ebenfalls dazu, Dinge schneller aufzunehmen. Unsere Ausbildungsmethoden sollten sich also diesem Tempo anpassen.

Statt dessen sind wir immer noch in einem »Gutberg-Gefängnis« eingesperrt. Wir fanden in unseren Media-Analysen, daß die meisten Menschen einen Text nicht notwendigerweise von links nach rechts und von oben nach unten lesen. Sie tragen vielmehr eine Art psychologisches Layout in sich. So werden beispielsweise menschliche Porträts zuerst gesehen. Wir suchen uns sozusagen die Rosinen aus einer Druckseite heraus, bevor wir den eigentlichen Text lesen.

Solche und ähnliche Erkenntnisse können leicht zu der Einsicht führen, daß Erziehung nicht notwendigerweise langweilig sein und wehtun muß. Wenn Erzieher sich über mangelndes Interesse an Bildung beklagen, wie sie es leider nur zu oft tun, so müssen sie sich auch fragen, ob es nicht zum Teil an ihnen selbst liegt. Es ist keineswegs zu erwarten, daß wir in der zunehmenden Freizeit nur noch Karten- oder Liebesspiele betreiben werden. Wir werden uns auch verstärkt für die sogenannte Kultur interessieren. Wir sollten lediglich die Fragestellung einmal umkehren, d. h. nicht immer nur fragen: »Was ist mit den Menschen los, daß sie sich so wenig für Kultur interessieren?« – sondern: »Was ist mit den Kulturschaffenden los, daß sie so wenig von der menschlichen Motivation verstehen?« Warum lesen wir in unseren Museen nicht auch einmal »Bitte berühren« anstelle des unvermeidlichen »Berühren verboten«?

Das Detroit Symphonieorchester stellte uns die Aufgabe, mehr Menschen in den Konzertsaal zu bringen. Wir fanden, daß das motivationale Problem die Angst vor einer Blamage war. Man fürchtete z. B., zum falschen Zeitpunkt zu applaudieren, etwa am Ende eines Satzes anstatt, wie es richtig ist, am Ende des Stückes. Viele Besucher hatten auch Angst, während des Konzerts einzuschlafen. Wie entkrampfend wirkte daraufhin die öffentliche Erklärung des Direktors des belgischen Symphonievereins, das wäre ihm auch schon einmal passiert und das sei schließlich nur das Ergebnis der Entspannung durch Musik! Manche Besucher kritisierten auch, daß sie keinen Kontakt zu dem Dirigenten fänden, da sie während der Aufführung immer nur seinen Rücken sähen. Dieses Problem ließ sich leicht mit Hilfe eines Fernsehschirms lösen, der dem Publikum dauernd das Gesicht des Dirigenten zeigte.

Wir werden tatsächlich gescheiter, wenngleich nicht im Sinne der überkommenen Gelehrsamkeit. Der Professor alten Schlages wird verschwinden, und wir werden statt dessen wirkliche Erzieher haben, die in der Lage sind, auch bei einem Fabrikarbeiter Interesse an einem Philosophiekurs zu wecken.

Texas Instruments, einer unserer Kunden, wollte Taschenrechner an Schüler verkaufen. Die Eltern waren entsetzt. »Jetzt werden unsere Kinder nie richtig rechnen lernen, sondern sich passiv des Computers bedienen.« In Wahrheit jedoch lernten die Kinder viel rascher und hatten jetzt Zeit, sich für die wirklichen mathematischen Probleme zu interessieren. Die langwierige Rechenarbeit wurde ihnen von der Elektronik abgenommen. Etwas ganz Ähnliches war auch bei den Hausfrauen zu beobachten, als halbfertige Backmischungen eingeführt wurden: Sie wurden nicht fauler, sondern sie hatten mehr Zeit, kreativ zu backen.

Bildung kann auch Klassenunterschiede abbauen, und zwar erfolgreicher als der Marxismus. Eine französische Gewerkschaft gab uns den Auftrag, Arbeitern die Angst vor Büchern zu nehmen und den Gebildeten die Angst, sich die Hände schmutzig zu machen. Wir argumentierten: »Bücher sind nichts als Werkzeuge wie Hammer und Schraubenzieher.« Den Intellektuellen zeigten wir, daß jeder, der lesen und logisch denken kann, auch komplizierte mechanische Zusammenhänge versteht. Vielleicht funktioniert ein Maschinenteil, wenn ich es umdrehe – auch dies ist eine geistige Übung, ähnlich der Lösung eines wissenschaftlichen Problems. Das ganze Gerede um Begabung und Intelligenzquotienten ist veraltet. Wir brauchen Mut zum neuen Denken!

22. Kapitel
BESITZEN UND SAMMELN

Eine andere Art der Lebensversicherung ist das Sammeln. Wir sammeln Briefmarken, Kunst, Antiquitäten, Glas, Porzellan – es gibt fast nichts, was unserem Sammelinstinkt bisher entgangen ist. Manchmal wird eine vordergründige Profitmotivation als Grund angegeben, aber ebenso oft wird behauptet, man habe einfach Spaß daran.

Der Sammeltrieb rührt sich schon in ganz frühen Jahren. Wenn man die Hosentaschen eines kleinen Jungen ausleert, findet man die seltsamsten Kollektionen von Knöpfen, Schmetterlingen, Kieselsteinen, verrosteten Schrauben und was derlei mehr oder weniger brauchbare Dinge sonst noch sind. Wenn wir die Wohnungen von Erwachsenen besuchen, können wir einen ähnlichen Katalog zusammenstellen, bloß daß hier anstatt der alten Schrauben vielleicht schmiedeeiserne Kunstwerke, Jagd- und Reisetrophäen und Fotografien herumstehen oder liegen – alles Dinge, die unseren weitgespannten Horizont symbolisieren.

Manchmal liegt das Sammlermotiv offen auf der Hand. Waffensammlungen befriedigen offenbar ein Gefühl der Stärke, sie sind Zeichen der Macht und stehen direkt oder indirekt mit Tod und Töten im Zusammenhang.

Das Sammeln von Antiquitäten ist besonders in letzter Zeit wieder sehr in Mode gekommen. Der Grund dafür ist vielleicht die Suche nach Geborgenheit, nach festen Werten in einer sich wandelnden Welt. In Israel beispielsweise ist fast jeder Bürger ein Archäologe. Israel ist ein junges Land und braucht die Verbindung zur eigenen Vergangenheit mehr als andere Länder. Außerdem ist dort natürlich auch mehr zu finden als anderswo. Sogar in den USA gibt es jetzt eine Bewegung zum Schutz historischer Bauten. Dies ist bemerkenswert in einem Land, das normalerweise mehr Wert auf Neues und Nützliches legt.

Das Fotografieren, Filmen und Bewahren auf Videokassetten stellt eine moderne Form des Sammelns dar. Die Werbung weiß das und erinnert uns immer wieder daran, daß wir wichtige historische Ereignisse – eine Krönungszeremonie, eine Hochzeit in Monaco – oder interessante Opernaufführungen, Diskussionen, ja überhaupt bedeutende Situationen sammeln können und eine ganze Bibliothek daraus aufbauen können. Wir erlangen Sicherheit, wenn wir wichtige Momente in unserem Leben und damit die Erinnerungen festhalten.

Antiquitäten haben zuweilen auch einen beruhigenden Effekt. In unserer schnellebigen Zeit sind wir immer wieder beeindruckt, wie jemand 20 Jahre seines Lebens dazu verwenden konnte, eine Miniatur zu malen oder ein Buch mit der Hand abzuschreiben. Bei einer Reise nach Persien sahen wir diese Künstler, die Miniaturen herstellen. Allein der Anblick veranlaßte uns dazu, unsere Schritte zu verlangsamen und das hektische Tempo hinter uns zu lassen.

Je mehr Dinge wir um uns herum angesammelt haben, desto sicherer, reicher und bedeutender fühlen wir uns. Es muß gar nicht Geld oder Geldwert sein, was wir sammeln. Ein Mann, der von sich sagen kann, daß er 10 000 Bücher in seiner Bibliothek besitzt – ob er sie nun gelesen hat oder nicht –, beeindruckt damit automatisch seine Umwelt. Wie gescheit und belesen muß jemand sein, der so viele Bücher besitzt. Auch das Sammeln von Gemälden stellt eine mehr oder minder dezente Sichtbarmachung von Reichtum dar.

In unseren Studien über Zukunftstendenzen in unserer Zeit fanden wir, daß wir zwar noch voll und ganz der Wegwerfkultur verhaftet sind, daß sich aber bereits eine interessante Gegenkultur abzeichnet. Unserer Konsumgesellschaft wird dauernd ihr Materialismus vorgeworfen. Aber ich bin vom Gegenteil überzeugt. Wir sind immer weniger von materiellen Dingen abhängig. Wir benutzen Sachen, solange sie uns nützlich sind, und befreien uns dann wieder von ihnen. In Entwicklungsländern oder Ostblockländern dagegen heben die Leute Dinge wie Bindfäden, Konservendosen oder Kartonverpackungen sorgfältig auf – Dinge, die im Westen längst weggeworfen worden wären. Im Leben dieser Menschen können solche Dinge irgendwann einmal wieder nützlich werden. Manchmal werden sie auch höchst kreativ in Spielzeug oder Ähnliches umgewandelt.

Im Tourismus geht es nicht nur darum, neue Eindrücke zu sammeln, sondern auch Souvenirs. Jedes Jahr wieder kaufen Touristen Unmengen von Strohhüten, Handtaschen, Aschenbechern, Gläsern, Porzellan und schleppen alle diese Dinge nach Hause, um sie nach einiger Zeit in eine Dachkammer oder in den Keller zu verbannen. Das Kaufen von Souvenirs ist ein ganz wichtiger Grund für das Reisen, wie unsere Touristik-Studien gezeigt haben. Es liegt darin einerseits der Versuch, die nur zu schnell verflogenen Augenblicke festzuhalten. Darüber hinaus gibt uns jeder Strohhut und jede Ansichtskarte, jede geschnitzte Salatschüssel ein Gefühl von Allmacht und Allgegenwärtigkeit: schließlich waren wir in der Lage, ein Stück Ausland mit zu uns nach Hause zu nehmen.

Das Sammeln und Festhalten an Dingen ist ein Motiv, das wir auch in der Verkaufspsychologie berücksichtigen müssen. In einer Analyse für eine Firma, die sich mit der Erzeugung und dem Verkauf von Safes beschäftigt, fanden wir, daß viele ansonsten ganz nüchterne Geschäftsleute an ihren alten Safes hängen, auch wenn diese schon längst nicht mehr feuersicher oder zu klein geworden sind. Der Grund dafür ist rein emotional. Meistens hatte die Firma mit diesen verhältnismäßig kleinen Safes begonnen. Er symbolisiert den ersten Erfolg des neuen Unternehmens. Aus einem gewissen Aberglauben heraus wollen diese Menschen sich nicht von ihrem treuen, alten Safe trennen. Vielleicht fürchten sie, für ihren Übermut irgendwie bestraft zu werden.

Wir scheuen uns auch, neue Kleider oder Schuhe zu kaufen, wenn unser Schrank noch voll ist. Wir fanden eine Methode, Leute davon zu überzeugen, daß sie ihre alten Kleider loswerden müßten, um dadurch Platz für neue zu machen. Wir gaben ihnen verschiedenfarbige Buttons, die sie an den Kleidern befestigen sollten, und zwar die Buttons mit den hellen auffallenden Farben wie Rot oder Gelb an den Kleidern, die oft getragen wurden, und die grauen oder schwarzen Buttons an den Kleidern, die nur selten aus dem Schrank geholt wurden. Es zeigte sich, daß oft weniger als die Hälfte der Kleider überhaupt zum Tragen kam. Auf diese Weise konnten wir die Notwendigkeit dramatisieren, doch mal einen Schrank auszuleeren.

Manchmal hegen wir eine besondere Liebe zu unserem ersten Auto, zu dem ersten Kleid oder dem ersten Buch, das wir ganz allein kauften. Dieses Gefühl der Notalgie sprachen wir vor vielen Jahren in einer Studie für Chrysler an. Wir zeigten in der Werbung ein uraltes Auto und schrieben die Zeile darunter: »Kannst du dich noch erinnern?« Wir wollten damit das Heimwehgefühl aktivieren und natürlich gleichzeitig dem potentiellen Käufer sagen, daß er das neue Auto genauso liebhaben würde wie sein allererstes, das er vor vielen Jahren gekauft hat.

Umweltschützer wollen ebenfalls das Alte bewahren. Sie nennen sich ja manchmal auch Konservatoren. Sie wehren sich gegen den Bau von Atomkraftwerken, neuen Autobahnen und gegen das Abreißen alter Häuser.

Diesen Trend zum Bewahren müssen wir sogar bei solchen Dingen wie Verpackungstests in Rechnung stellen.

Häufig wird eine neue Verpackung nur deshalb zurückgewiesen und als unschön bezeichnet, weil sie eben neu und ungewohnt ist. In einer Studie über Jeans entdeckten wir, daß diese Hosen gar nicht neu aussehen dürfen. Vorgebleichte und vorgewaschene Jeans scheinen dieser Liebe zu alten Dingen entgegenzukommen.

Werbungstreibende vergessen allzu häufig, daß sie, wenn sie ein neues Produkt an die Stelle eines alten setzen wollen, gegen diese Anhänglichkeit an das Altgewohnte, Altgediente anzukämpfen haben – speziell dann, wenn das alte Produkt noch gut funktioniert. Bei dem oben erwähnten Beispiel mit dem neuen Safe schlugen wir erfolgreich vor, die alten Safes nicht einfach als Schrott zu bezeichnen, sondern davon zu sprechen, wie der alte Safe treu gedient habe und jetzt in den Ruhestand versetzt werden müsse. Bei einem so nüchternen Gegenstand wie einem Safe scheint eine solche Prozedur unsinnig. Dennoch haben wir hier denselben Motivkonflikt wie überall.

Trotz der Tatsache, daß wir meistens an Neuem und an Wechsel interessiert sind, gilt doch auch das gerade Gegenteil. Wir wehren uns gegen alles Neue, selbst wenn es offensichtlich besser ist. Wir bleiben lieber bei einem unbequemen, schlecht funktionierenden alten Produkt oder einer Dienstleistung, als daß wir etwas Ungewohntes und deshalb Unsicheres ausprobieren. Dieses Festhalten am Hergebrachten kann sehr romantisch und malerisch sein und wird immer wieder in den rosigsten Farben geschildert. Es kann aber auf der anderen Seite auch sehr nachteilig wirken, nämlich dann, wenn es zu Furcht vor Innovation führt.

Aufgabe des Motivforschers ist es, sich dieses Zukunftsschocks bewußt zu sein und gleichzeitig Methoden zu finden, wie diese Angst überwunden werden kann.

23. Kapitel
FANS UND FANATISMUS

Wir haben uns oft die Frage gestellt: »Was motiviert Millionen von Menschen, sich ein Fußballspiel anzuschauen?«

Vor kurzem war ich in Teheran. Einer der Mitreisenden hatte offenbar nur eine einzige Sorge, nämlich die, daß er trotz der Verspätung des Flugzeuges noch rechtzeitig nach Hause käme, um die Fußballweltmeisterschaft in Argentinien am Fernsehapparat verfolgen zu können. Daß ein Fußballspiel sogar mit dem Flug auf den Mond konkurrieren kann, habe ich kürzlich in einem Hotel-Foyer in Portugal beobachtet. Die Leistungen von Apollo 16 interessierten keinen Menschen – nur das Fußballspiel. Viele Menschen lesen in der Zeitung nur den Sportteil. Was sind die Motive dafür?

Sobald der Mensch nicht mehr voll damit beschäftigt ist, sein Jagdterritorium zu verteidigen, und seine Nahrung sowie den Schutz vor Wind und Wetter sichergestellt hat, beginnt sein Interesse für Spiel, Sport und Spielzeug. Häufig haben Tänzer, Schauspieler und Spielzeuge die psychologische Funktion, ernste und bedrohliche Lebenssituationen nachzuahmen – diesmal aber unter kontrollierbaren Umständen.

Das Leben ist ein dauernder Kampf. Alle Ballspiele, Gruppenspiele und überhaupt fast alle Sportarten sind Formen der Konkurrenz, wobei jedoch genaue Spielregeln eingehalten werden müssen. Bei Sportarten wie Boxen und Ringen stehen sich Einzelkämpfer gegenüber. In den meisten Fällen gibt es einen klaren Gewinner. Das wirkliche Leben dagegen ist oft grau. Es gibt keine echten Verlierer oder Gewinner. Beim Sport gibt es immer eine Person oder ein Team: den Sieger. Das Ganze ist vergleichbar mit einem Krimi. Die verwickeltsten Knoten werden gelöst, alles endet zur rechten Zeit, die Moral triumphiert, denn der Verbrecher wird meistens erwischt – nichts bleibt in der Luft hängen. Haben wir hier also das Motiv?

Wir hegen gerne die Illusion, trotz aller gegenteiligen Erfahrung, daß im Leben alles logisch und geordnet zugeht. Schon in den Märchen erfüllt es uns mit Befriedigung, daß die Welt in gute und böse Menschen aufgeteilt ist. Es gibt Hexen, Dämonen, Zauberer, und es gibt die gute Fee. Wieviel Unheil haben doch diese Märchen gestiftet! Meistens merken wir sehr schnell, daß im wirklichen Leben diese hübsche und beruhigende Ordnung, die uns da vorgesetzt wurde, nicht stimmt. Viele unserer späteren Probleme resultieren aus dieser ersten Enttäuschung. Deshalb werden wir Fans und Fanatiker – beide Worte haben denselben Ursprung –, weil wir uns dabei ganz klar und eindeutig für die guten Geister entscheiden können. Wir klammern uns an die Gleichung, die immer glatt aufgeht.

Warum haben wir Spielzeug? Wir wissen aus der Psychologie, daß Kinder sich mit Hilfe von Puppen, elektrischen Zügen und leider auch Revolver und Kriegsspielzeug Spannungsabfuhr und Erlösung aus der Langeweile des täglichen Lebens verschaffen. Sie erleben eine Art Hoch-Zeit – im ursprünglichen Sinn des Wortes –, wenn sie mit kindlichem Ernst den verhaßten Bruder oder die mit Eifersucht verfolgte Schwester im Spiel erschießen. Sie machen dann wie die Fanatiker im Erwachsenenleben die aufregende Entdeckung, daß Konflikte sich auf so einfache Weise lösen lassen. Wenn mächtige Nationen sich gegenseitig mit Raketen bedrohen, ist die Motivation dabei nicht sehr viel anders.

Als Motivforscher sollten wir auf alle möglichen Fragen gefaßt sein und Antworten parat haben. So stellte uns z. B. jemand die Frage, warum Frauen so gerne im Fernsehen Ringkämpfer sehen. Soll man darüber lachen? Das können wir uns nicht erlauben. Wir sind Anthropologen – nichts Menschliches darf uns fremd oder lächerlich sein. Unsere Antwort auf diese Frage war die, daß dies ein Ausdruck der weiblichen Emanzipationsbewegung ist, allerdings ein sehr radikaler. Die Frauen können ruhig und distanziert, ja sogar spöttisch zusehen, wie sich die starken Männer bekämpfen und zerbeulen, während sie zu Hause vor dem Fernseher sitzen. Daß die meisten Ringkämpfe natürlich nichts als raffiniert gemachte Shows sind, ist eine andere Sache.

Es war schon immer sehr beliebt, Gewalt und Kampf aus einer sicheren Distanz zu beobachten. Denken wir nur an die mittelalterlichen Turniere. Auch hier haben wir die Rolle der Frau als Beobachterin, die anschließend dem Sieger ihre Gunst gewährt. Auch der Stierkämpfer zeigt seine Männlichkeit, indem er das Symbol äußerster Maskulinität, den Stier, tötet.

Es gibt ja mehr passive Zuschauer bei Sportereignissen als aktive Sportler selbst. Sie benutzen das Ereignis sozusagen, um angestaute Energie, Liebe oder Haß auf diesem Wege loszuwerden. Nehmen wir nur als Beispiel die emotionale Betrachtung der Olympischen Spiele, die ja ursprünglich den Zweck der Völkerfreundschaft verfolgen sollten. Leider sind sie in wenig friedliche Wettkämpfe ausgeartet, die unverkennbar politische Züge tragen. Gäbe es tatsächlich eines Tages nur noch Olympische Spiele, die die Kriege ganz ersetzen könnten, so wäre dies natürlich ein wunderbares Zeichen für die Reife der Menschheit. Doch das werden wir wohl nicht mehr erleben.

Wäre es nicht denkbar, daß wir eines Tages internationale Wettkämpfe haben, bei denen das Land mit der größten Anzahl von Nobelpreisträgern oder wissenschaftlichen Entdeckungen oder – noch besser! – das die meisten Verdienste um die Glückseligkeit der Menschheit erlangt hat, die Siegespalme davonträgt. Vielleicht würden dann die Länder, die dergleichen nicht aufzuweisen haben, als »unterentwickelt« bezeichnet werden. Die Rangfolge der Nationen würde sich um einiges verschieben.

Eine internationale Vereinigung wollte wissen, welche Gefühle Menschen ihrem jeweiligen Geburtsland gegenüber hegen und wieweit dies mit Auswanderungsbewegungen zu tun hat. Unser Institut stellte deshalb vielen Menschen die Frage: »Wenn Sie heute ihren Paß gegen den einer anderen Nation austauschen könnten, welche würden sie wählen? In welchem Land würden sie dauernd leben wollen?« Wir fanden beispielsweise, daß viele Japaner ihren Paß gegen einen amerikanischen eintauschen würden, während die große Mehrheit der amerikanischen Befragten den ihren behalten wollten. Die einzigen außeramerikanischen Länder, in denen ihnen das Leben noch lebenswert schien, waren Schweden, die Schweiz und interessanterweise auch bei Nichtjuden Israel. Das waren Länder, in denen man ihrer Meinung nach glücklich sein könnte. Hochinteressant wäre es auch, eine solche Umfrage in den Ostblockländern durchzuführen, natürlich ohne Zensur. Auf diese Weise hätte man ein echtes Meßinstrument dafür, wie weit die kommunistische Ideologie sich in der Wirklichkeit der Menschen etabliert hat.

Schon die Römer lebten nach der Devise, daß man, um die Menschen glücklich zu machen, »Brot und Spiele« brauche. In unseren Analysen von Sport, Spielen, Spielzeugen und ähnlichen »Nichtigkeiten« fanden wir, daß der Wunsch danach mit Formen von Sucht z. B. nach Alkohol und Drogen verwandt ist. Es ist der Wunsch nach Hoch-Zeiten. Im Englischen lautet der Ausdruck für diese Phänomene »high«.

Ein Aspekt des Alkoholkonsums bleibt meistens unerkannt: Wir entdecken eine neue Variante unserer Persönlichkeit, wenn wir uns betrinken. Die meisten Menschen werden sehr expressiv, wenn sie getrunken haben, sie sind mutiger. Die landläufige Meinung ist, daß wir vor unseren Problemen davonlaufen, wenn wir Alkohol konsumieren, aber in Wirklichkeit gehen wir sie mit größerem Mut an. Wir reduzieren psychologische Distanz und nehmen Kontakt auf zu anderen und zu uns selbst, wenn wir uns zuprosten.

Diese Offenheit hat etwas mit unserer Auffassung von Fanatismus zu tun. Die anhängliche Gefolgschaft einer Sportmannschaft und die patriotische Begeisterung für die Vaterlandsverteidigung sind gleichermaßen Motive, die uns helfen, aus unserer Isolierung auszubrechen. Aus dem gleichen Grund kaufen wir oft Produkte, weil wir Mitglied einer gedachten Gruppe werden wollen. Wir brauchen das Gefühl der Zugehörigkeit.

Die Sucht nach einem Objekt der Anbetung beschränkt sich aber nicht nur auf Menschen. Warum verlieben wir uns in Hunde und Katzen? Hier haben wir eine andere Spielart des Fanatismus. Eine unserer vielen Untersuchungen auf dem Gebiet des Tierfutters zeigte, daß es in den meisten Familien eine Hunde- oder Katzenmutter gibt: das ist die Person, die sich um das Wohlbefinden von Haustieren kümmert. Während die Menschen sich ab und zu einschränken, ist das Hundeleben – ein völlig irreführender Ausdruck – von so etwas überhaupt nicht betroffen. Die meisten Hunde- und Katzenmütter wissen über die Ernährung ihrer Tiere mehr als über die Ernährung ihrer Babys.

Der Verkauf von Tiernahrung nimmt ständig zu. Eine unserer Studien hatte zur Aufgabe, neue Ideen zu entwikkeln, die über die bloße Bereitstellung der Nahrung hinausgingen. Die Lösung fanden wir in der Erkenntnis, daß Hunde für die meisten Hundeeltern ganz unterschiedliche

Persönlichkeiten haben. Dementsprechend wurde Hundenahrung entwickelt für extravertierte und introvertierte Hunde, für Schoßhündchen und für die »Vagabunden-Typen«. Das Produkt ist außerordentlich erfolgreich.

Im Zuge dieser Studien interessierte uns natürlich auch die Frage, warum Menschen überhaupt Haustiere halten. Betrachten wir doch einmal die Motive des Hundebesitzers. Als erstes ist ein Hund ein großartiges Beruhigungsmittel. Der Hundebesitzer empfindet ein Gefühl emotionaler Sicherheit.

Stellen Sie sich vor, Sie kommen abends müde und schlecht gelaunt nach Hause. Die ganze Familie bellt sie an – außer dem Hund. Der bleibt bei guter Laune, ruhig, unterwürfig – und das ganz ungeachtet Ihrer persönlichen schlechten Laune. Ein solches Tier kann oft ein Ersatz für die ganze Familie sein. Er ist verläßlicher als ein Freund und beansprucht weit weniger emotionalen Aufwand.

Ein Haustier kann auch im ganz konkreten Sinne Kinder ersetzen. Es wächst eigentlich nie heran. Zwar wird es größer, aber es wird immer noch gefüttert und gebadet werden, und man muß es liebkosen. Das Gefühl der Enttäuschung, das viele Eltern ihren Kindern gegenüber haben, gibt es hier nicht. Kinder beginnen nach vielen Jahren der Fürsorge und der Liebe, zu revoltieren und aus dem Haus zu gehen. Sie brauchen die Eltern nicht mehr, Hundeeltern dagegen haben aber das fast gottähnliche Gefühl, daß der Hund sie immer brauchen wird und immer abhängig bleibt.

Die Liebe eines Hundes kann geradewegs gekauft werden. Wenn Sie Ihrer Familie gegenüber gleichgültig sind, wenn Sie einen Jahrestag, Geburtstag oder Hochzeitstag vergessen, wenn Sie Ihre Kinder nicht verstehen, können Sie schnell ihre Liebe verlieren. Alles, was Sie für einen Hund tun müssen, ist regelmäßige Fütterung und ab und zu eine Liebkosung – und er wird Sie für immer lieben.

Ein Hund scheint sich dauernd seines Lebens zu freuen.

Er ist selten deprimiert, er kennt nur Zeiten der Anstrengung und Zeiten der Entspannung. Wenn er müde ist, schläft er ein. Soweit wir wissen, hat er keine Alpträume. Ein Hund ist immer bereit zu spielen, wenn er nicht gerade schläft. Er erlaubt dem Erwachsenen, seinen eigenen kindlichen Gefühlen Ausdruck zu geben und sich wieder jung zu fühlen. Die Existenz der meisten Hunde dient keinem nützlichen Zweck. Man kann zwar behaupten, sie seien Wachhunde, aber in Wirklichkeit wäre eine elektronische Alarmanlage viel verläßlicher. Im Hund zeigt sich also, daß man auch nutzlose Dinge lieben kann und daß nicht alles im Leben einen praktischen Zweck haben muß.

Fanatismus, sei es nun für Sport, Helden und Heldinnen oder für Haustiere, läßt sich nicht rational erklären. Er ist eine der grundlegenden menschlichen Motivationen. Eine Art Gegengewicht zu dem aufreibenden und doch zähen täglichen Leben. Im Gegensatz zum wirklichen Leben hat der Fan die Illusion, daß man das Schicksal beherrschen und meistern kann. Wenn wir solche Motivationen verstehen, werden wir auch den neuen Menschen verstehen lernen.

24. Kapitel
HÜTER MEINES BRUDERS?

Eines der höchsten und wichtigsten menschlichen Motive ist die Moral. An dieser Stelle müssen wir uns den Fragen stellen: Ist die Beeinflussung von Menschen moralisch vertretbar? Kann eine solche Beeinflussung einem guten Zweck dienen, d. h., kann sie unsere Mitbürger moralischer machen? In einem meiner ersten Bücher, »Strategie im Reich der Wünsche«, habe ich versucht, die Zulässigkeit der Motivforschung zu verteidigen oder zumindest zu diskutieren. Das hier vorliegende Buch nun kann eigentlich als Antwort auf die erste Frage gelten.

Da es nun einmal so viele Probleme gibt, die uns immer wieder auf die menschliche Motivation und deren Verständnis und Beeinflussung zurückführen, ist das Studium dieser Dinge unerläßlich. Es handelt sich ja inzwischen keineswegs mehr um Geheimmethoden. Auch meine Bücher und meine ungezählten Veröffentlichungen in vielen Sprachen der Welt haben dazu das Ihrige beigetragen.

Man kann jedes Werkzeug und jede Methode sowohl für gute als auch für schlechte Zwecke einsetzen. Das erste Dilemma entsteht bereits, wenn wir versuchen, zwischen gut und schlecht eindeutig zu unterscheiden. Bei meiner letzten Japan-Reise war meine Aufgabenstellung – wie erwähnt –, die Japaner davon zu überzeugen, weniger zu sparen, mehr zu konsumieren und damit als Volkswirtschaft mehr zu importieren. Gut oder schlecht? Vom Standpunkt der Weltwirtschaftspolitik sicher gut, vom Standpunkt mancher Japaner wahrscheinlich schlecht. Auch wenn wir beispielsweise den Handel zwischen Deutschland und Amerika beleben wollen, kommt es bei der Beurteilung dessen sehr auf den Standpunkt des Betrachters an.

Ich habe nach Möglichkeit immer nur solche Aufgaben akzeptiert, die mir mit meiner Philosophie vereinbar schienen. Ich habe es z. B. abgelehnt, für religiöse Organisationen zu arbeiten, die ihre Mitglieder mit psychologischen Unterdrückungsmechanismen bei der Stange halten, die mit Angstmachen und Aberglauben arbeiten wie etwa einige unzeitgemäße Vertreter der katholischen Kirche. Ob dagegen jemand das eine oder andere Waschmittel kauft, ist ein interessantes Spiel – nicht mehr. Versucht aber eine Firma, ein Monopol auf dem Waschmittelmarkt zu errichten und damit dem Verbraucher seine freie Wahl zu nehmen, ist der Einsatz der Motivforschung unmoralisch. Ist es gut oder schlecht, zum Autokauf zu animieren? Ich meine, es kommt doch ganz darauf an, was man mit dem Auto macht: Entdeckungen und Selbstverwirklichung oder Aufschneiderei? Genauso kann man mit Büchern, Kunstwerken und Musikbegeisterung bloß protzen, ohne selbst ein tieferes Vergnügen dabei zu empfinden.

Eines der schwierigsten Unterfangen in der Motivforschung ist es, die Menschen zu moralischerem Verhalten zu bringen. Was heißt überhaupt »moralisch«? »Moralisch« in welchem Bezugssystem? Wir alle wissen, daß man nicht lügen soll, und kennen doch alle die Notwendigkeit der Notlügen in gewissen Situationen. Wenn eine große Ölgesellschaft dabei ertappt wird, wie sie künstlich die Preise erhöht hat, indem sie ihre Ölvorräte verheimlichte, dann scheint für den Moralisten zunächt alles klar. Der Vorteil für die Ölgesellschaft liegt auf der Hand. Was aber, wenn sie sich damit verteidigt, daß ihre Aktionäre, die ja mitunter zu den ganz kleinen Leuten gehören, auch kräftig davon profitieren?

In der Motivforschung müssen wir den Menschen so sehen, wie er ist, um dann davon ausgehend die richtigen Weichen für eine Veränderung zu stellen. Es hat überhaupt keinen Sinn, nur pathetisch Weltanschauungen zu deklamieren, die letztlich nicht durchzusetzen sind.

Als wir einmal aufgerufen waren, unsere lieben Mitmenschen zum Geldspenden für verschiedene Wohltätigkeitsorganisationen zu veranlassen, mußten wir sehen, daß der Appell an Großzügigkeit und Hilfsbereitschaft einer der schwächsten war. Als wir statt dessen die richtige Motivation ansprachen, nämlich daß man sich als Spender sehr gut vorkommt, ja sogar ein wenig ›Lieber Gott‹ spielen kann, waren wir leider sehr viel erfolgreicher.

Der Motivforscher kann und soll ethische Grundsätze haben. Er soll dieses jedoch nicht mit einer realistischen Einschätzung der oft allzu schwachen Mitmenschen verwechseln. Es gibt leider nur sehr wenige wirklich große Menschen, die sich unter Einsatz ihres Lebens gegen eine diktatorische Regierung oder falsche Ideologie zur Wehr setzen; die ihr eigenes Wertsystem nicht beeinflussen lassen, und trotzdem sind es gerade diese wenigen, die die wirklichen Motivatoren der Welt waren und es immer sein werden.